筹码分布典型形态查询手册

CHOU MA FEN BU
DIAN XING XING TAI
CHA XUN SHOU CE

黄凤祁 ◎ 著

SPM
南方出版传媒
广东经济出版社
—广州—

图书在版编目（CIP）数据

筹码分布典型形态查询手册／黄凤祁著．—广州：广东经济出版社，2017.7
ISBN 978－7－5454－5446－8

Ⅰ．①筹… Ⅱ．①黄… Ⅲ．①股票交易－基本知识 Ⅳ．①F830.91

中国版本图书馆 CIP 数据核字（2017）第 117695 号

出 版 人：姚丹林
责任编辑：蒋先润
责任技编：许伟斌
封面设计：汪要军

出版发行	广东经济出版社（广州市环市东路水荫路 11 号 11～12 楼）
经销	全国新华书店
印刷	惠州报业传媒印务有限公司 （惠城区江北三新村惠州报业传媒大厦 1610 室）
开本	787 毫米×1092 毫米　1/16
印张	13.25
字数	235 000 字
版次	2017 年 7 月第 1 版
印次	2017 年 7 月第 1 次
印数	1～5 000
书号	ISBN 978－7－5454－5446－8
定价	45.00 元

如发现印装质量问题，影响阅读，请与承印厂联系调换。
发行部地址：广州市环市东路水荫路 11 号 11 楼
电话：（020）38306055　37601950　邮政编码：510075
邮购地址：广州市环市东路水荫路 11 号 11 楼
电话：（020）37601980　营销网址：http://www.gebook.com
广东经济出版社新浪官方微博：http://e.weibo.com/gebook
广东经济出版社常年法律顾问：何剑桥律师
·版权所有　翻印必究·

前 言
Preface

读懂筹码，看清行情

在股票交易中，投资者最基本的交易目标是获得收益。投资者都想在价格回升期间盈利，如果我们提前知道主力的持仓成本，就可以准确掌握关于投资者抛售价位的信号，进而在看似公平的股票买卖中占得先机。实际上，无论股市行情如何，只要我们知晓主力的持仓价位，便可以凭借价格优势获得交易机会，进而获得盈利。

通常，投资者的持仓成本非常重要，而其中最重要的是主力投资者的持仓成本。我们确认主力的持仓成本以后，就获得了战胜主力投资者的机会。不管主力投资者如何洗盘，在没有盈利前他们是不会放手卖出股票的。

我们知道，价格运行趋势有上涨、下跌和双向波动的运行趋势。但是，不管哪种价格运行趋势，筹码转移和投资者盈利都是必然会出现的情况。一般看来，价格上涨期间是筹码转移的结果，只要筹码向价格高位转移的趋势不结束，股价上涨潜力就会很大，持股就能够获得收益。特别是当我们的持仓成本较低时，能够适应更大空间的价格波动，那么相应的可能盈利空间也会比较大。类似的事情出现在下跌趋势中，如果股价以单边下跌的趋势运行，筹码就会向价格低位转移的速度增加，只要筹码转移趋势未变，股价下跌趋势就不会停止。

既然股价运行趋势是筹码转移的结果，我们就应该提早做出应对策略。在价格上涨期间，如果我们确认筹码转移趋势即将结束，就应该早一些卖出股票，避免在高价区被套。最后买入股票的总是亏损最大的。因为筹码最后一次向价格高位转移，也是主力完成筹码兑现、卖出股票兑现收益的过程，高位接盘的投资者将会面临无主力拉升的情况。没有主力拉升的股票，价格表现自然弱势，甚至会出现前所未有的大跌走势。

如何避免高位持股呢？这就需要密切观察主力的持仓成本，准确判断投资者的盈亏状况，就可以确认投资者的大体交易方向。当然，关于投资者的筹码分布特征和存在时间的信息也同样重要。筹码存在时间越长，价格涨跌对筹码转移的影响越小，因此要寻找存在时间较长的筹码峰作为价格上涨期间的支撑位，同样的，在股价下跌期间，筹码大量存在的价位也是非常典型的压力位。

通过筹码形态和转移方向确认价格走势，通过主力操盘与筹码转移确认行情持续时间，通过筹码峰分布特征确认筹码运行期间的阻力位，这些都是本书要研究的内容。当然，我们还会用非常典型的案例，解读筹码对我们买卖股票的重要意义。可以说，有了筹码工具，我们可以将除了量价以外的所有技术手段抛到脑后。因为筹码是投资者的持仓成本，是影响投资者盈亏状况的根本因素。在特定的时间段内，不同持仓成本的投资者对风险的理解有很大不同。筹码处于低位的时候，投资者相对可以承受更大的价格波动。但当筹码处于高位时，投资者对任何微小的价格回调都非常敏感。股价下跌的情况下，高位持股投资者的投资者会大面积亏损，使得股价下跌趋势加强。

可见，明白了筹码分布特征和转移规律，就可以了解投资者的持仓价位和买卖方向，就如打牌期间知道了对方的底牌和出牌顺序，自然就会降低亏损概率。

目 录
Contents

第1章　追根溯源：寻找筹码分布背后的秘密 ／1

　　1.1　筹码与价格成本 ／2

　　1.2　筹码集中度 ／7

　　1.3　活跃筹码掘金 ／12

　　1.4　吸筹、抛筹与筹码转移 ／15

第2章　慧眼识珠：价格调整期间筹码形态 ／21

　　2.1　三角形调整形态与筹码形态 ／22

　　2.2　菱形调整形态与筹码形态 ／25

　　2.3　矩形调整形态与筹码形态 ／29

　　2.4　喇叭口调整形态与筹码形态 ／33

　　2.5　N形调整形态与筹码形态 ／37

　　2.6　旗形调整形态与筹码形态 ／40

　　2.7　支撑位反弹与筹码形态 ／44

第3章　趋势为王：动态转移筹码形态 ／49

　　3.1　单峰向上发散转移形态 ／50

　　3.2　削峰填谷筹码转移形态 ／57

　　3.3　单峰向下发散转移形态 ／63

　　3.4　多峰向单峰转移形态 ／66

第4章　有迹可循：典型单峰筹码形态 ／71

　　4.1　价格回调筹码单峰 ／72

　　4.2　渐进式放量筹码单峰 ／75

　　4.3　长期横盘顶部筹码主峰 ／79

　　4.4　筹码充分换手筹码单峰 ／82

4.5　历史高位筹码单峰 / 86
4.6　回调历史高位筹码主峰 / 89

第 5 章　随庄沉浮：主力操盘筹码形态 / 95
5.1　建仓期间的主筹码峰形态 / 96
5.2　拉升期间脉冲筹码峰形态 / 99
5.3　洗盘期间的筹码削峰转移形态 / 102
5.4　调整后筹码尖峰形态 / 106

第 6 章　按图索骥：筹码指标形态 / 111
6.1　ASR 指标 / 112
6.2　SSRP 指标 / 116

第 7 章　点石成金：价格突破筹码形态 / 121
7.1　CYQKL 指标确认筹码突破有效 / 122
7.2　天量大阳线穿越筹码峰 / 126
7.3　跳空阳线突破筹码峰 / 129
7.4　T 字涨停板突破筹码峰 / 133
7.5　光头光脚大阳线突破顶部筹码峰 / 136

第 8 章　致命一击：主力锁仓突破筹码形态 / 141
8.1　30% 内的筹码峰锁仓 / 142
8.2　15% 内的超低筹码峰锁仓 / 146
8.3　10% 以内零散筹码峰锁仓 / 151
8.4　15% 以内双峰筹码锁定形态 / 155

第 9 章　以假乱真：假突破筹码形态 / 161
9.1　无量突破筹码峰形态 / 162
9.2　双筹码峰之间的反弹形态 / 167
9.3　无量突破历史筹码形态 / 172
9.4　缩量跌破筹码密集区形态 / 177
9.5　反弹收复低位筹码峰 / 182
9.6　价格脱离超级筹码单峰形态 / 187

第 10 章　纵观全局：筹码形态综合应用／195

10.1　筹码踩点追涨实战解读／196

10.2　筹码捕捉趋势实战解读／199

10.3　筹码高抛低吸实战解读／201

/第1章/

追根溯源：寻找筹码分布背后的秘密

筹码是投资者持仓成本的总体表现。分析筹码分布，可以清晰地发现投资者的持股价位，在接下来的交易中就能占据非常有利的地位。本章要研究的是筹码与价格成本，筹码集中度，活跃筹码掘金及吸筹、抛筹与筹码转移。

筹码形态体现了全部投资者的持仓成本分布。通过筹码形态，既能知晓散户投资者的持仓分布，也能够发现价格运行期间主力的持仓成本区。知道散户的持仓成本，才不会陷入被动；而如果我们也掌握主力持仓成本，在中长期的价格走势中我们就可以做出正确的交易判断。

1.1 筹码与价格成本

股票价格的涨跌，受到投资者买卖股票的影响：成交价越高，股价处于回升趋势；成交价越低，股价处于下跌趋势。股价涨跌与投资者的盈亏状况有最直接的关系，盈利的投资者会考虑高价抛售股票，亏损的投资者会在价格下跌的时候"割肉减仓"。盈利投资者持仓成本较低，更能适应价格高强度波动，因为持仓成本低意味着盈利空间大，投资者买卖都游刃有余。亏损投资者则不同，他们的持仓成本较高，会在价格下跌期间更为谨慎，甚至会在价格超跌的时候抛售股票，使得股价继续大幅下跌。

鉴于投资者持仓成本对股票买卖的影响很大，我们掌握多数投资者的持仓成本有助于把握价格运行期间的买卖强度，这对于确认价格趋势也有很大帮助。

实战当中，股票筹码分布可以分为散户成本和主力成本两种分布形态。主力持仓成本通常比较低，是具有竞争优势的低位筹码分布形态。而散户投资者更喜欢短线交易股票，因此持仓成本通常比较高，在行情出现波动的时候，散户投资者更可能处于不利地位。一般浮筹区域的筹码多数为散户投资者买入股票的成本区。而股价波动期间的追涨杀跌交易通常都是散户投资者买卖股票的结果。

1.1.1 筹码分布中的散户成本

追涨杀跌是很常见的交易方式，散户投资者更容易以追涨杀跌的方式交易股票，这在筹码上表现为大规模移动的筹码形态。由于筹码移动规模较大，筹码移动速度很快，受价格涨跌影响也会更大。

通常，散户投资者的持仓成本集中分布在不同的价位。价格回升期间，成本集中在比较高的价位。如果散户投资者追涨资金较大，大量筹码就会集中分布到价格顶部。

量能无法继续放大的时候，追涨后形成的筹码通常不容易获得收益。鉴于散户投资者的筹码分布比较零散，并且更多分布在价格高位，我们确认价格回升趋势延续的时间，通常可以从筹码转移的规模发现结果。如果低位筹码转移到价格高位，那么低位主力的持仓成本转移完毕。接下来的时间里，散户投资者主动价格回升趋势，股价自然容易见顶回落。

形态特征

散户投资者买卖股票并不一致，有很强的无规则性。从持仓成本来看，散户投资者的持仓成本可以分布在连续发散的不同价位上。股价脉冲放量上涨的阶段，都是散户投资者资金流入的时刻。确认散户投资者的持仓成本并不难，只要我们确认移动速度最快的筹码位置就可以了。

（1）筹码零散分布

散户投资者买卖股票不容易形成一致的买卖效果，反映在筹码形态上表现为零散分布的特征。不同价位上都会存在高抛和低吸的短线交易者的筹码，这些筹码多数是散户投资者的持仓筹码。

（2）筹码所在价位较高

通常在价格回升期间，短线交易的特征使得散户投资者的持仓成本较高。不论何时，散户投资者都会有买卖股票存在，这使得投资者整体的持仓成本高位运行，这是散户筹码的共同特征。

（3）移动速度很快

移动速度快是散户筹码的重要特征。短线交易的存在使得散户投资者的筹码转移速度很快。短时间内已经出现的筹码成本区，可以在价格明显回升的时候快速转移到不同的价位，这便是筹码转移的结果。

操作要领

以下以国农科技日K线图（图1-1）为例进行阐述。

①确认价格回升趋势非常重要，我们可以发现该股回升过程中的散户筹码分布趋势。从低位拉升到价格高位以后，图中A位置和B位置的筹码更多的是散户持仓成本区。散户投资者追涨买入股票的特征比较明显，在价格高位接盘后出现了新的筹码峰。

②通过浮筹指标ASR运行规律，我们确认C位置为浮筹较大的低位区。随着股价

回升空间加大，D位置的浮筹规模降到最低点，其对应的浮筹规模最小，是价格大涨以后高位浮筹减少的结果。

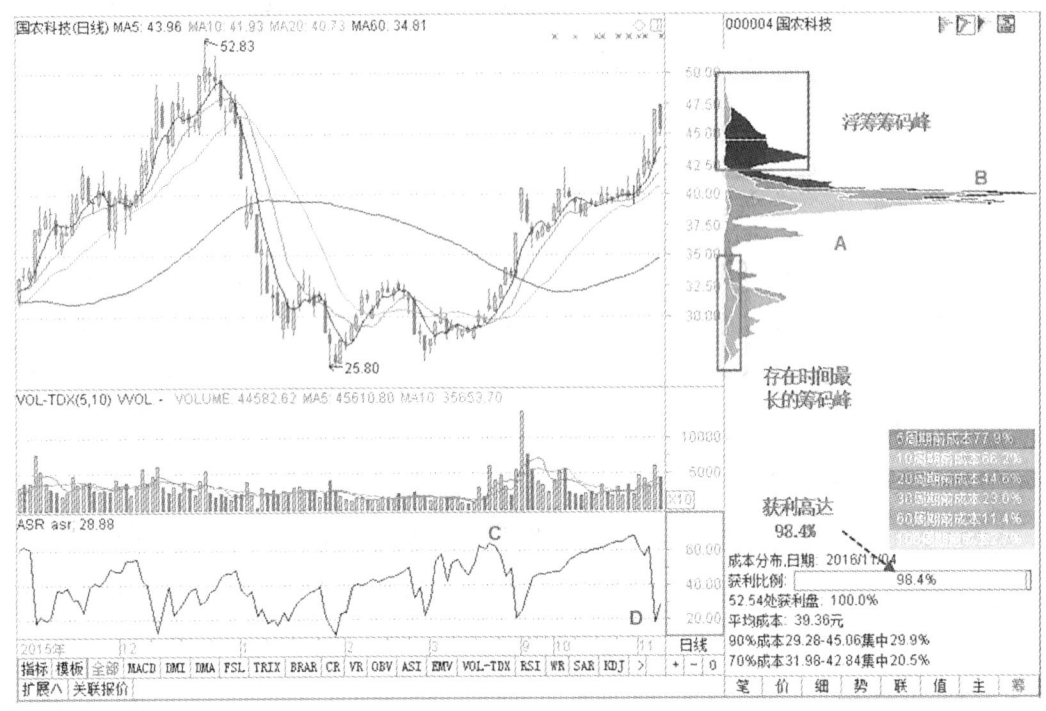

图1-1 国农科技日K线图

总结：实际上，我们确认筹码在价格回升期间不断向高位转移，非常重要的散户持仓成本区是图中的A位置和B位置。而存在时间最长的低位筹码是主力投资者的持仓成本区。通常，如果底部筹码明显存在，我们继续持股盈利的可能性会更大。主力投资者持仓期间不会主动打压股价，因为这不符合主力投资者的盈利交易策略。而散户投资者更容易受到行情影响，股价短线表现也很容易受到散户投资者追涨杀跌的影响。

1.1.2 筹码分布中的主力成本

通常，我们认为主力投资者是中长期投资者，其持仓的筹码变化会非常小。如果不是股价出现了明显的涨的趋势，主力投资者的筹码转移数量并不会很大。也正因为这样，我们确认主力投资者的持仓成本就更加容易。

一般而言，股价脱离调整形态的时候，价格也就脱离了主力投资者的持仓成本区。

调整形态中主力投资者的持仓成本相对集中，是价格大幅回升前的重要成本区。价格涨幅较大的情况下，筹码转移规模逐步增大。只要股价没有出现显著的回升，主力投资者的持仓成本稳定存在于价格低位，那么底部稳定存在的筹码区便是主力投资者的重要持仓成本区。

形态特征

（1）筹码集中分布

主力投资者不会在股价回升期间频繁买入股票，而是会选择价格低位运行时增加持股数量，提升仓位空间。这时，我们会发现主力投资者的持仓成本较低。

（2）筹码所在价位很低

主力投资者的建仓期间通常在价格处于低位的时候。这个时候买入股票比较安全，价格出现大幅回调的可能性较低。而更重要的是，持仓成本低有助于主力投资者获得高收益。

（3）移动速度较慢

即便股价波动空间较大，主力投资者的筹码移动速度也不会很快。也就是说，主力投资者不会在短时间内大量交易股票，除非股价累计波动强度远超过主力投资者的承受范围。

操作要领

（1）以下以深振业A日K线图（图1-2）为例进行阐述。

①通过图1-2我们可以确认该股横盘调整时间较长，在调整期间筹码集中度提升到非常高的程度，以至于筹码单峰出现在横盘调整期间。从ASR指标表现来看，E位置是浮筹规模较小的时段，而F位置是浮筹规模较大的时段，两个时段相隔半年时间。当股价开始飙升的时候，价格脱离高浮筹区域，使得浮筹指标快速回调至G位置低点。

②价格刚刚回升，图中标注的筹码规模虽然不是很大，但是从出现的时间来看，是最长的筹码区。该筹码是主力投资者在低位建仓期间出现的筹码，是价格上涨期间重要的支撑因素。

总结：确认主力的持仓成本并不困难，价格低位出现时间最长的筹码区便是主力持仓成本区。股价触底回升以后，我们会发现这部分筹码将非常稳定地存在于价格低点。而股价大幅回升以后，价格高位存在的浮筹筹码区便通常是散户投资者追高买入

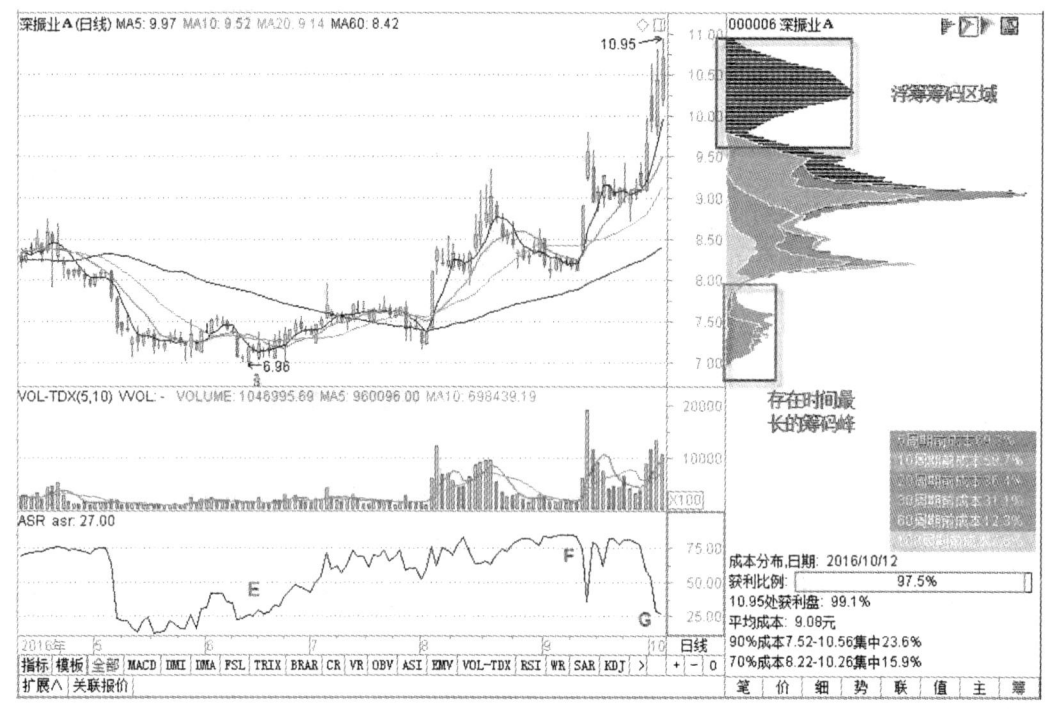

图1-2 深振业A日K线图

后出现的筹码，也是比较容易受到价格波动影响的筹码区。

（2）以下以美丽生态日K线图（图1-3）为例进行阐述。

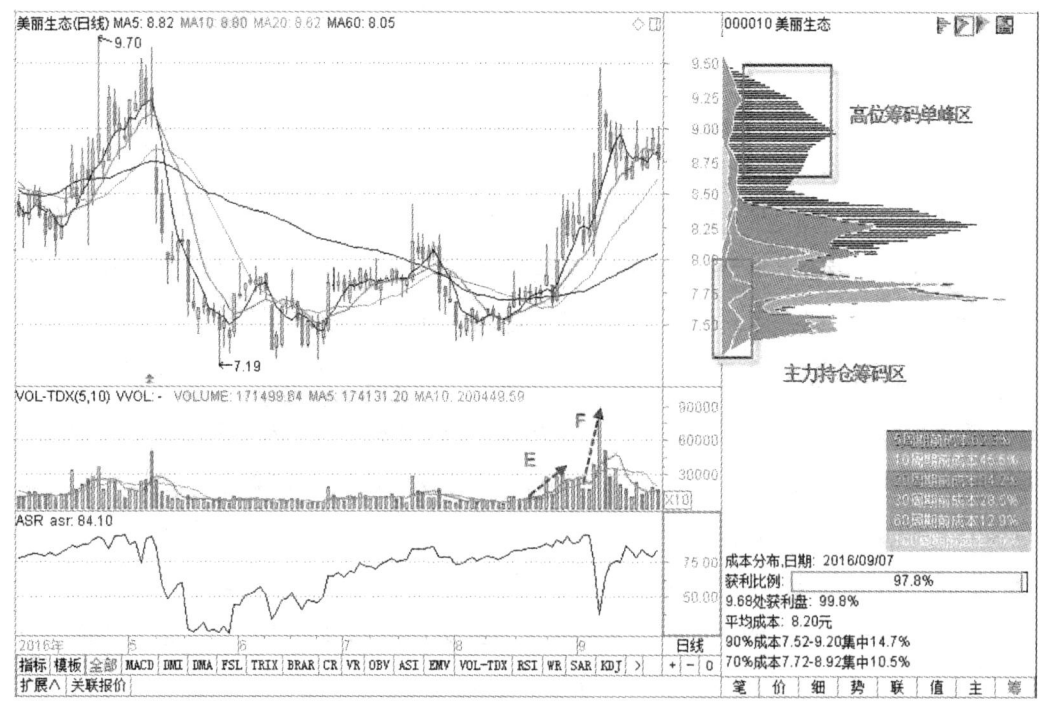

图1-3 美丽生态日K线图

①从筹码形态看，图1-3中标注的区域是形成时间最长的筹码区，同时也是主力投资者的持仓成本区。相应的股价大幅回升以后的高位筹码峰区域，是散户投资者的持仓成本区。这部分筹码规模较大，更容易受到价格波动的影响。

②从成交量来看，图中E位置量能稳定放大，筹码发散趋势比较平缓。而F位置的量能达到更高的位置，使得筹码转移速度明显加快。而价格最高位的筹码峰区域，便是F位置量能放大后出现的筹码区。该部分筹码规模较大，同时成本也相对较高。

总结：随着筹码转移规模的扩大，我们确认价格高位已经出现了高浮筹筹码峰，而低价区主力的持仓筹码没有显著减少，说明主力依然处于持股状态，该股回升趋势显然不会结束。只是在价格高位抛售压力增加的情况下，浮筹筹码峰位置价格稳定性降低，股价波动空间会更大。

1.2　筹码集中度

实战当中，确认筹码集中度对于把握交易机会非常重要。非常典型的单边趋势都是在筹码集中度达到极值的时候出现的。因为投资者的持仓成本非常集中，主力投资者的持仓成本与散户投资者的持仓成本重合度非常高，一旦价格脱离筹码集中分布区，持仓投资者的盈利情况一致，就会更容易形成较大规模的上涨趋势。

特别是如果股价在低位运行的时候，经过长期调整出现了筹码单峰形态，那么价格脱离筹码峰的时候，交易机会绝不会是短线的上涨走势，而会是中长期回升趋势中价格大幅上涨的走势。

1.2.1　筹码单峰确认集中度

通过筹码单峰确认筹码集中度是一种非常直观的方式。我们只要确认筹码集中分布在单一的筹码峰,并且单一筹码峰占据的价格区间比较小,就可以确认筹码集中度达到了高位。既然筹码集中度处于高位,那么股价脱离集中分布的筹码区域以后,单边趋势就会很容易形成。

形态特征

(1) 单一筹码峰出现

单一筹码峰形态的出现是筹码集中度提升的直观表现。如果我们确认单一的筹码峰形态已经完成,那么毫无疑问股价已经调整到位。这个时候确认的筹码单峰形态是价格飙升的起始形态,是我们关注的重点。

(2) 价格调整到一点

股价调整到一点的时候,表明价格波动空间已经非常有限。这个时候,只有股价脱离调整形态,才能够扩大波动空间。而价格脱离调整形态的过程,同时也是回升趋势中价格脱离单一筹码峰的过程。

(3) 浮筹达到历史高位

浮筹达到历史高位可以检验筹码集中度。浮筹指标数值越高,筹码集中度会更高,价格更容易形成单边回升趋势。

操作要领

(1) 以下以深大通日K线图(1)(图1-4)为例进行阐述。

①股价调整形态上,该股已经长期调整,以至于价格波动空间收窄到非常小的价格范围内。由于受到压力线压制,股价反弹高度不断降低。同时,股价点也不断回升,股价波动空间因此已经非常小。

②从ASR指标来看,Q位置开始到R位置的高位,浮筹震荡回升中持续1年回升。很显然,当浮筹指标ASR调整到图中的R位置的时候,高浮筹的情况就出现了。

总结:确认了股价低位的筹码单峰形态以后,我们判断股价已经调整到位。高浮筹的单一筹码形态出现,价格就完成了低位调整,自然会加速上涨。

(2) 以下以深大通日K线图(2)(图1-5)为例进行阐述。

①随着单一筹码峰形态完成,ASR指标加速回落,股价顺利脱离了高浮筹的价格低位。ASR指标高位下跌,表明价格脱离筹码峰的趋势再也不会出现逆转的可能。

②量能上显示,股价回升趋势中成交量高位运行。而等待成交量长期放量的时候,

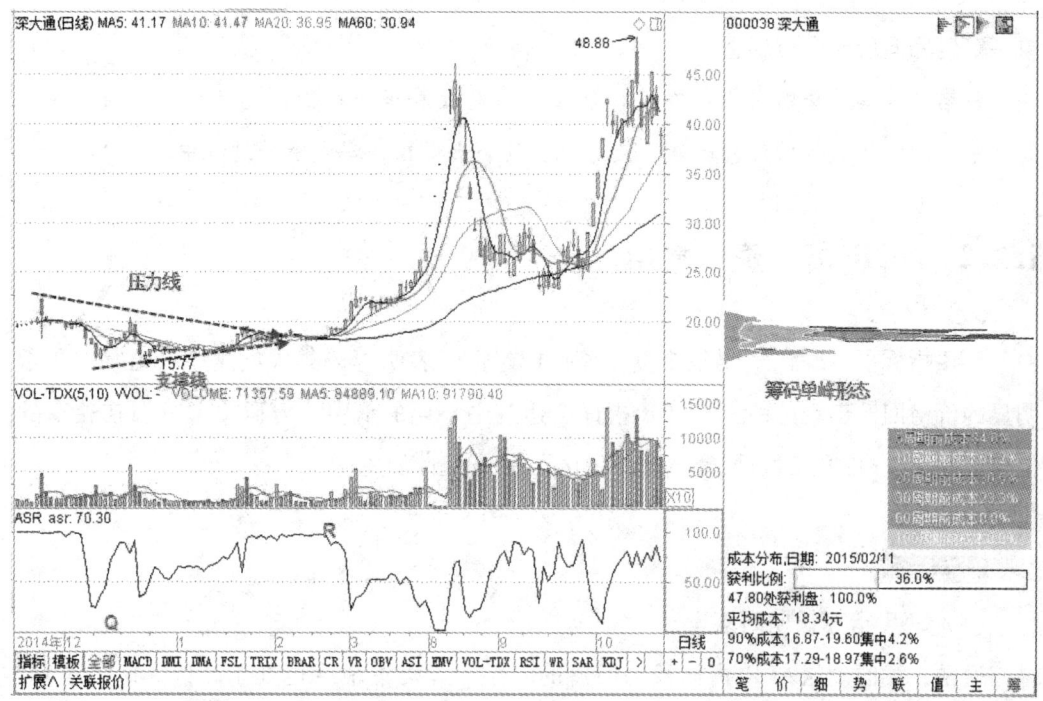

图1-4 深大通日K线图（1）

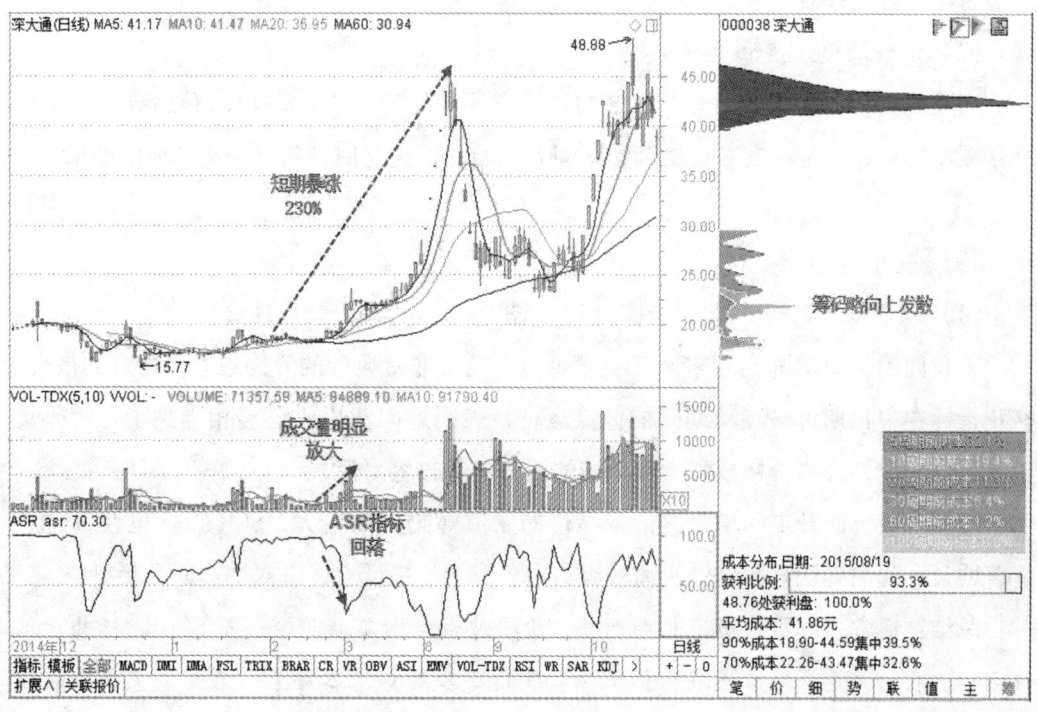

图1-5 深大通日K线图（2）

单一筹码峰向价格高位转移。

总结：筹码单峰形态出现在价格低位，而发散筹码峰在价格高位形成。在筹码从高集中度向发散趋势转移的时候，交易机会就会出现在筹码发散的过程中。

1.2.2　SCR指标确认集中度

SCR指标可以确认筹码集中度，该指标越低，表明筹码集中度越高。通常，非常明显的价格回升出现的前期，SCR指标会达到中长期的低位。筹码集中分布在狭窄的价格区间，这有助于股价脱离筹码集中区以后大幅上涨。

<u>形态特征</u>

（1）SCR指标长期回落

通常，我们确认SCR指标长期回落的时候，筹码集中度也处于高位。这个时候，任何突破后的回升趋势都可以得到延续。因为股价脱离了筹码集中分布区域，价格上涨潜力可以得到释放。

（2）价格调整到狭窄范围

当股价波动空间非常小时，狭窄的波动空间中更容易形成单边回升趋势。价格总会存在波动，并且是在突破价格调整区间后开始的，这是回升趋势加速形成的结果。

<u>操作要领</u>

（1）以下以飞亚达A日K线图（1）（图1-6）为例进行阐述。

①我们确认SCR指标已经处于数值低点，这是非常典型的筹码集中度提升的信号。SCR指标在中长期价格波动期间的低点运行，表明筹码集中度已经相当高了。筹码集中度达到低位，表明价格放量上涨期间的回升趋势很容易形成。

②随着股价回升空间增大，价格高位的发散筹码规模增大，SCR指标也在F位置显著增长。我们确认该股已经脱离筹码集中分布的价格低点，进入单边回升趋势中。

总结：通常，股价经历了长期调整，价格波动空间不断收窄，而SCR指标处于低位运行，表明大量筹码聚集在价格低位，股价下跌趋势基本结束。只要成交量有效放大，股价就可以脱离低位价格区。SCR指标不仅帮助我们确认了筹码集中度，而且提示了股价低位买点的信号。

第1章 追根溯源：寻找筹码分布背后的秘密

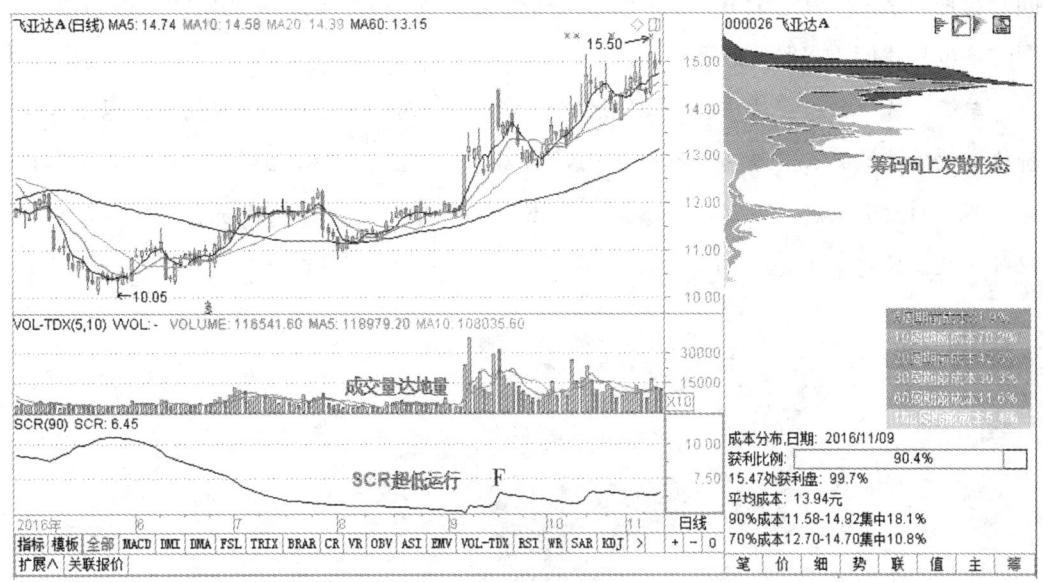

图1-6 飞亚达A日K线图（1）

（2）以下以飞亚达A日K线图（2）（图1-7）为例进行阐述。

①飞亚达A日K线图中股价处于高位运行，价格突破高位压力区的时候，SCR指标虽然小幅回升，却依然处于低位，这也是筹码集中度提升的结果。

②图中G位置是价格突破高位期间形成的筹码区，是筹码即将向上发散的信号，

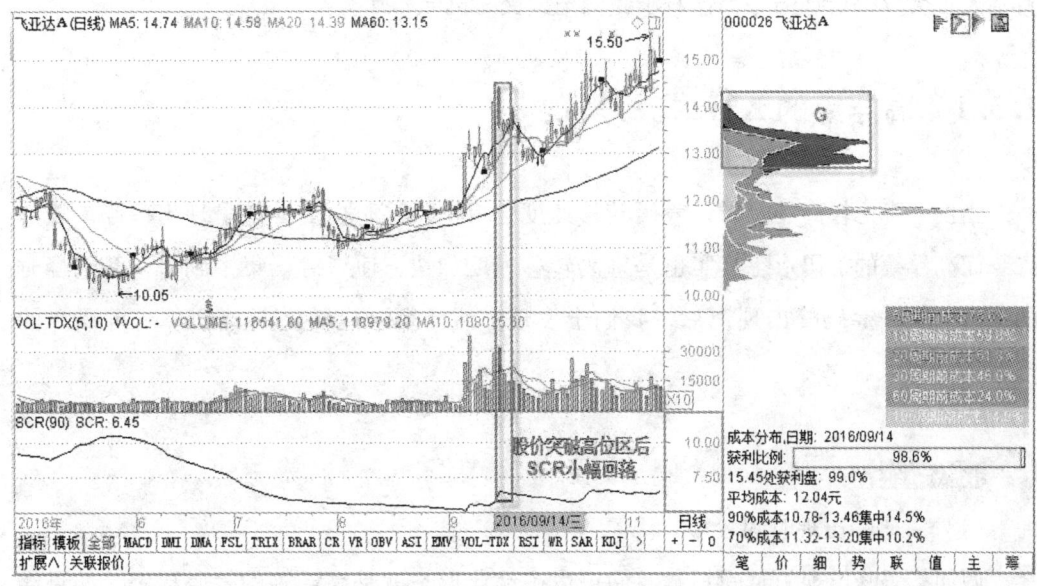

图1-7 飞亚达A日K线图（2）

同时也是SCR指标处于低位时候的重要突破信号。我们确认这是筹码发散加速的信号，同时这也是我们买入股票的重要标志。

总结：确认价格突破前的SCR指标处于低位非常重要，这是我们判断筹码单峰被价格突破的关键买点。筹码单峰位置的压力较大，而股价可以脱离这一区域，显示出非常明显的看涨信息。可以说，确认了SCR指标低位运行的价格突破信号，我们就可以确认最低的建仓机会。

1.3　活跃筹码掘金

通常，活跃筹码是影响价格短期走势的关键因素。当价格出现涨跌走势的时候，我们会发现，活跃筹码也随之处于盈利或者亏损状态。如果价格脱离活跃筹码较大，行情表现会变得更加强势，这对于我们把握交易机会非常有益。

1.3.1　高浮筹的ASR指标表现

当换手率比较高的时候，筹码转移速度会更快，这时也更容易呈现出筹码单峰形态。而高浮筹的筹码形态其实也是筹码转移速度加快，使得筹码集中到单一筹码峰时的形态。单一筹码峰出现以后，我们会发现，活跃筹码也随之调整到单一筹码峰的形态。

形态特征

（1）筹码峰出现时间较短

假如筹码峰出现的时间短，我们可以确认此形态就是高浮筹的筹码形态。如果浮筹大量存在，我们可以确认活跃的浮筹已经调整到了狭窄的价格区间。活跃个股的筹码转移速度都很快，其表现为明显的高浮筹形态。

（2）高度单一的筹码峰形态

当筹码调整到单一的峰形时，表明投资者的持仓成本相对集中了。这个时候，活跃筹码集中分布在狭窄的价格区间。如果股价脱离筹码峰位置，价格上行趋势自然容易形成。

<u>操作要领</u>

下面以深桑达A日K线图（图1-8）为例进行阐述。

①我们可以确认，ASR指标单边回升，该指标在图中达到非常高的位置（T位置），这是筹码高度集中到当前价位附近的信号。同时，我们通过筹码形态可以确认，单一的筹码峰已经形成。浮筹指标回升到高位时间不足两个月，表明筹码集中趋势非常快。

②图中量能呈现出明显萎缩趋势，但是从成交量从高位回调下来的过程中可以看出，该股活跃度依然较高。我们可以确认，这是价格调整期间必然有的量能趋势。短线缩量证明，股价调整到位是股价即将拉升的信号。

③从筹码峰的位置来看，该股筹码单峰已集中到短线高位。从前期股价波动强度较大可以看出，集中的筹码形态显然是该股活跃度较高的结果。可见，活跃筹码已经调整到位，就等价格突破信号出现。

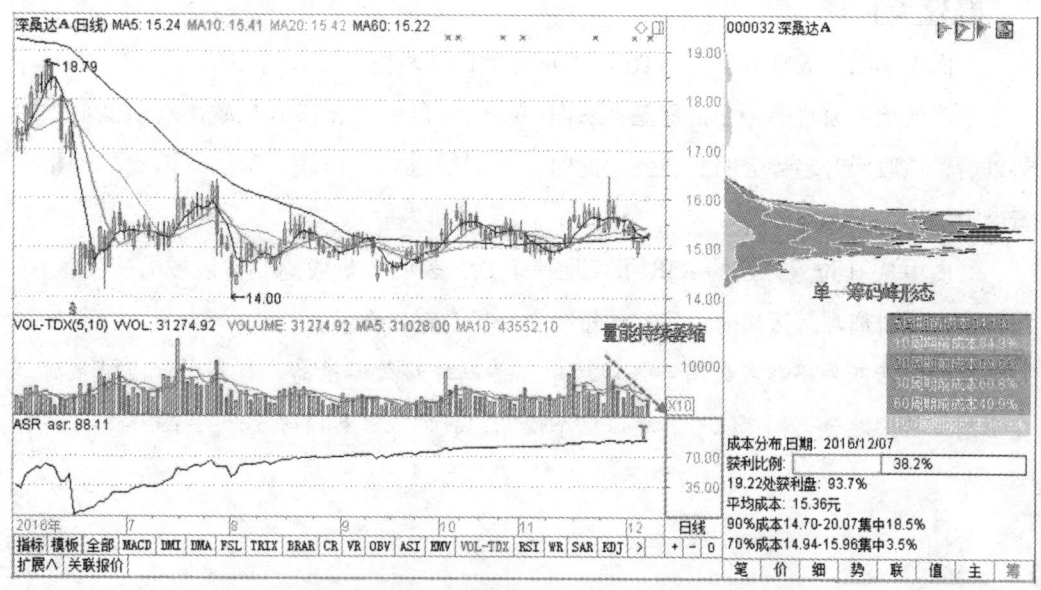

图1-8　深桑达A日K线图

总结：量能维持高位运行的时候，价格高强度波动，活跃的浮筹很容易形成单一的筹码峰形态。这个时候，只要股价突破筹码峰所在价位，交易机会便会形成。

1.3.2 高浮筹的突破交易机会

价格放量突破高浮筹区域是股价加速上涨的信号。高浮筹区域是多数投资者的持仓成本区，价格脱离该区域以后，多数投资者会快速盈利。如若看涨投资者信息快速提升，股价放量上行趋势便会出现。

形态特征

（1）量能开始回升

量能开始回升以后，价格活跃度便会提升，股价就很容易脱离筹码单峰区域。这个时候，我们关注股价出现的放量上涨走势，可以抓住比较好的交易机会。

（2）光头光脚大阳线

光头光脚大阳线是最显著的看涨形态，也是支持股价回升的非常典型的形态。该形态如果已经出现在价格低位，我们便确认其为典型的支撑形态。假如在大阳线以后买入股票，我们的盈利空间会非常大。

操作要领

下面以华联控股日K线图（图1-9）为例进行阐述。

①确认该股放量趋势非常重要，从图中我们可以看到，在E位置出现量能放大趋势以后，该股回升趋势会明显加强。此时，大阳线也频繁出现，确认了该股的价格上行潜力。

②图中从H位置开始的ASR指标加速下跌，表明股价脱离非常区域的速度很快。当价格大幅脱离浮筹区域时，我们的短线交易机会就出现了。

总结：活跃筹码形成的高浮筹区域中，筹码转移效率很高。只要股价能够摆脱调整形态，价格就会大幅度上涨。按照这个情况，我们很容易确认股价上行趋势。

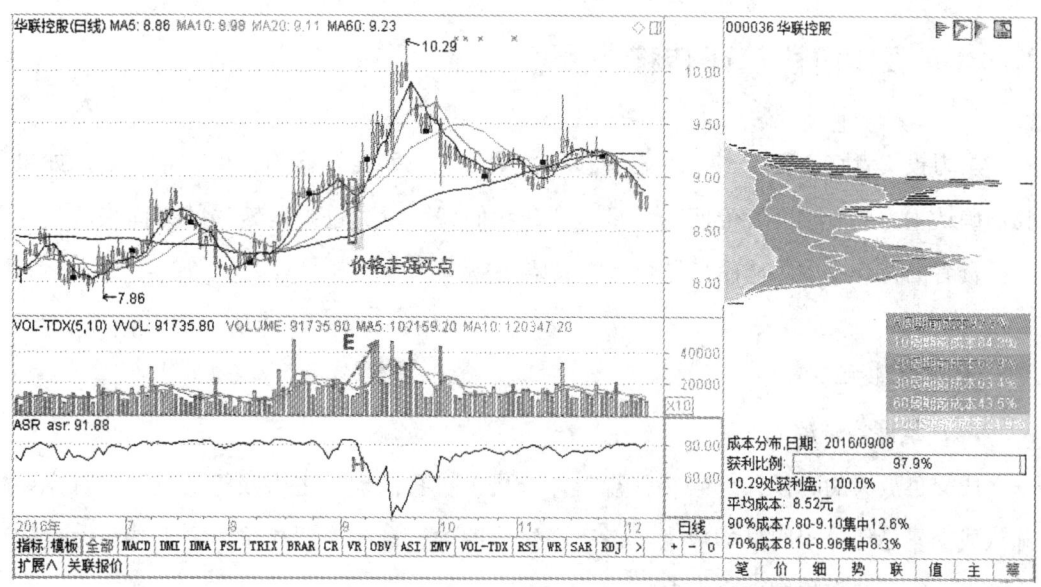

图1-9 华联控股日K线图

1.4 吸筹、抛筹与筹码转移

在筹码转移的过程中,伴随着投资者持股和抛售行为的出现,其间,存在着价格大幅波动。吸筹是筹码转移的一种方式,是筹码向资金主力转移的过程。在这个过程中,我们会发现,大量筹码集中到了主力手中,这也是股价上涨的基础。而在抛售筹码的过程中,主力又充当了做空主力,大量筹码从主力手中流向散户投资者,这将导致股价出现下跌趋势。

1.4.1 吸筹阶段筹码转移

主力投资者在吸筹阶段,筹码转移的数量很大,筹码转移趋势也非常明显。如果我们确认主力放量拉升股价期间大量建仓,我们就可以通过筹码转移的方向来确认主力投资者的持仓成本,从而指导今后的股票交易。

形态特征

(1) 量能集中放大

成交量放大的时候,筹码转移规模才会更大。我们确认主力吸筹的过程,首先要确认成交量已经处于明显的放大状态。在短时间内,量能达到高位,主力参与力度就会加强,筹码转移规模也会更大。

(2) 筹码大规模转移

筹码大规模转移表明投资者吸筹较多。特别是在主力建仓阶段,筹码大规模转移意味着今后有大行情。只要主力投资者大量买入股票,后期一定会大幅拉升股价,这是我们需要关注的地方。

操作要领

(1) 以下以德赛电池日 K 线图(图 1-10)为例进行阐述。

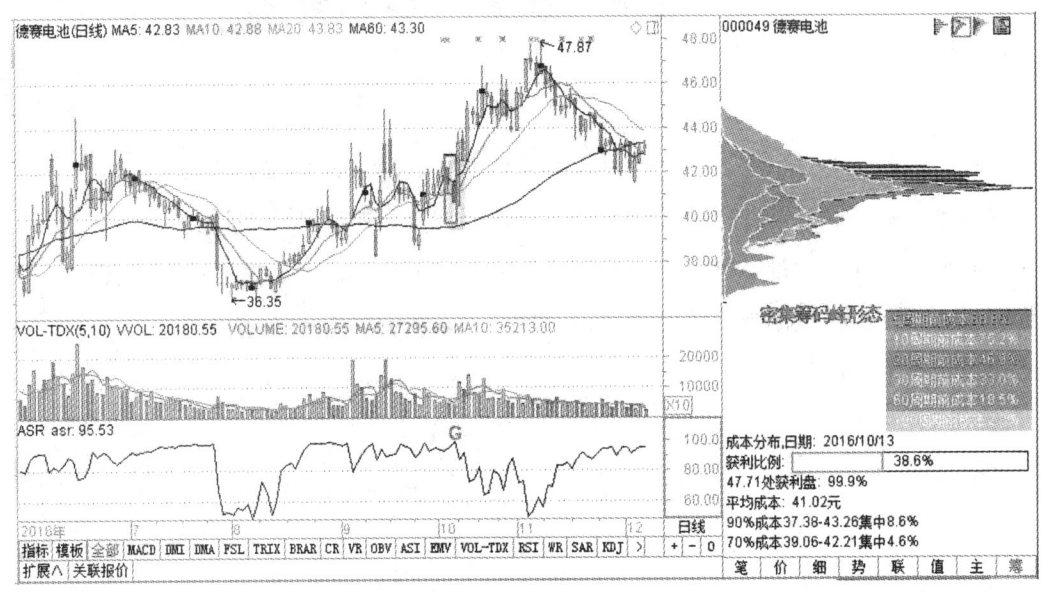

图 1-10 德赛电池日 K 线图

①我们可以在价格大幅回升前确认筹码的集中形态，图中单一的筹码峰规模很大，这是主力放量拉升前的筹码分布形态。

②从浮筹指标来看，图中 G 位置显示的 ASR 指标达到高位，表明当前价位附近的浮筹数量很大。这也从一个侧面说明，筹码集中程度很高。既然筹码集中分布，那么主力拉升股价更容易获得筹码。

总结：筹码调整到集中分布的单峰状态以后，一旦主力放量拉升股价，就可以轻松获得大量筹码。因为这个时候，股价出现上涨趋势，多数投资者的盈利状况一致。若抛售的股票较多，主力投资者更容易获得筹码。

（2）以下以华控赛格日 K 线图（图 1-11）为例进行阐述。

①图中 B 位置显示的量能有效放大，表明主力短线介入非常明显，这通常是主力吸筹和拉升的动作。

②观察价格表现我们会发现，股价在图中冲高回落，短线涨幅很大。这表明主力拉升股价的力度较大，有助于短期内增加抛售的筹码数量，提升吸筹效率。

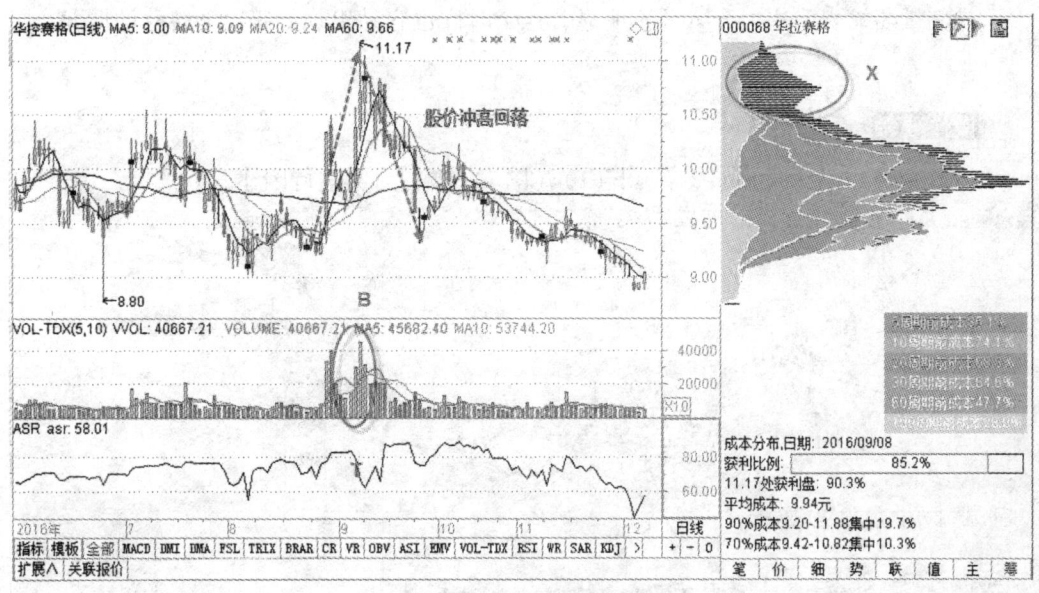

图 1-11　华控赛格日 K 线图

总结：主力投资者吸筹阶段，T 位置 ASR 指标快速回调，显示出价格正在脱离浮筹区域。图中 X 位置是新增筹码峰，是非常明确的主力吸筹成功的信号。筹码已经大量转移到主力手中，X 位置的新增筹码就能说明这一点。

1.4.2 抛筹阶段筹码转移

在主力投资者抛售股票的阶段,筹码转移的速度非常快。筹码从主力投资者向散户转移的过程中,股价呈大幅下跌走势。可以确认的是,一旦大量筹码聚集到价格高位,并且这时候股价已经缩量滞涨,那么这便是筹码向下转移的信号了。

形态特征

(1) 典型的高位筹码单峰形态

筹码聚集到价格高位的时候,投资者的持仓成本较大,如果主力投资者不再拉升股价,那么价格见顶的概率就很高了。一旦股价开始下跌,那么在下跌趋势中,筹码必然从高位向下转移。

(2) 量能呈萎缩趋势

成交量萎缩表明主力介入并不明显,这个时候也容易出现筹码向下转移的情况。

操作要领

(1) 以下以航天发展日 K 线图 (1)(图 1-12) 为例进行阐述。

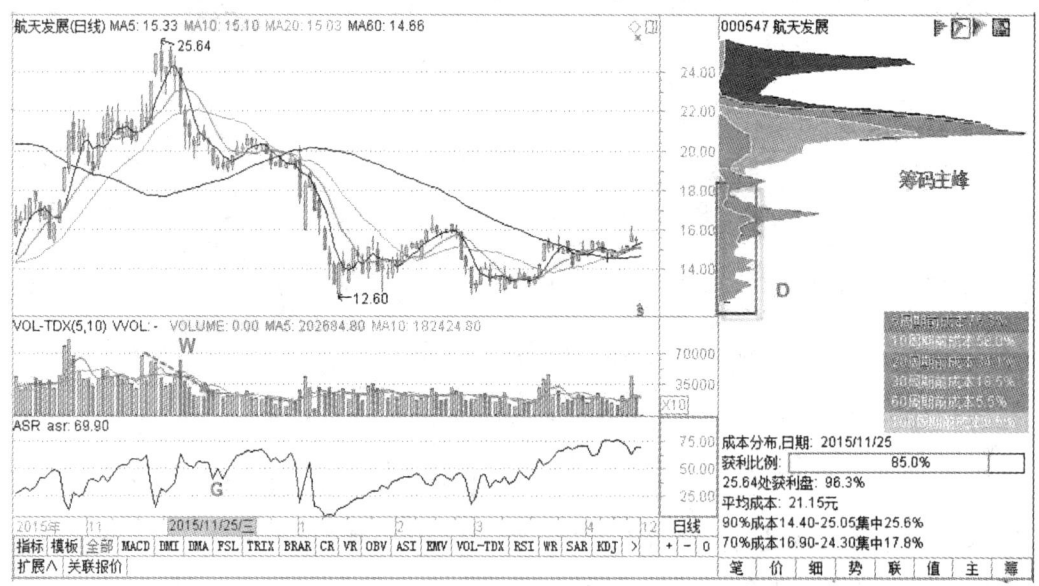

图 1-12　航天发展日 K 线图 (1)

①价格高位的筹码单峰形态值得关注，这是在该跳空涨停以后出现的筹码形态，表明散户投资者追涨买入股票的意图明显，筹码聚集到高位是抛售压力大增的前兆。

②在图中 W 位置显示的成交量明显萎缩的情况下，ASR 指标在 G 位置达到高位。这个时候，缩量表现的股价自然容易跌破高浮筹区域。一旦跌破，在筹码向下发散的过程中，股价自然会出现明显的下跌。

总结：价格高位浮筹较多，并且量能出现了萎缩，这是股价无法继续回升的信号，此时的价格很容易出现杀跌走势。价格回落必然伴随着筹码向下转移趋势的形成。

（2）以下以航天发展日 K 线图（2）（图 1-13）为例进行阐述。

①当量能萎缩以后，该股经历了前所未有的杀跌走势。股价跌幅远超 50%，在筹码向下转移的过程中，脉冲筹码峰的形态出现。

②图中 S 位置显示的量能达地量，股价已跌停开盘的时候，量能已经非常小。该股就是在这样频繁跳空的节奏中大幅下挫。在此期间，我们确认筹码以脉冲形式向下转移。主力投资者抛售股票以后，筹码脉冲分布到了不同的价位上。

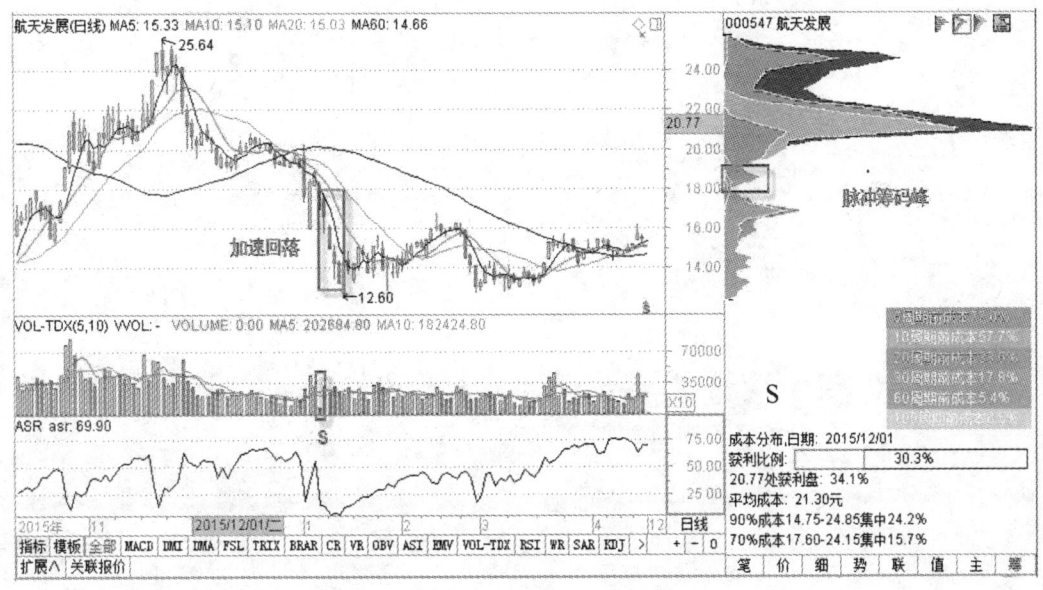

图 1-13 航天发展日 K 线图（2）

总结：在下跌趋势中，投资者抛售筹码数量众多。也就是在这个时候，筹码从主力投资者手中向散户转移。散户投资者持股以后，股价继续下跌，而筹码又在散户投资者之间转换，使得股价下跌趋势不断加剧。

/第2章/

慧眼识珠：价格调整期间筹码形态

在实战当中，我们会经常遇到调整形态，该形态是价格继续前期趋势的重要中继形态。调整形态持续时间通常比较长，是我们确认接下来价格趋势的重要形态。股价脱离调整形态前，我们可以有很多机会把握好买卖点位，特别是根据调整形态完成以后，筹码变化决定投资者的成本分布，从而提高交易的准确性。

调整形态的种类丰富，我们掌握了典型的调整形态，就可以在实战中轻松应对价格调整。调整期间，投资者的调仓方向反映在筹码形态上，是投资者对未来价格走向的总体反映。假如我们根据筹码形态确认价格突破的方向和交易机会，就很容易获得成功。

2.1 三角形调整形态与筹码形态

三角形调整形态是非常常见的走势，经常出现在价格大幅波动期间，是价格波动空间不断收窄的形态。在三角形调整形态中，我们发现，短线的交易机会不断减少，股价波动空间虽然已经在收窄，但是交易机会却正在酝酿。在实战中，我们经常会发现，如若价格摆脱三角形调整的走势，接下来的行情就会逐渐明朗。

2.1.1 三角形调整形态

从形态上看，三角形调整有非常明显的三边形态。在价格波动期间，我们发现股价波动空间不断收窄。股价总会在反弹期间在三角形上限遇阻，而在下跌期间又在三角形下限遇到支撑。价格在三角形上限和下限之间往复波动几次以后，交易机会自然会出现。

形态特征

（1）三角形的立柱

在股价回落期间，三角形的立柱是价格加速回落时候出现的走势。在接下来的三角形调整中，股价围绕三角形的立柱上下波动，直到价格波动空间收窄到非常小的时候，交易机会才会出现。

（2）三角形上限

三角形上限是调整期间股价难以突破的压力区，是组成三角形调整的重要压力位。

（3）三角形下限

三角形下限是调整期间股价难以跌破的支撑区，是组成三角形调整的重要支撑位。

操作要领

以下以好当家日K线图（1）（图2-1）为例进行阐述。

①从形态上看，在股价下跌期间，三角形的立柱出现。在价格跌幅较大时，该股出现了双向震荡的情况。股价在三角形上限遇阻力回落，同时又在三角形下限获得支撑上涨。

②在三角形调整形态中，我们发现，图中量能维持高位。价格波动强度很大，量能是支撑价格高强度波动的关键。

③在股价完成三角形调整的过程中，MACD指标中的DIF线单边回落并且跌破了0轴线，这是非常典型的看跌信号。

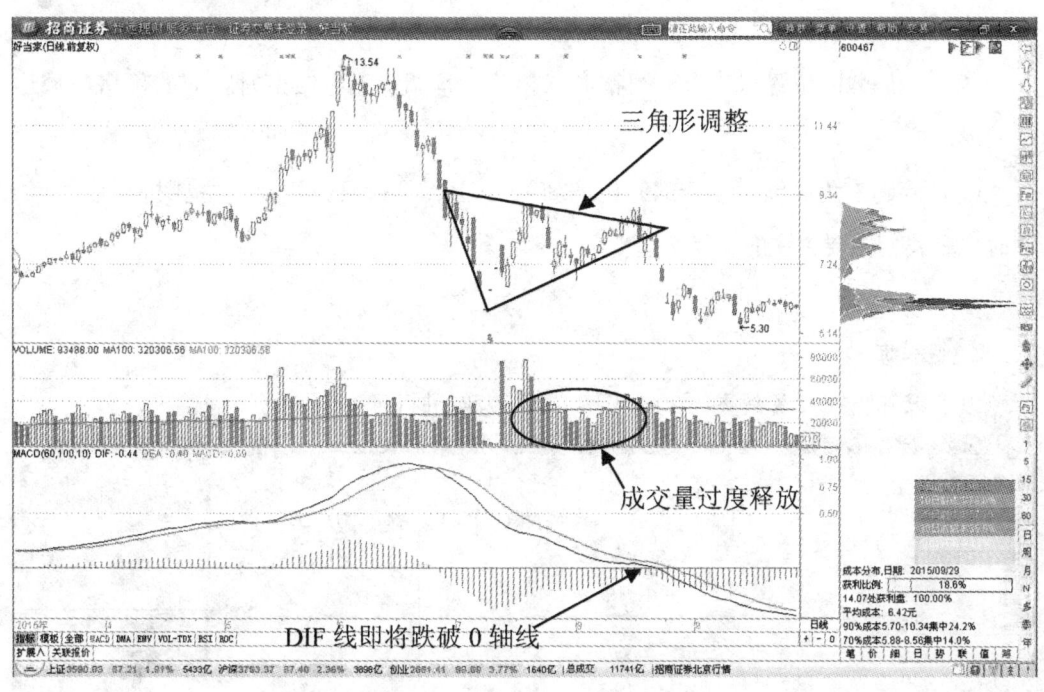

图2-1 好当家日K线图（1）

总结：三角形调整期间，价格双向波动空间不断收窄。与此同时，MACD指标回落至0轴线附近，这是股价即将跌破三角形的信号。如果下跌趋势未变，三角形调整便成为股价继续下跌的中继形态。

2.1.2 筹码形态与交易方向

在三角形调整形态中，我们发现，图2-1中结束之时一定会出现筹码集中分布的情况。这是因为，股价在三角形调整期间波动强度较大，大量筹码充分换手以后，投资者的持仓成本逐步集中到三角形调整形态所在的价格区间。从筹码分布来看，三角形调整结束后筹码分布有自己明显的形态特征，也有自己独到的操作要领。

形态特征

（1）筹码呈现三角形形态，筹码三角形的下限在三角形调整形态的下限以上，而筹码三角形的上限在三角形调整形态的上限以下。

（2）筹码峰的位置与三角形调整形态相关，是调整形态结束时对应的价格区域出现的筹码形态。

（3）筹码三角形包含了全部筹码的80%以上，是持股投资者的主要持仓成本区，同时也是我们需要关注的交易区间。

操作要领

以下以好当家日K线图（2）（图2-2）为例进行阐述。

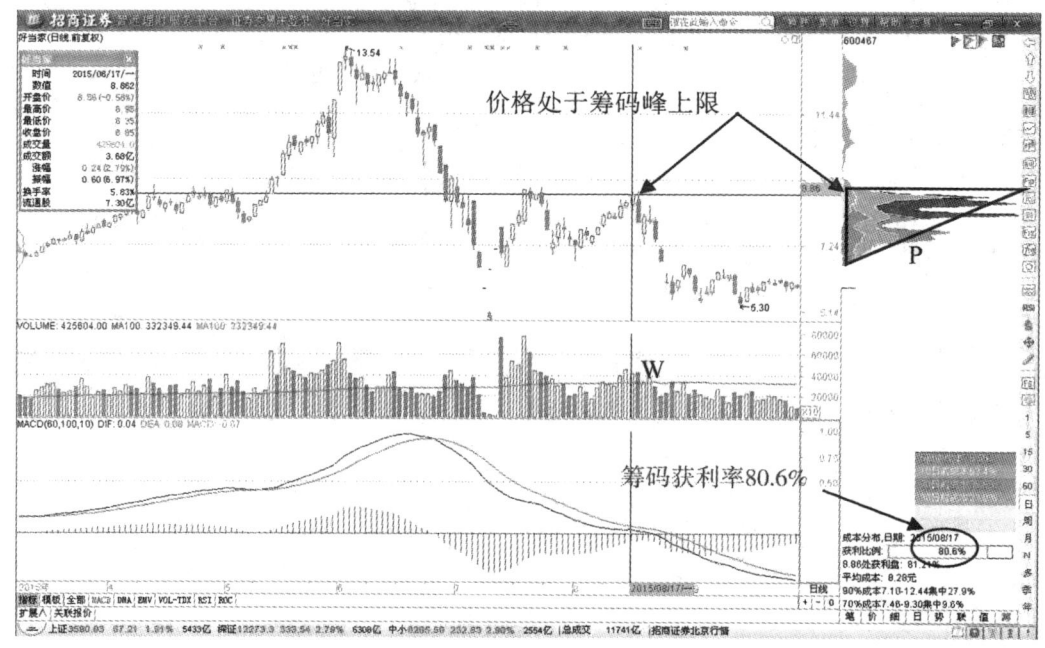

图2-2 好当家日K线图（2）

①股价进入三角形调整形态以后，调整完成的筹码形态非常特别，呈现出下方少上方多的三角形。图中 P 所在位置的三角形筹码中，投资者的成本集中分布在高位。假如筹码获利率高达 80%，那么股价短线回落就会使大量投资者亏损。显然，这种筹码分布形态并不稳定，股价不大可能以三角形的筹码峰作为支撑上涨。

②从成交量和 MACD 指标来看，量能在 W 位置开始萎缩，在此期间，DIF 线也跌破了 0 轴线，显示出股价短线已经快速走低的趋势。这个时候我们可以确认，量能萎缩期间的卖点已经形成。价格跌破筹码峰，持股投资者将很快陷入亏损状态。而只要把握三角形调整结束后的卖点，我们就可以规避损失。

总结：三角形调整很难改变价格下跌的节奏，特别是在明显的回落趋势中，大量筹码全都调整到位。即便股价小幅跌破三角形形态，投资者亏损面积也会非常大，这是我们减仓的重要依据。

2.2 菱形调整形态与筹码形态

在菱形调整形态中我们发现，价格波动空间呈现从小到大的趋势，最终波动空间会不断收窄。在此期间，筹码集中度会不断提升，最终菱形调整结束的时候，筹码峰所在价位也是菱形形态调整后的价位。

2.2.1 菱形调整形态

在菱形调整形态中，价格波动空间由小到大，首先呈现的是持续回升的喇叭口形态。在价格波动空间提升到一定高度以后，股价波动空间又逐步收窄。在价格双向波动的过程中，筹码峰规模不断扩大。从形态上看，菱形调整具备了四条边，这是一种相对复杂的中继形态。

形态特征

（1）菱形调整形态有四条边，是股价波动空间不断放大而后逐步萎缩的结果，是股价波动空间加剧后投资者情绪稳定下来，价格波动空间收窄形成的调整形态。

（2）在菱形调整期间，成交量萎缩到地量通常是调整结束的信号。也只有量能达到地量，投资者才不会再短线盲目地高抛低吸，价格才会趋于稳定，而菱形调整形态才会真正完成。

（3）在菱形调整形态结束以后，投资者的总体持仓成本价位于菱形结束后的价位附近。这个价位附近既有明显的套牢盘，又有较多的盈利盘，盈利和亏损投资者的数量相差不大，价格运行暂时稳定。

操作要领

以下以青松建化日K线图（图2-3）为例进行阐述。

①认识菱形调整形态的基本特征后，我们发现图中菱形波动趋势确实如我们预计的那样，股价波动空间逐步放大后，价格波动空间开始收窄。直到调整结束的时候，

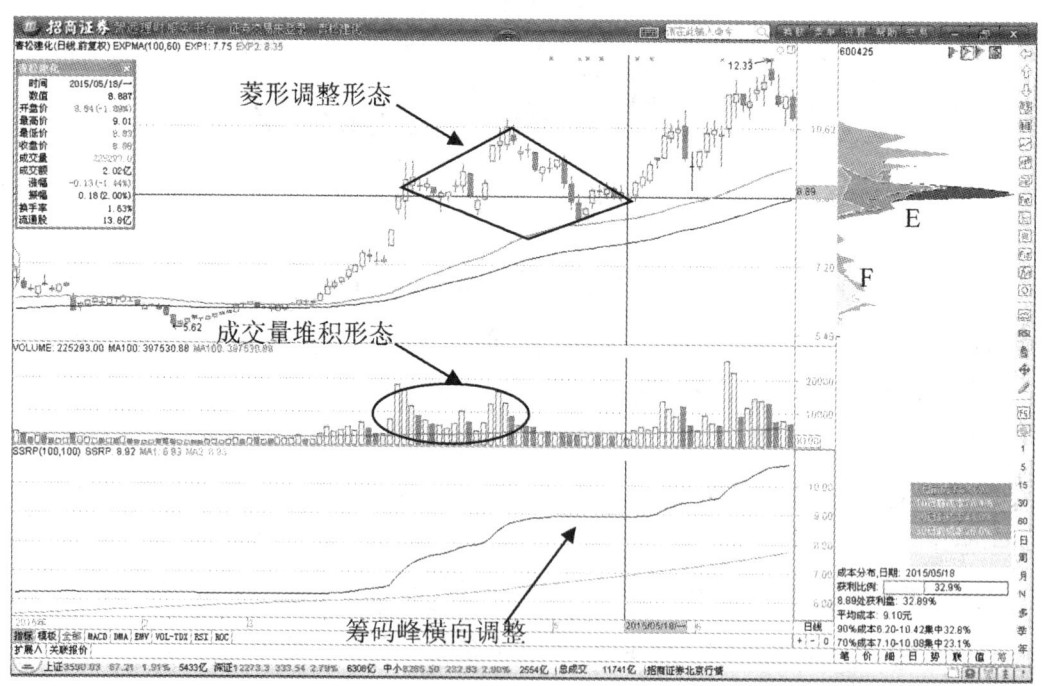

图2-3　青松建化日K线图

我们方可确认股价已经到位。

②图中 E 位置对应的筹码位置也是菱形调整结束的价位，这个位置多处于平衡状态，价格可以从这个位置获得支撑上涨。

③图中 F 位置的筹码峰值得我们关注，这是主力投资者的低位成本区。该成本区的支撑效果良好，股价很难跌破该成本区。

总结： 认识菱形调整形态的特征以后，我们按照价格波动从小到大而后收窄的规律确认调整结束信号，就很容易确认菱形调整形态。

2.2.2 筹码形态与交易方向

菱形图的下限就是筹码峰的下限，同时也是我们买入股票的重要低点。假如筹码短线跌至筹码峰下限，持股投资者就会处于明显的套牢状态，价格反弹走势便一触即发。

形态特征

（1）在菱形调整期间，当价格波动不断扩张的时候，股价就会跌破短线低点，这是典型的买入机会。股价处于菱形下限反映在筹码形态上，价格处于筹码峰下限，这是技术性反弹走势开始的位置。

（2）在菱形调整形态中，价格连续出现两个价格低位，这是比较常见的情况。因为菱形形态中的价格波动空间很大，而当价格达到更低的价位时，短线高位的筹码就会被套牢，价格就存在反弹机会。

操作要领

（1）以下以青松建化日 K 线图（1）（图 2-4）为例进行阐述。

①首先确认价格处于筹码峰下限，当筹码获利率低至 57.5% 时，表明套牢盘比较多，但是多数投资者依然持股盈利。图中筹码峰指标 SSRP 持续回升，并且成交量已经接近 100 日等量线，这是短线反弹具备的条件。

②既然该股具备了反弹条件，当图中股价短线下跌之时，我们便将其确认为买点。从形态上看，价格正处于短线低位，分时图中股价超跌，建仓机会非常难得。

总结： 在菱形调整形态中，价格跌破短线高位的筹码峰使得技术性反弹的可能性

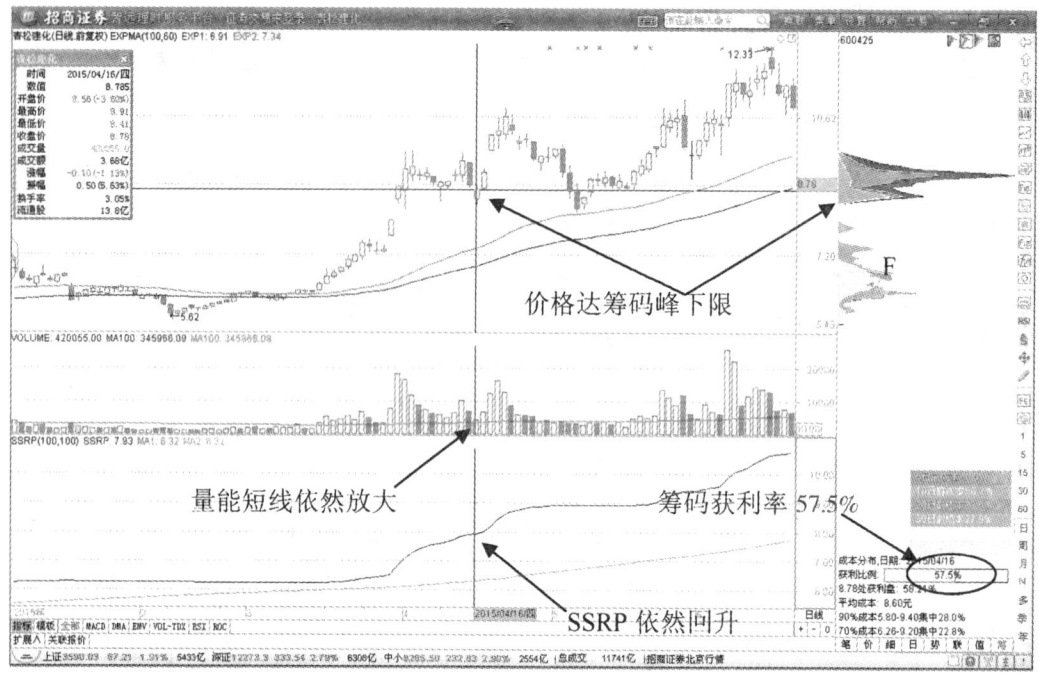

图 2-4 青松建化日 K 线图（1）

增加。我们在股价反弹的过程中买入股票，可以提升盈利空间。

（2）以下以青松建化日 K 线图（2）（图 2-5）为例进行阐述。

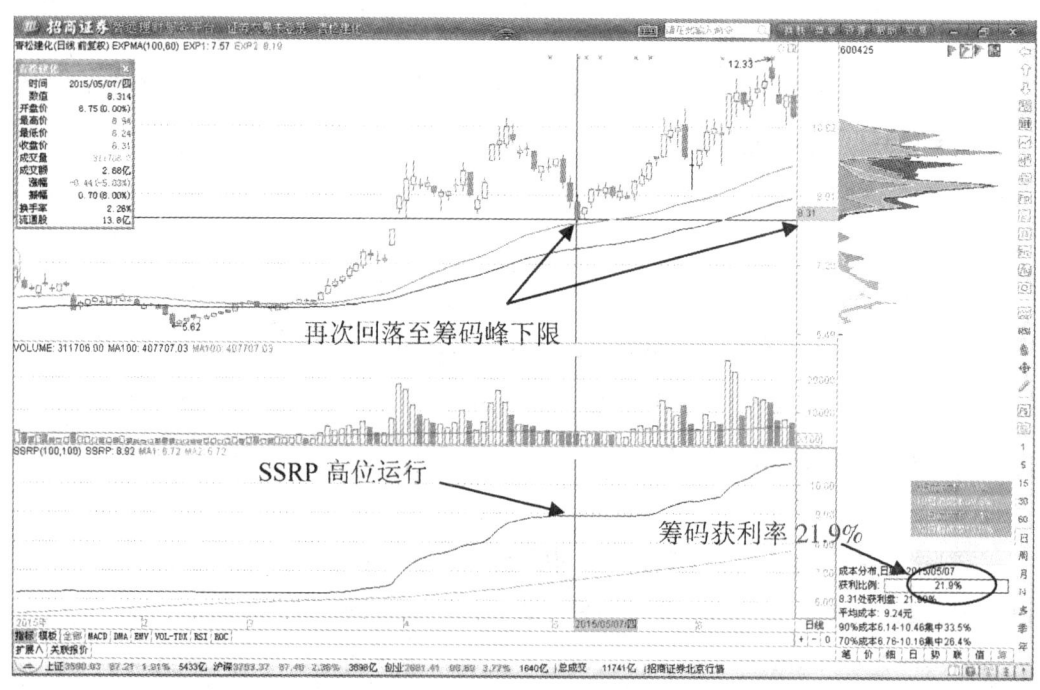

图 2-5 青松建化日 K 线图（2）

①在菱形调整即将结束前，股价会跌破价格高位的筹码峰，图中显示的价格高位筹码峰规模较大。因此，从筹码获利率来看，价格低点只有21.9%的盈利筹码。我们确认这是股价在菱形调整期间最大的一次超跌，因此短线买入股票以后我们可以盈利。

②从SSRP指标来看，该指标运行依然非常稳定，我们确认投资者的整体持仓成本变化不大，这有助于股价技术性反弹走势的出现。

总结：在菱形调整形态过程中，技术性反弹走势出现2次或3次，这是比较容易理解的价格走势，也是经常会出现的走势。并非股价短线会继续下跌，当价格跌破筹码峰以后，就会迎来局部反弹行情。

2.3 矩形调整形态与筹码形态

矩形调整形态是非常常见的走势，经常出现在价格大幅上涨以后，是价格波动空间不变的调整形态。在矩形调整形态中，我们发现短线的交易机会非常多，股价波动空间不会很大，只要我们在短线低位买入股票，就有机会盈利。如果矩形成为接下来价格回升的中继形态，那么我们持股还有望获得超额收益。

2.3.1 矩形调整形态

矩形调整形态有明显的高位和低点，同时存在一定的波动空间，通常是量能萎缩的调整形态。

<u>形态特征</u>

（1）高位

矩形调整的短线高位以阴线或者十字星见顶，是股价短线反弹的高位卖点。同时，在短线交易中，我们考虑矩形高位卖出股票就可以兑现收益，同时减少持股风险。

（2）低点

矩形调整形态中的短线低位，是股价可以获得支撑的位置。价格低点可以轻松出现十字星的低位反转形态，这提供了比较好的建仓交易机会。我们在矩形调整的低位买入股票，自然有利可图。

操作要领

以下以北化股份日 K 线图（图 2-6）为例进行阐述。

①图中矩形上限对应筹码峰上限，而矩形形态的下限则低至筹码峰下限。假如价格围绕筹码峰上限和下限波动，交易机会就出现在股价双向运行期间。

②从成交量上看，矩形调整的初期，图中 A 位置的量能较大，价格活跃度较高。随着调整的进行，矩形调整的后期量能达到地量，价格波动空间也在不断收窄，矩形图中的价格波动潜力已经不大，股价会逐渐脱离矩形。

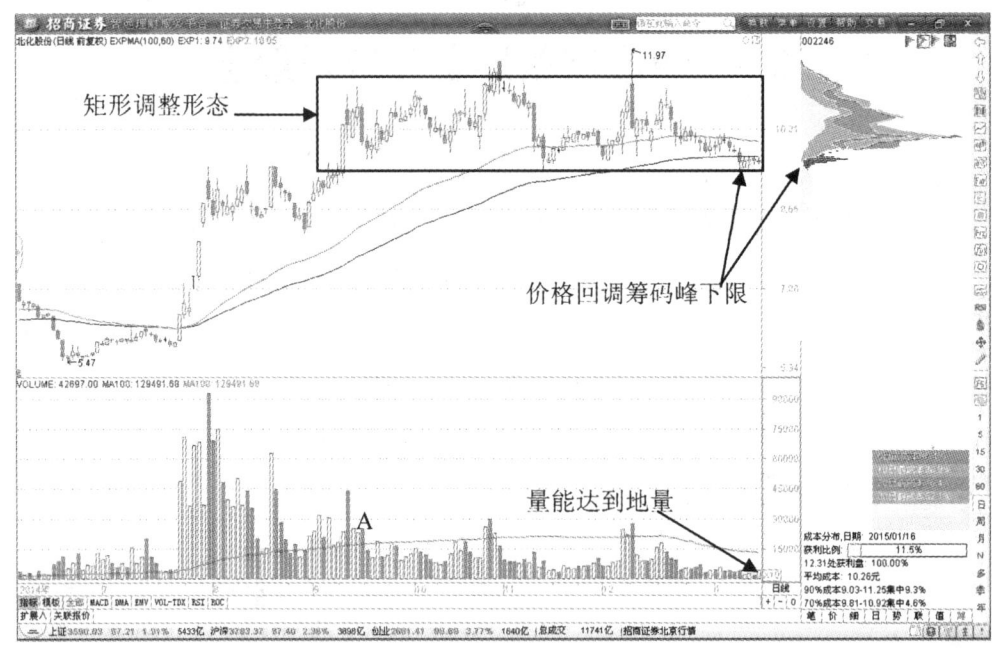

图 2-6 北化股份日 K 线图

总结：在量能萎缩的过程中，股价在双向波动中完成了矩形调整形态。在价格双向波动的过程中，价格高位的筹码峰会不断得到强化。投资者的持仓稳定性在增加，同时价格高位的筹码峰规模也在扩大。

2.3.2 筹码形态与高抛低吸交易机会

在价格波动过程中，矩形调整的双向运行趋势不断得到强化。在股价双向波动期间，高位持股的投资者频繁在盈利和亏损之间转变。等待筹码稳定存在以后，高抛低吸的投资者逐步减少，价格波动空间收窄，矩形调整自然完成。

形态特征

（1）矩形上限对应筹码峰上限，是筹码获利率较高的价位，同时也是抛售压力比较大的价位。

（2）矩形调整形态的下限对应着筹码峰的下限，是持股投资者亏损比较大的价位，同时也是技术性反弹走势开始形成的位置。

操作要领

（1）以下以北化股份分时图和日K线图（1）（图2-7）为例进行阐述。

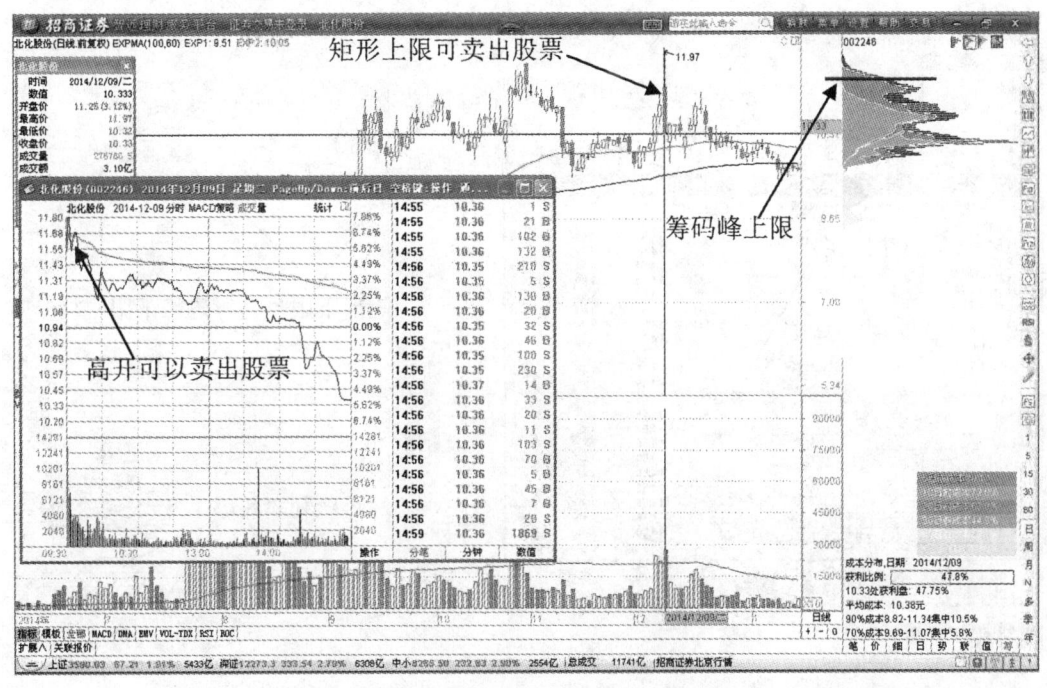

图2-7 北化股份分时图和日K线图（1）

①在分时图中，股价高开运行时价格涨幅较大，是卖出股票的机会。在日K线图中，高开的价位恰好处于筹码峰上限，而投资者对于这个位置止盈的动力较强，股价自然容易出现回调走势。

②从矩形调整来看，分时图中价格高开恰好达到日K线图中的矩形上限，这在形态上具备了价格折返的可能。按照矩形的价格运行规律，我们选择高抛交易是没有问题的。

总结：在矩形调整期间，主力在很长时间里都不会轻易拉升股价大涨。价格波动空间虽然较大，但是股价短线运行有底有顶，这样我们对于高抛低吸就有机可乘了。

（2）以下以北化股份分时图和日K线图（2）（图2-8）为例进行阐述。

①我们发现股价在分时图中低开后下跌收盘，尾盘低位对应了日K线图中的筹码峰下限，这是持股投资者短线套牢的信号。同时，投资者套牢以后抛盘减少，价格随即出现反弹走势。

②图中显示的筹码获利率为8.7%，说明只有很少的投资者获得利润。因此，场内投资者抛售热情递减，场外投资者买入股票的力量相对更高，这是推动价格上涨的重要因素。

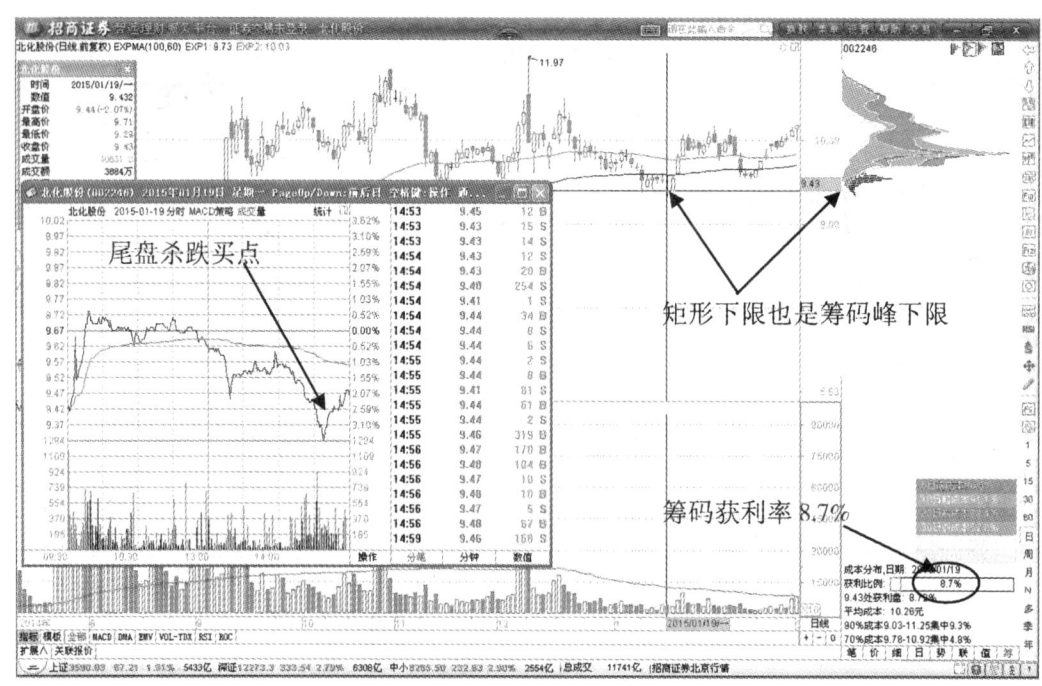

图2-8　北化股份分时图和日K线图（2）

总结：当我们确认价格处于筹码峰下限的时候，根据矩形调整形态，我们就可以判断价格已经超跌。在股价处于筹码峰下限的时候买入股票，自然有利可图。

2.4　喇叭口调整形态与筹码形态

在喇叭口调整形态中，股价双向波动逐步加强，价格波动空间扩大时我们会发现，交易机会出现在股价短线折返的过程中。由于喇叭口调整形态中价格运行有底有顶，只要我们按照喇叭口形态确认高位卖点和低位建仓时机，就可以获得较好的投资效果。

2.4.1　喇叭口调整形态

在喇叭口调整形态中，股价按照两条发散的射线强势波动。按照价格运行趋势确认射线上的买卖机会，我们可以获得理想的投资效果。

形态特征

（1）价格波动有顶

股价短线涨幅较大的时候，就会出现见顶的K线形态。我们可以通过确认喇叭口上限来判断价格见顶的位置，确认交易机会。

（2）价格波动有底

股价下跌过大的时候，会形成低位反转的K线形态，这是我们价格低位建仓的机会。

（3）波动加强的时候反转走势会出现

当股价双向波动不断加强以后，我们发现，筹码已经在喇叭口形态内部充分换手。投资者的持仓成本集中到喇叭口形态内部，那么交易机会就会出现在股价脱离投资者持仓成本区的时刻。换言之，价格波动扩大的时候，就会突破喇叭口内部的大规模筹码区域，这是行情加速的信号。

操作要领

以下以晋西车轴日K线图（图2-9）为例进行阐述。

①首先我们确认该股双向波动的情况出现了喇叭口上限，而在价格双向波动的过程中，喇叭口的下限同步形成。上限和下限是该股局部行情的压力位和支撑位，是短线交易不可或缺的形态特征。

②价格短线反弹至喇叭口上限的时候量能较大，但是整体上处于萎缩过程中。这表明价格整体上涨潜力不足，喇叭口会成为价格下跌前的调整形态。

③从RSI指标的形势看，指标高位背离回落已经提示我们股价难以大幅上涨。价格涨幅较大的时候，卖点已经出现在股价回升期间。

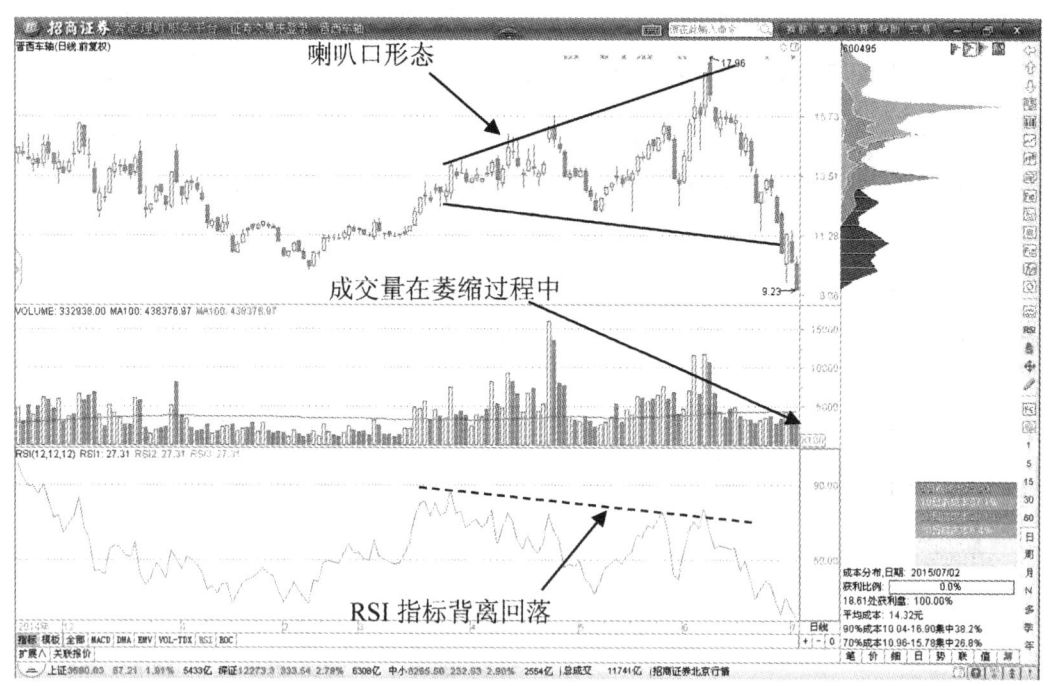

图2-9 晋西车轴日K线图

总结：在喇叭口调整形态中，我们只要确认喇叭口的上限和下限，确认买卖机会就不是难事。在价格脱离喇叭口调整形态前，我们短线交易的盈利空间会越来越大。

2.4.2 筹码形态与交易方向

从上一小节可以看到，价格按照喇叭口形态运行，股价回落至喇叭口下限的时候，筹码大部分被套牢，技术性反弹便一触即发。而当价格上涨到喇叭口上限以后，筹码大部分会处于盈利状态，止盈盘增加促使股价见顶回落。

形态特征

（1）喇叭口上限筹码获利率最大

筹码大部分集中到喇叭口形态的内部，价格一旦回升到喇叭口上限，筹码获利率就会达到最高值，这个时候的抛售压力较大，是理想的卖点。

（2）喇叭口下限筹码获利率最小

价格回落至喇叭口下限的时候，我们发现多数筹码已经被套牢，筹码获利率降到最低值。这个时候，场内抛售股票的投资者做空意愿降低，场外买盘实力较强，价格触底反弹走势形成。

操作要领

（1）以下以晋西车轴日K线图（1）（图2-10）为例进行阐述。

①在股价回落至喇叭口下限的时候，我们发现图中显示的筹码获利率见底至2.7%，这是多数筹码处于套牢状态的信号，同时也是我们采取建仓交易策略的时刻。

②图中成交量达到地量的同时，RSI指标加速跌破50线，这个时候的抛售压力达到最低，是股价从喇叭口下限开始反弹的买点。

总结：当我们确认价格已经明显跌破了筹码峰的时候，股价已经达到喇叭口下限。我们考虑在低位建仓，技术性反弹很快出现，持股资金自然处于盈利状态。

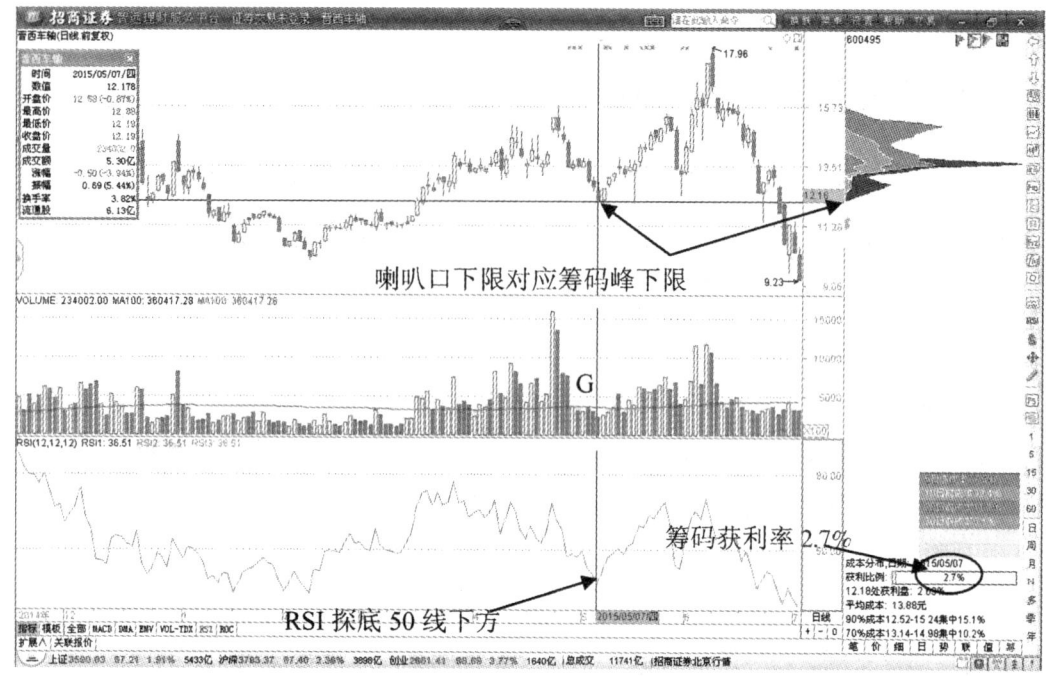

图 2-10 晋西车轴日 K 线图 (1)

(2) 以下以晋西车轴日 K 线图 (2)(图 2-11)为例进行阐述。

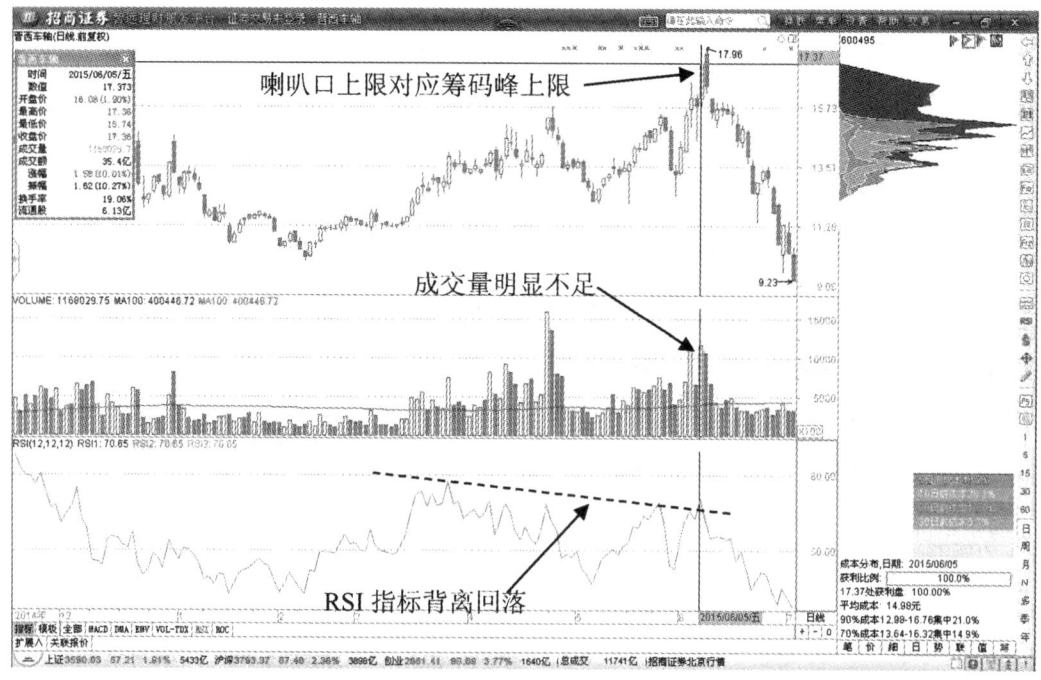

图 2-11 晋西车轴日 K 线图 (2)

①当股价回升至喇叭口上限的时候,我们发现该股的筹码获利率已经达到了100%。价格处于筹码峰上限,止盈压力陡增,这是非常典型的高抛交易机会。

②从成交量上看,量能已经达到局部高位,同时RSI指标反弹至压力线附近,这是行情即将反转的信号。

总结:筹码获利率达到峰值,这是喇叭口形态中价格下跌的重要推动因素。同时,量能萎缩和指标走低也提示我们,后期行情即将反转。

2.5 N形调整形态与筹码形态

N形调整形态出现在价格回升阶段,是局部回调走势中价格下跌的形态。该形态很难改变股价回升趋势,却为投资者提供了低价买入股票的机会。一旦我们确认N形调整形态的低位买点,就意味着获得了较佳的建仓时机。

2.5.1 N形调整形态

在N形调整形态中,股价下跌空间有限,只在短时间内经历回调走势,但这种回调难以改变股价上行的趋势。缩量回调的价格走势持续时间不长,只要量能达到短期低位,也就是成交量接近100日等量线的时候,反弹就会出现。

形态特征

(1) 一个短线高位

价格回升期间,局部行情达到短线高位的卖点,这是行情开始逆转的信号,同时也是N形调整形态出现的起点。

(2) 一个局部行情低点

局部行情中价格下跌至低点,这是反弹出现的位置,同时也是 N 形调整形态结束的位置。我们确认 N 形的低点以后,就可以获得较好的建仓时机。

(3) 短线回落走势

在 N 形调整形态中,价格虽然单边回落,但是持续时间并不长。在价格回升的趋势中,N 形回调只是一个短暂的调整走势,价格上涨趋势不会因为一次简单的回调而结束。

操作要领

以下以宁波韵升日 K 线图(图 2 - 12)为例进行阐述。

①N 形调整形态持续时间并不长(仅持续 8 个交易日),并且该股跌幅有限。N 形调整形态随着股价以短线回落形式结束,我们可以在 N 形调整期间发现更低的建仓交易机会。

②对比筹码形态,我们发现价格回升以后,N 形调整位置的筹码规模较大。图中 K 位置的筹码便是价格调整的结果。

③在 N 形调整形态下,RSI 指标探底 50 线下方低点。同期成交量达到 100 日等量线下方,这提示我们股价调整已经非常到位。

图 2 - 12　宁波韵升日 K 线图

总结：N形调整形态出现的概率很高，并且调整呈力度并不大的下跌走势。我们能够在股价回调期间发现更好的建仓机会，前提是我们应该在调整到位时尽可能快地行动。

2.5.2 筹码形态与交易方向

在价格回升期间，我们发现N形调整形态的股价会跌破高位筹码峰。高位筹码峰规模并不大，回调仅造成少量投资者套牢。从整体来看，少量筹码套牢有助于提升投资者的持股意愿，为价格实现更大涨幅提供保证。

形态特征

（1）高位筹码峰被套形态

筹码峰出现在价格高位，而抛售压力增加的时候，价格自然跌破筹码峰。在N形调整形态期间，价格跌破筹码峰以后面临反弹机会。筹码峰下限的建仓机会非常有限，这通常是我们买入股票的低点。

（2）价格缩量回调走势

因为股价回升趋势还没有出现根本转变，因此，价格缩量回调存在于N形调整形态中，股价下跌空间有限。如果我们在量能萎缩期间寻求低位建仓，一定可以获得不错的投资效果。

操作要领

以下以宁波韵升日K线图（图2-13）为例进行阐述。

①图中筹码获利率显示为64.2%，这表明价格高位套牢投资者数量较多。与成交量已经萎缩到100日等量线附近进行对比得知，这是调整到位的信号，同时也是我们买入股票的好机会。

②分析RSI指标我们发现，指标下调至50线下方，而50线是RSI指标的多空分界线。该股的回升趋势较大，显然还未出现结束信号。我们确认这是RSI指标短线超跌的一种表现，考虑在低位建仓还是很好的。

总结：通常，在N形调整走势中，筹码获利率不会跌破60%。当筹码获利率接近60%的时候，表明短线高位持股的投资者已经处于亏损状态，这是我们买入股票的抄底机会。

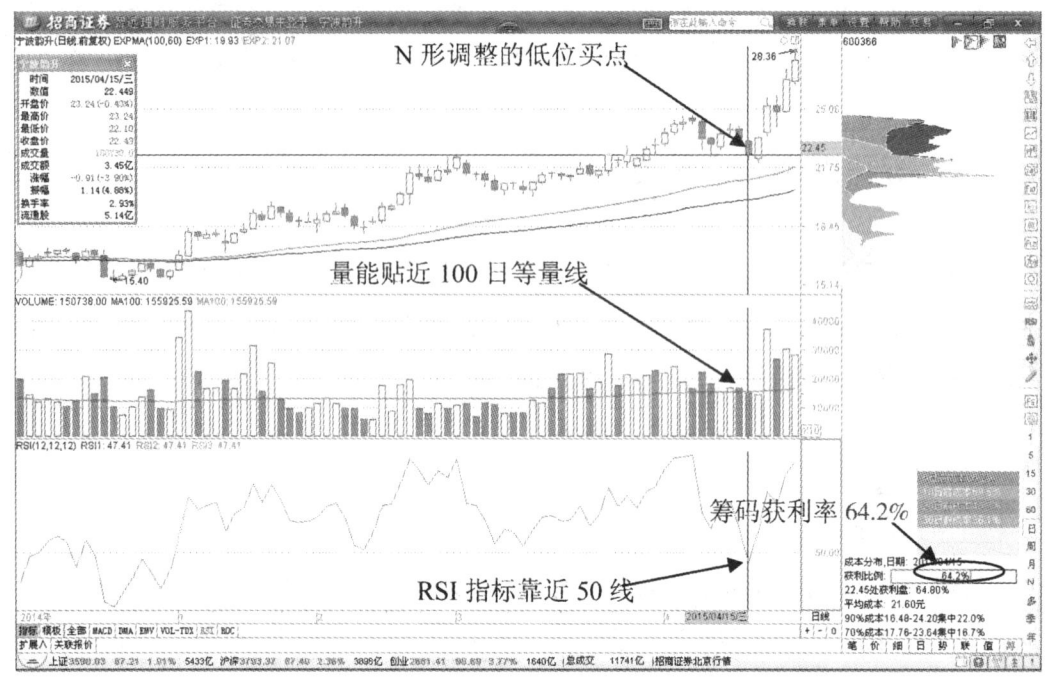

图 2-13 宁波韵升日 K 线图

2.6 旗形调整形态与筹码形态

在旗形调整形态期间,价格按照旗形上限和旗形下限双向波动。价格跌幅越大,筹码峰被跌破的概率越高,反弹走势就越容易出现。我们想要确认反弹出现的位置,可以按照价格跌破筹码峰的时间来判断。价格一旦跌破筹码峰,按照回升趋势中筹码获利率应该维持高位的原则,价格自然会触底回升。

2.6.1 旗形调整形态

在旗形调整形态中,价格围绕压力位和支撑位双向波动,交易机会出现在价格双向波动的过程中。从持续时间看,价格按照旗形运行,运行时间较长。我们可以在价格双向波动期间高抛低吸,也可以在股价脱离旗形以后把握买点,以获得更高的收益。

形态特征

(1)在旗形调整形态中,价格超跌到位前,股价会维持双向波动。我们会发现,股价回落期间价格达到地量低点以后,是旗形调整形态完成前的典型触底信号。

(2)从筹码形态来看,股价完成旗形调整以后,价格处于筹码峰下限。持股投资者明显处于套牢状态,技术性反弹将从投资者套牢以后开始。

操作要领

以下以华昌化工日K线图(图2-14)为例进行阐述。

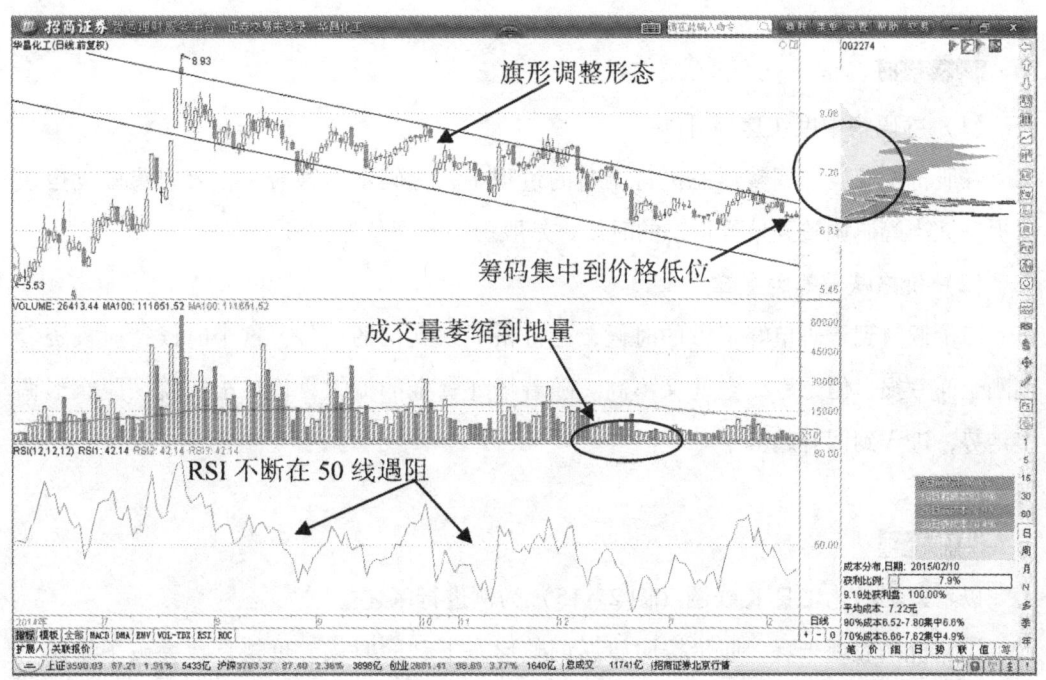

图2-14 华昌化工日K线图

①从成交量来看，图中量能达到地量的时候，旗形调整形态持续的时间已经长达5个月。股价下跌时间已经足够长，特别是股价地量探底期间，价格处于筹码峰下限，这是价格下跌到位的信号。

②RSI指标在股价回落期间频繁见顶50线，表明股价下跌期间的抛售压力较大。不过按照旗形双向运行的规律，我们完全可以在RSI指标达到50线的时候卖出股票，并在股价探底期间买入股票，按照高抛低吸的交易策略盈利。

总结：旗形调整形态持续时间足够长，我们双向交易的策略可以多次使用并且获得成功。在价格完全跌破筹码峰前，我们不必改变高抛低吸的交易策略。

2.6.2 筹码形态与交易方向

从筹码形态上看，价格完成旗形调整的时候，是明显的单峰密集筹码峰形态。多数投资者持仓成本都在价格上方，但是套牢程度不深。股价双向波动期间，价格按照旗形形态运行，不过总体下跌空间不大。价格跌破筹码峰的时刻，通常是主力投资者洗盘结束的信号。

形态特征

（1）筹码集中度快速提升

在股价按照旗形调整形态进行调整的过程中，筹码不断被转手，筹码集中度也快速提升。当筹码调整到单峰形态的时候，是股价调整到位的信号。

（2）价格跌破筹码主峰

股价调整到筹码单峰下方的时候，是价格下跌到位的信号。这个时候持股投资者刚刚全面亏损，但是亏损空间又不高。随着场外资金的流入，价格很快就摆脱旗形调整走势，进入到回升趋势中。

操作要领

以下以华昌化工日K线图（图2-15）为例进行阐述。

①从价格表现来看，股价按照旗形调整形态下跌的时候，价格首次突破了旗形上限，这是股价摆脱旗形调整形态并且加速回升的信号。

②观察同期的成交量，可以确认量能已经有效突破了100日等量线，推动价格上

涨的多方力量显然在加强。同期 RSI 指标已经处于 50 线上方，这也进一步确认了价格回升趋势。

③股价反弹并且突破旗形下限的时候，价格已经到达筹码峰内部。当筹码获利率达到 50.8% 时，价格反弹节奏会逐步加强。刚刚有 50.8% 的筹码处于盈利状态，股价反弹还将延续，而筹码获利率也会继续增加。

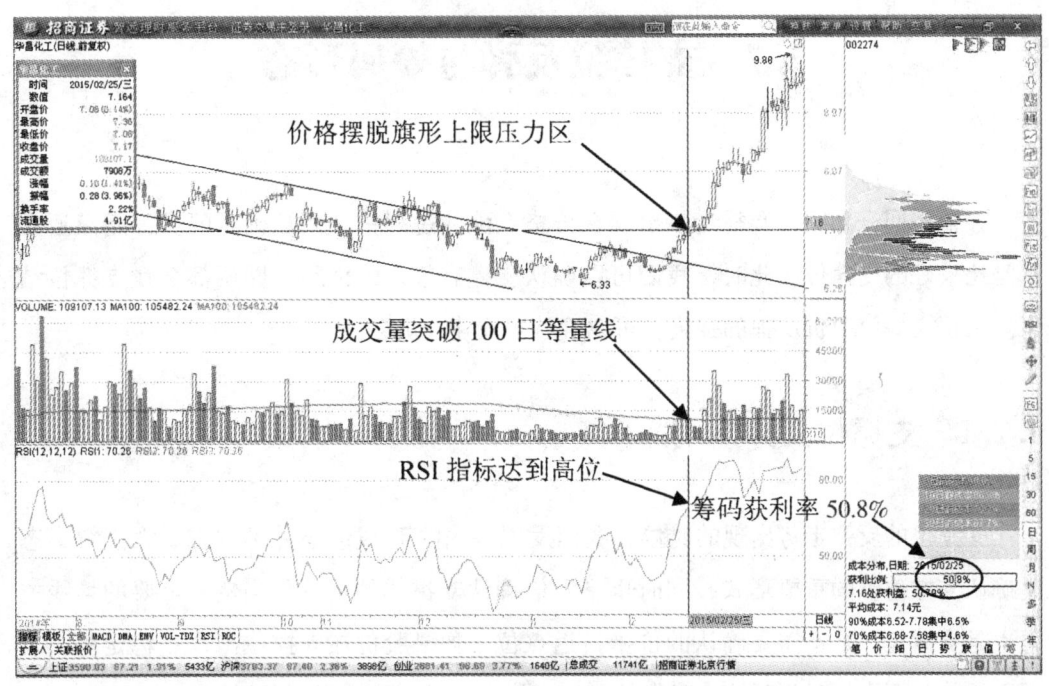

图 2-15　华昌化工日 K 线图

总结：旗形调整形态结束，筹码调整到单一筹码峰形态，股价从低位向上穿越筹码峰，这是股价继续回升的信号。在股价从低位穿越筹码峰的那一刻起，我们的持股数量就应该大幅度增加，以便在回升趋势中获得收益。

2.7 支撑位反弹与筹码形态

在价格回升期间，调整走势出现在价格上涨的过程中，而被确认的反弹起点通常都是比较好的支撑位。此时，我们可以确认支撑有效，价格历次回调都会在支撑位结束。根据支撑位股价反弹的强度，可以确认短线建仓机会。

2.7.1 支撑位支撑 K 线

支撑位的反弹走势出现的时候，我们发现探底的 K 线形态并不困难。大阳线形态是确认支撑位置的重要形式，同时也是我们确认支撑位的依据。当然，重要的均线位置也是支撑位，是不需要确认的价格折返点位。如果股价在支撑位出现企稳走势，表明下跌趋势不会长时间延续，我们的买点很快会出现在价格回调期间。

形态特征

（1）价格跌破均线

当价格跌破重要的 60 日均线和 100 日均线时，是股价超跌的表现。价格刚刚跌破均线的时候，买盘较大，这恰好是反弹开始的时间。

（2）股价处于筹码峰下限

有效的价格回调出现以后，价格很容易跌破筹码峰。特别是股价回落至支撑位、短线筹码峰被套时，表明价格下跌到位。

（3）股价下跌趋缓

价格虽然已经跌破均线，但是股价下跌趋缓甚至出现探底回升的情况时，这是股价获得支撑的结果。支撑位的买涨盘强大，是股价可以摆脱跌势的重要反转位置。

操作要领

以下以洪城水业日K线图（图2-16）为例进行阐述。

①价格跌破了60日均线和100日均线，这是价格接近支撑位的信号。通过D位置量能达到地量可以确认，这已经是股价最大的超跌位置。

②从筹码形态确认，股价跌破了筹码峰下限的时候，短线股价企稳表明价格已经很难远离筹码峰下限。

③从筹码峰SSRP指标看，在价格回调期间，该指标依然横向运行，表明股价下跌并未使投资者的持仓成本明显回落。回调仅仅是短线的调整，而价格获得均线提供的支撑后还会继续上涨。

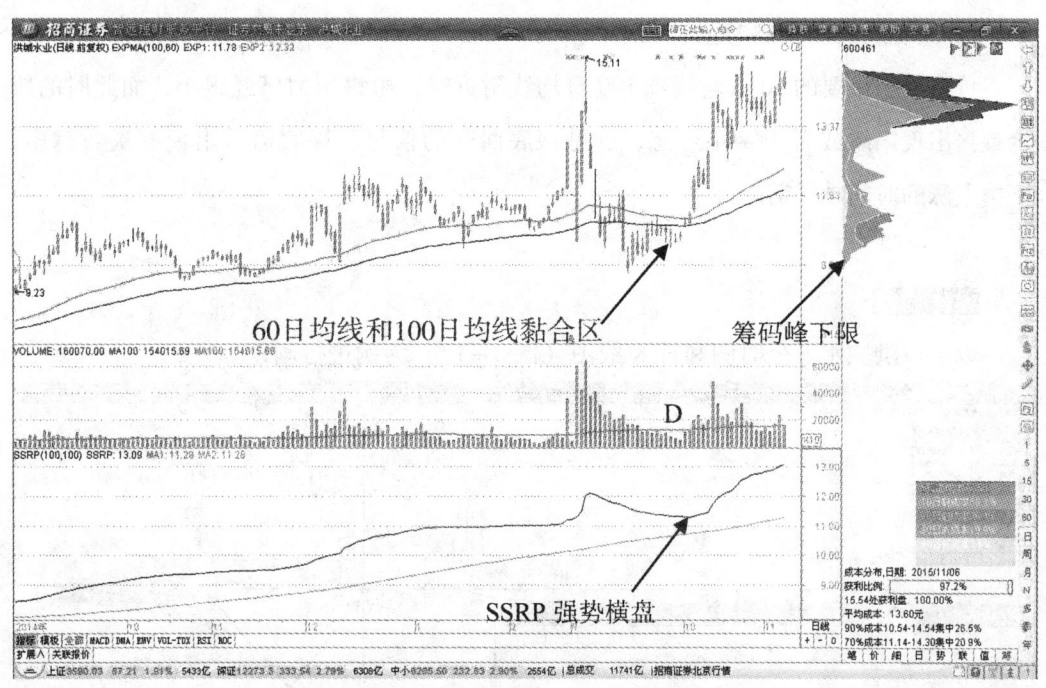

图2-16　洪城水业日K线图

总结：价格回调到均线附近以后，地量对应着地价，股价已经下跌到位。价格已经处于筹码峰的下限位置，随着投资者抛售热情的减弱，反弹自然出现。

2.7.2 筹码形态与买点

股价短线回调至支撑位的时候,也是价格刚刚跌破筹码峰的时候。在这个价位场内,投资者明显亏损,但是亏损空间不大,这是比较典型的反弹起始点。

形态特征

(1) 筹码获利率低于50%

既然股价短线超跌,那么价格就可能会跌破筹码峰。股价即将脱离筹码峰的时候,支撑就会出现,这个时候依然有少量筹码盈利,筹码获利率低于50%。

(2) 探底形态频繁出现

价格处于重要的60日均线和100日均线附近时,抛售压力已经很小,而此时的股价频繁出现阳线或者十字星形态,这是探底回升的信号。探底信号出现的次数越多,价格上涨的时间越靠前。

操作要领

以下以洪城水业分时图和日K线图(图2-17)为例进行阐述。

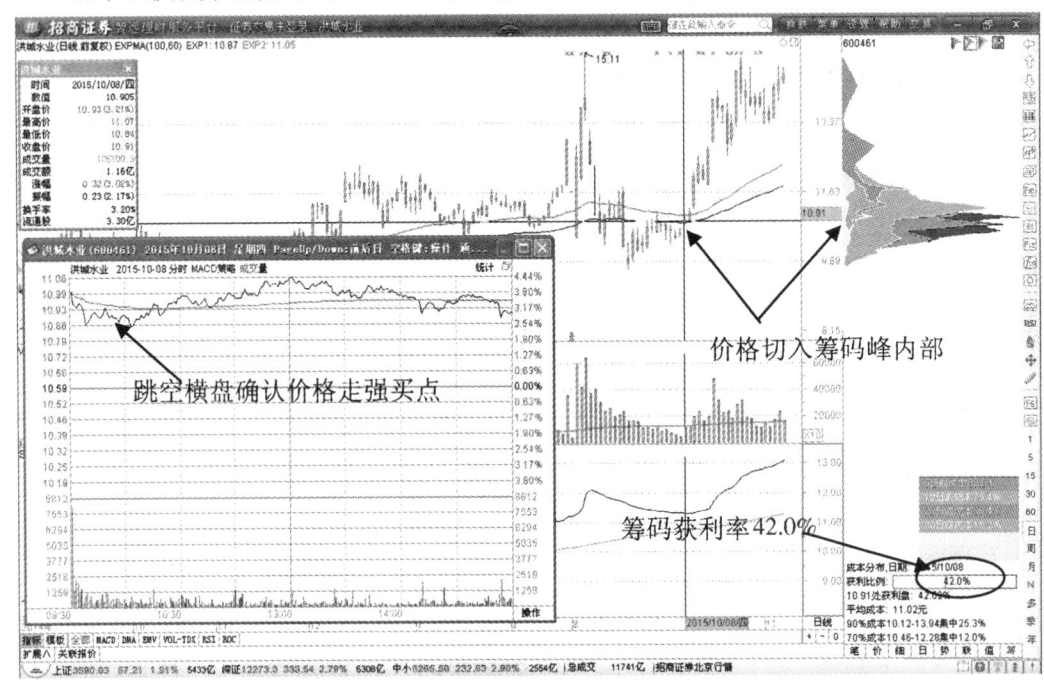

图2-17 洪城水业分时图和日K线图

①分时图中股价高开运行，价格已经处于日K线图中筹码峰的内部，而筹码获利率也达到42.0%，这是价格开始反弹的信号。

②从成交量来看，量能已经摆脱地量状态，说明该股活跃度快速提升。结合筹码已经形成单一的峰形，投资者的持仓成本集中到短线低位。价格跳空上涨的过程便是投资者盈利增加的时刻。考虑到股价恰好获得了均线提供的支撑，我们可以确认，该股从短线低位的反弹已经展开。

总结：价格在短线支撑位的反弹空间虽然不大，但是筹码获利率已经增加到42.0%，这是持股投资者盈利显著改善的信号。价格带来的投资者盈利状况的改善必然推动股价继续回升，这是我们确认均线支撑位置买点的信号。

/第 3 章/

趋势为王：动态转移筹码形态

筹码分布的形态主要是峰形和连续分布，而筹码转移的过程通常是筹码峰规模增长或萎缩的过程。如果筹码峰已经呈现出集中分布的特征，那么筹码会表现为发散形态。从集中分布的单峰筹码向发散分布的多峰筹码转移的时候，便是投资者成本转移的过程。当然，如果筹码已经呈现出发散状态，那么接下来就会出现筹码由发散向集中转移的趋势。不同的筹码转移趋势出现的时候，价格走势也会明显不同。筹码峰向筹码发散趋势转移的时候，经常会促成股价单边运行趋势形成。而筹码发散形态向筹码峰转移过程出现的时候，一般是价格单边趋势开始结束或者即将逆转的时候。

以下重点介绍筹码单峰向筹码发散转移的过程、削峰填谷的过程，帮助读者理解持仓投资者的成本变化趋势和成本位置，从而确认当前的买卖位置和交易方向。

3.1 单峰向上发散转移形态

当筹码调整到单峰形态的时候，股价调整时间已经足够长，回升趋势便可以得到延续。这时，如果筹码继续向高位发散，股价上涨趋势就会逐步加强，持股投资者盈利情况会逐步好转。

3.1.1 单峰筹码持续发散形态

单一的筹码峰形成以后，随着成交量的放大，股价上行趋势得到确认。在价格上涨期间，我们会发现单一的筹码峰逐步向上发散，使得筹码连续分布到价格高位，这是回升趋势得到确认的信号，同时也是我们持股获利的机会。

形态特征

（1）股价调整结束

当调整形态结束以后，筹码更容易集中分布到比较小的价格范围内，这是价格继续上涨的重要基础。调整形态没有改变价格的回升趋势，为价格继续上涨提供支撑。

（2）价格达到短线高位

只有股价达到短线高位，筹码获利率才会更高，这有助于价格形成稳定的回升趋势。价格处于筹码峰上方的时候，持股的投资者已经获得利润，其抛售压力自然减轻。

（3）筹码峰规模限于调整形态内部

在调整形态中，投资者的成本发生转移，而在转移的过程中，筹码可以大部分分布到调整形态的内部。换言之，筹码峰上限限于调整形态的高位，而筹码峰下限限于调整形态的低点。这样筹码集中度会更高，有助于今后价格获得稳定的支撑。

第3章 趋势为王：动态转移筹码形态

操作要领

（1）以下以秦川机床日K线图（1）（图3-1）为例进行阐述。

①首先可以确认，该股调整形态持续3个月以上，并且成交量已经萎缩至地量，这是股价调整到位的结果。

②观察成交量可知，图中迅速放大的成交量体现了该股的活跃度迅速提升。结合股价持续3个月的调整可以确认，该股有望脱离调整形态，实现较大的涨幅。

③从筹码形态上看，图中筹码规模较大，并且集中分布在图中形态的价格范围内。更大规模的筹码峰分布在短线低位，浮筹分布在短线高位。这种筹码集中分布的情况对于价格上涨的支撑作用非常强。

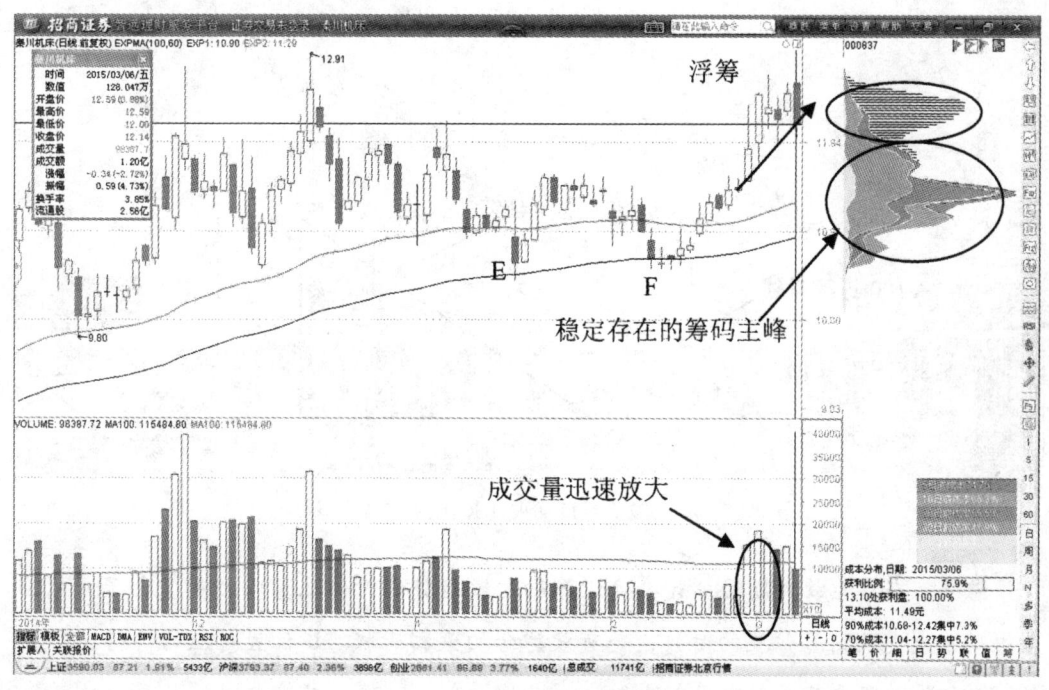

图3-1 秦川机床日K线图（1）

总结：筹码调整到单峰形态以后，量能放大会推动价格脱离筹码单峰区域，这是回升趋势最初的典型表现。我们应该抓住筹码发散的大趋势建仓，后市自然获得高收益。

（2）以下以秦川机床日K线图（2）（图3-2）为例进行阐述。

①从价格走势来看，该股单边回升趋势非常明显，其间，存在回调走势，但是价

格调整空间非常有限。这时，筹码向价格高位发散的趋势显著。图中A、B、C、D、E五个位置的筹码峰都是筹码向上发散的结果。

②在图中显示的成交量有效放大期间内，股票在投资者之间换手更加充分，因此表现为明显的发散形态。当股价大幅回升以后，A位置显示的当峰筹码规模已经非常小，因为大量筹码从A位置向上转移。图中B、C、D、E位置的筹码峰便是筹码转移的结果。

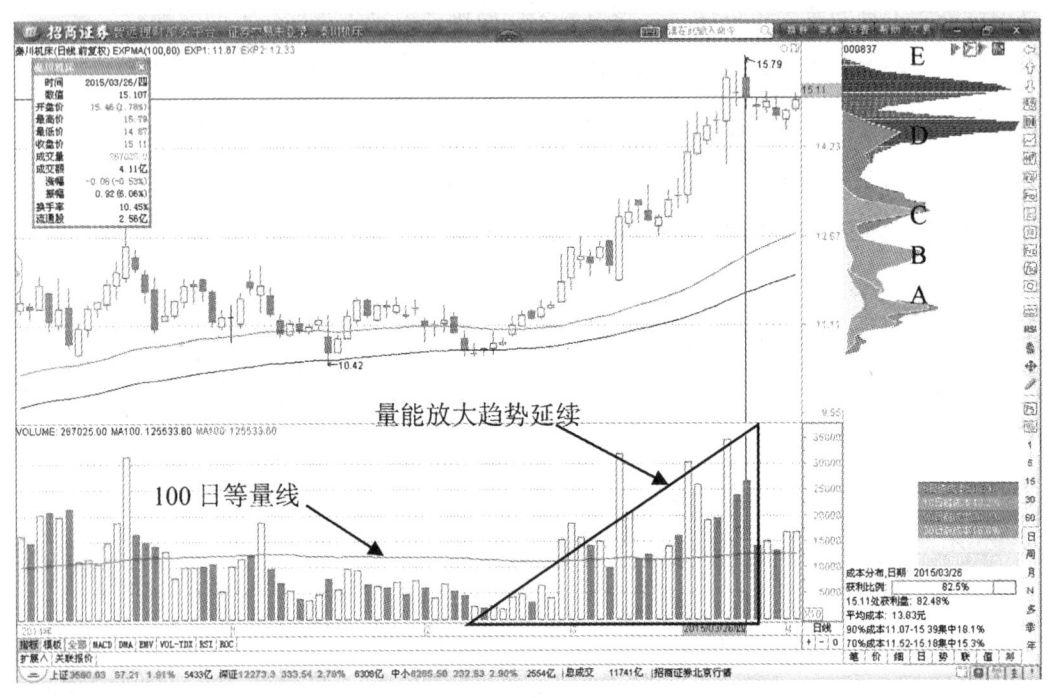

图3-2 秦川机床日K线图（2）

总结：在量能放大期间，首次确认筹码发散趋势的时候就可以大量建仓了。A位置筹码首先发散到B位置的时候，是有效建仓的最初时机。B位置对应的价格相对较低，我们买入股票后盈利空间会很大。

3.1.2 筹码脉冲发散形态

筹码单峰出现以后，价格就已经调整到位，行情加速运行的可能性很大。如果我们确定价格单边运行趋势形成，按照单峰筹码向多峰转换的趋势交易股票，就可以顺势获得较好的调整效果。价格波动速度越快，筹码转移速度也会越快。而想要出现停板的个股，筹码转移可以是脉冲形式的发散效果。

形态特征

出现脉冲发散形态的个股，筹码通常表现出以下特征。

（1）筹码具备单峰形态

筹码调整到单峰形态，意味着后期行情会出现明显的异动。因为投资者的持仓成本非常集中，如果股价脱离筹码单峰所在的价位，那么筹码转移期间，价格会快速进入单边趋势，筹码转移趋势会自然形成。

（2）价格涨幅已经较大

如果股价前期已经实现较大涨幅，那么筹码单峰被价格突破以后，持股投资者会大幅度亏损，价格下跌趋势就会出现。在跌幅形成的时候，筹码单峰向下转移筹码，下跌行情将加速形成。

（3）反转信号出现

单一的筹码峰出现在价格高位，如果短线股价跌破了筹码峰，大量投资者就会处于亏损状态，股价下跌就会迅速开始。恐慌性抛售的起始点便是反转K线出现，这也是我们把握卖点的机会。

操作要领

（1）以下以银星能源日K线图（1）（图3-3）为例进行阐述。

①成交量表现为天量，这是筹码快速转手的重要条件。而筹码转移加速出现在该股出现大阴线的跌停走势中，高位见顶的K线形态出现。

②从筹码转移后的筹码获利率来看，图中显示只有17.5%的筹码盈利，这是股价明显跌破筹码峰的信号，表明投资者大量亏损后，股价下跌趋势有望加速形成。

③从筹码峰相对于股票的位置可以确认，该股跌停以后价格的确已经处于筹码峰的下限。大量高位持股的投资者已经全部亏损，而逃顶资金会陆续出现。

总结：价格跌破筹码峰以后，筹码转移过程才刚刚开始。我们很容易确认，高位套牢的筹码一定会在投资者杀跌期间转移到更低的价位，这是下跌趋势的必然结果。

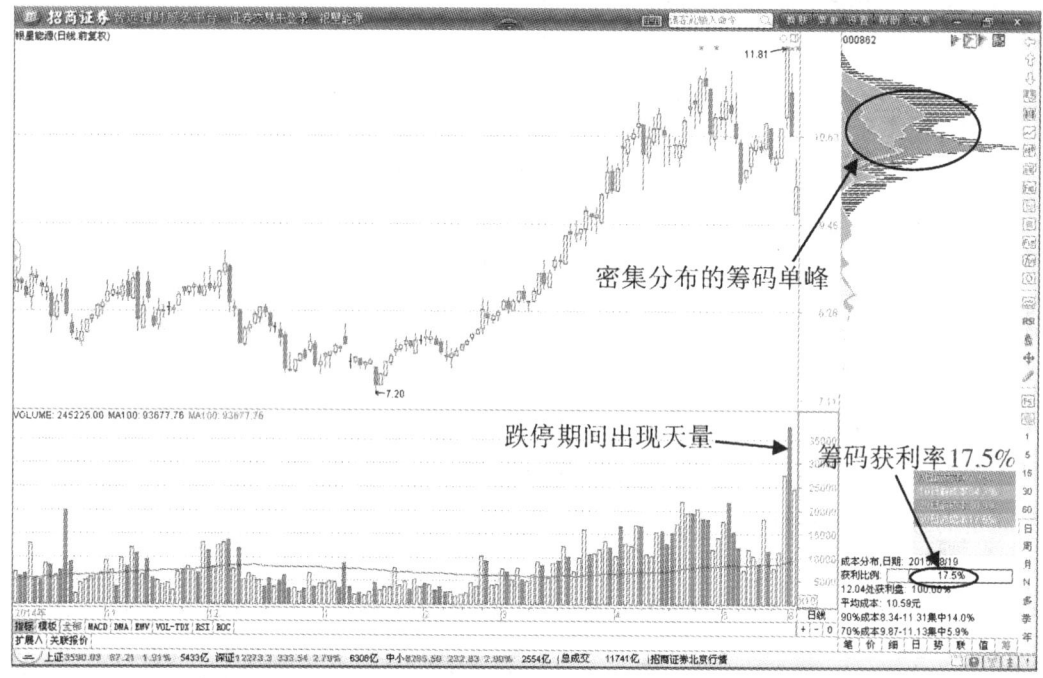

图 3-3 银星能源日 K 线图（1）

（2）以下以银星能源日 K 线图（2）（图 3-4）为例进行阐述。

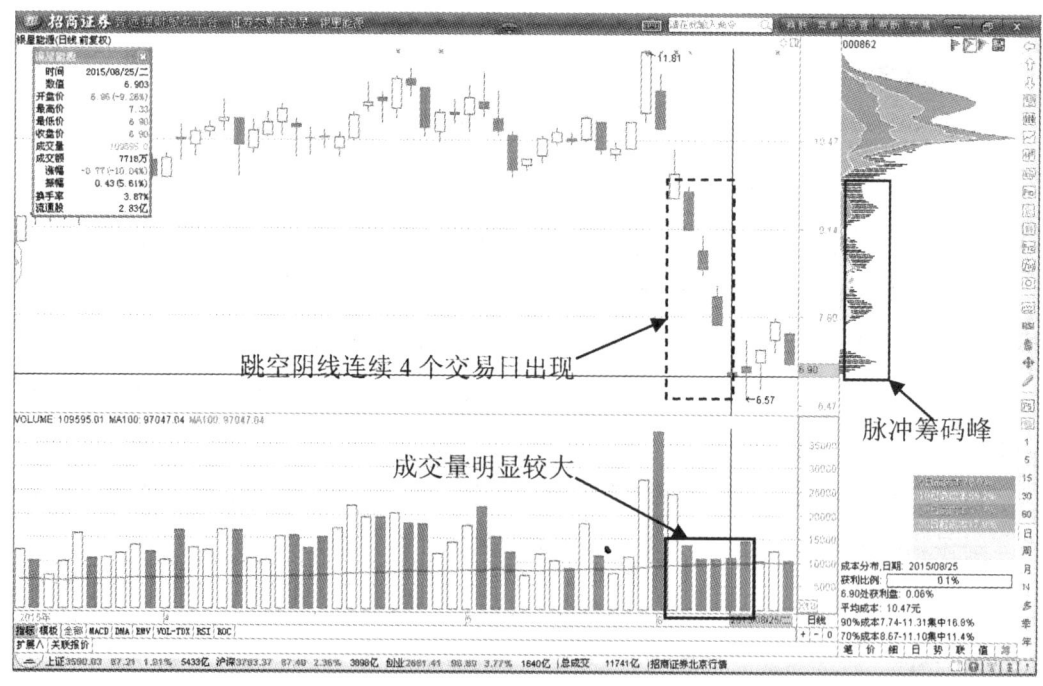

图 3-4 银星能源日 K 线图（2）

①当股价连续 4 个交易日出现跳空阴线的时候，可以确定下跌趋势已经快速形成，股价下跌节奏很快。而通过分析成交量我们发现，股票成交数量较大，这表明大量筹码已经得到换手。

②观察筹码形态我们可以看出，价格高位的单峰筹码明显向价格低位转移，这是投资者逃顶的结果。虽然场外资金不断接盘，但是股价下跌趋势并没有马上结束。连续多达 4 个交易日的跳空阴线出现以后，单峰筹码向下发散的趋势更加明显。

总结：当我们首次确认价格高位筹码峰向下转移的时候，卖点就已经形成。价格高位筹码峰被股价跌破只是价格下跌的起点，随着行情的延续，更多的筹码转移到价格低点，下跌趋势就会在筹码单峰向下脉冲发散的过程中出现。

3.1.3 筹码集中发散形态

筹码调整到单峰形态以后，在量能放大期间，价格延续回升趋势，筹码转移趋势就会继续进行。在量能连续放大的过程中，我们会发现，筹码连续分布在更高的价位，这是行情继续向上的信号。

形态特征

筹码调整到单峰形态以后，集中发散的筹码有以下特征。

（1）单一筹码峰形态

单一筹码峰形态是筹码向上发散的关键。在价格回升期间，只有短线高位集中分布着最大规模的筹码峰，在股价脱离筹码峰以后，筹码向上连续发散的情况才会形成。

（2）量能集中放大

成交量集中放大的时候，价格连续上涨却不出现跳空缺口，筹码也会表现出集中发散的形态。筹码分布到不同的价格高位，会同时推动股价上涨，持股的投资者可以在这个时候盈利。

操作要领

（1）以下以陕天然气日 K 线图（1）（图 3-5）为例进行阐述。

①该股回升至短线高位以后，表现为明显的三角形调整形态。该股筹码集中度很高，投资者持仓成本多数在价格高位上。在这种筹码高位集中的形态中，股价更容易

在放量期间走强。

②图中成交量明显处于高位运行，量能已经经常达到100日等量线的2倍，这是非常有效的放量信号。在量能放大的过程中，筹码不断向价格高位转移。股价处于高位的时候，高位筹码单峰已经形成。这种单峰形态已经是价格加速回升的信号。

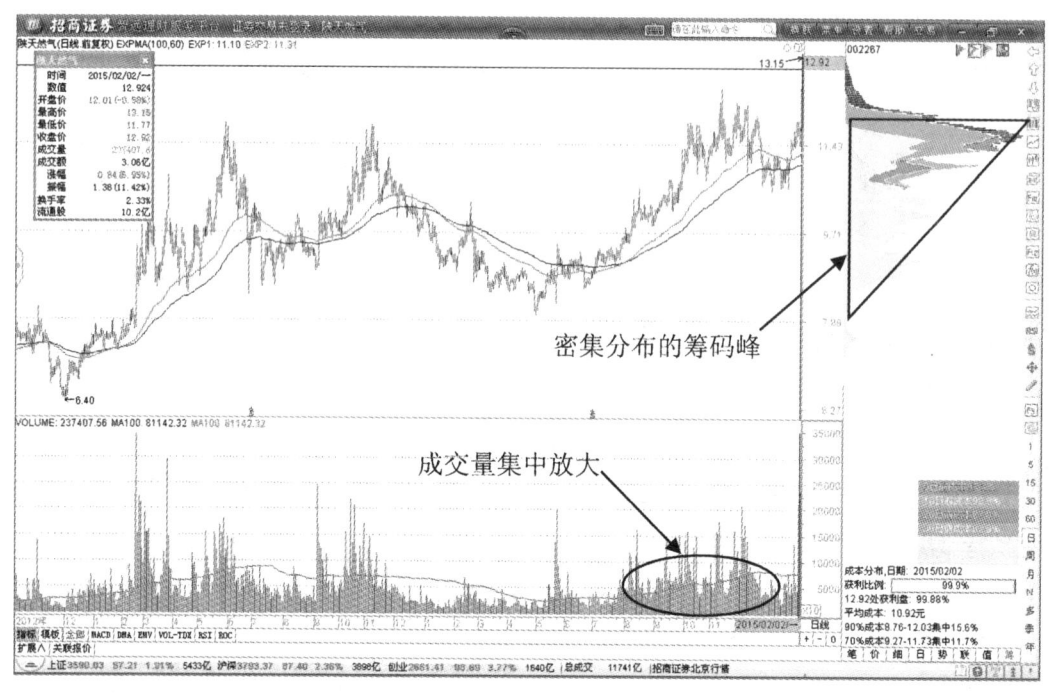

图3-5　陕天然气日K线图（1）

总结：当我们确认筹码集中度很高的单峰形态出现以后，采取必要的建仓策略就可以获得廉价筹码。价格脱离筹码主峰以后，在多头趋势中实现盈利就非常容易了。

（2）以下以陕天然气日K线图（2）（图3-6）为例进行阐述。

①图中J位置的成交量明显集中放大，这是推动筹码集中发散的重要原因。图中D位置的筹码密集分布在价格高位，证明价格回升趋势良好。

②在接下来的走势中，图中成交量非常稳定，这是筹码向高位稳步发散的重要基础。如果量价配合较好，筹码集中向上发散的趋势就会延续，持有该股依然可以获得收益。

总结：当价格低位筹码规模很大时，量能放大后，筹码转移的时间会非常长，相应的价格回升时间也比较长。这样在股价经历了一波回升以后，可以确认价格低位的筹码还未大部分转移到价格高位，这时持股者依然有较大的盈利空间。

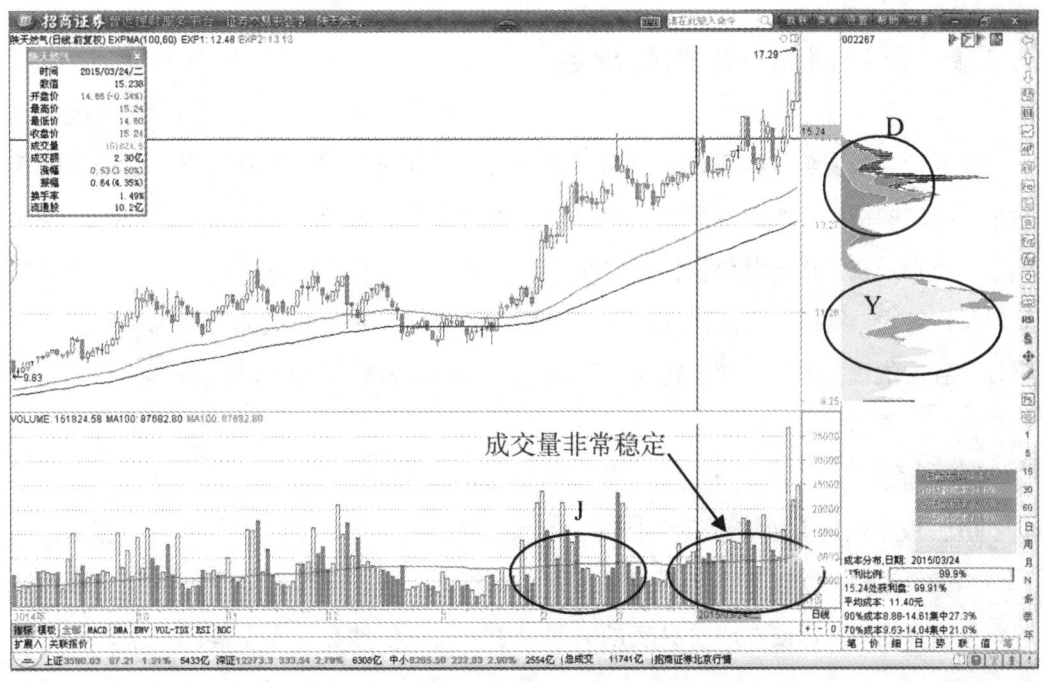

图3-6 陕天然气日K线图（2）

3.2 削峰填谷筹码转移形态

当筹码谷形态表现很明显的时候，筹码谷通常会被填平。换言之，在接下来的价格走势中，筹码会转移到筹码谷的位置，相应的筹码峰的筹码规模会减小。筹码从筹码峰转移到筹码谷的过程中，存在着明显的削峰填谷走势，是我们确认交易机会的关键筹码形态。

3.2.1 反弹期间一次削峰填谷

在股价大幅度杀跌以后，我们在反弹期间会发现明显的筹码谷形态，这是下跌期间量能萎缩的结果。在量能萎缩的情况下，筹码换手数量减少，自然会出现筹码谷的形态。特别是在价格从低位反弹的过程中，价格低位出现筹码峰，高位套牢筹码峰的规模又比较大，筹码峰之间出现明显的筹码谷形态。随着反弹走势的出现，股价反弹至筹码谷的位置，筹码也同步转移到筹码谷，削峰填谷的筹码运行趋势出现。

形态特征

（1）股价经历大幅缩量下跌走势

当股价大幅下跌以后，筹码便向价格低点转移。由于下跌期间量能不大，筹码转移数量明显偏少。即便在股价见底的时候，价格高位依然存在大量筹码，这是筹码谷形成的基础。

（2）大跌以后价格出现放量反弹

大跌以后，股价放量反弹，在这期间，筹码转移到价格低点，价格低点会出现明显的筹码峰形态。价格高位和价格低点的筹码峰同时存在。

（3）存在明显的筹码谷形态

虽然价格高位和价格低点的筹码峰同时存在，但是这并不改变筹码谷形态。换言之，价格高位的套牢筹码转移到价格低点以后，价格高位和低点之间依然存在筹码谷。在股价连续回升前，筹码谷一定会被筹码填满。只有削峰填谷的筹码转移趋势结束之后，价格才可能继续回升。

操作要领

（1）以下以上海普天日K线图（1）（图3-7）为例进行阐述。

①股价下跌期间的成交量明显萎缩，量能低于100日等量线，这是筹码谷出现的根本原因。筹码在量能萎缩期间不可能充分转移，因此，筹码谷形态出现在价格回落期间。

②值得关注的是，图中G位置成交量明显放大，股价反弹期间形成了浮筹筹码峰。浮筹筹码峰是筹码还不稳定存在的筹码峰。浮筹筹码峰与价格高位的套牢筹码峰之间

会出现筹码谷形态，是股价上涨前必须要填满筹码的形态。

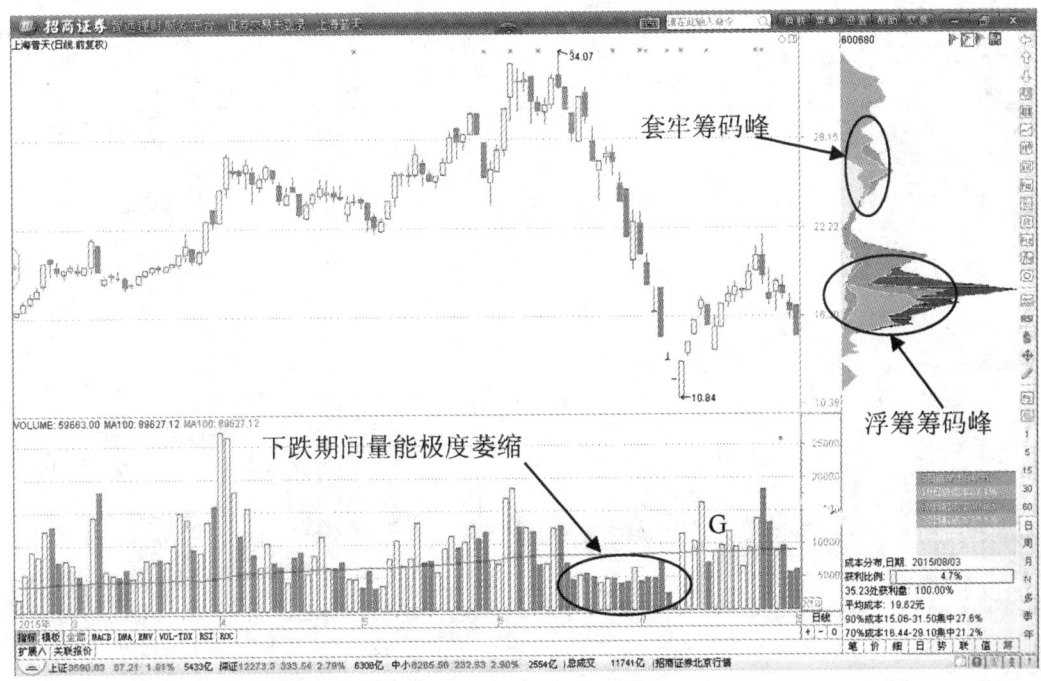

图3-7 上海普天日K线图（1）

总结：反弹第一次出现的时候，该股的筹码谷并未明显消失。这意味着今后的股价反弹阻力还很大。至少量能能够充分放大并且筹码填满筹码谷，反弹才能转变为真正的价格回升趋势。在接下来的走势中，我们可以预见股价反弹期间出现的削峰填谷走势。

（2）以下以上海普天日K线图（2）（图3-8）为例进行阐述。

①股价强势反弹以后冲高回落，图中G位置的筹码规模明显增加，价格低位的筹码峰被削弱。该股经历了图中冲高回落走势，筹码削峰填谷的过程出现在价格冲高回落期间。

②通过明显的一次削峰填谷以后，图中G位置依然存在筹码谷。可以确认的是，如果股价继续放量回升，筹码谷空缺必须要出现改变。削峰填谷的筹码运行规律不会变，最终G位置的筹码谷会消失或者变得平坦。

总结：价格经历了下跌以后，低位反弹引起价格低位筹码峰的形成。同时，低位筹码峰与高位筹码峰之间的筹码谷需要被填平，接下来该股还将经历进一步的削峰填谷的筹码转移过程。

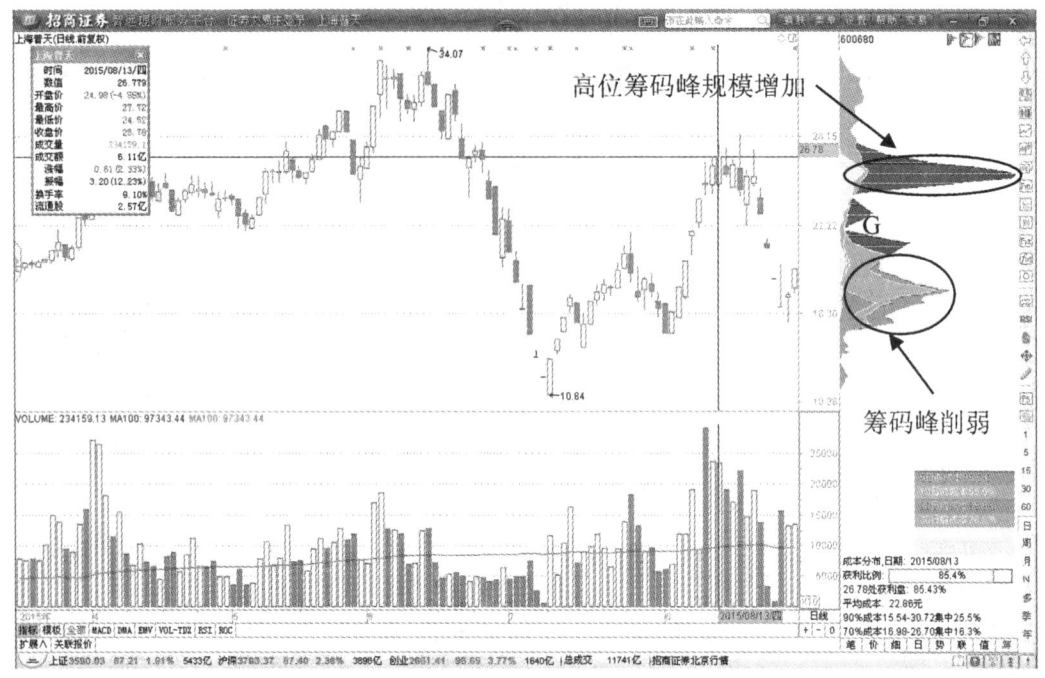

图 3-8 上海普天日 K 线图 (2)

3.2.2 反弹期间二次削峰填谷

在股价反弹期间，我们发现，成交量越大，筹码转移的规模也越大。实际上，大量股票完成换手的放量拉升阶段是筹码转移的重要价位。如果筹码峰对应的价位上成交量增大，那么筹码就容易转移到筹码谷位置，削峰填谷的效果也会更好。

形态特征

(1) 价格冲高回落后筹码谷依然存在

筹码谷存在，表明在价格上涨期间，筹码换手还不够充分。价格高位的套牢盘依然存在，筹码还未明显向下转移。接下来，伴随着股价放量的上涨，削峰填谷的筹码转移形态还是会出现。

(2) 再次出现放量反弹走势

当成交量再次放大的时候，我们确认筹码转移速度正在加快。虽然存在筹码谷，但是筹码换手速度加快，价格达到筹码谷对应的价位以后，筹码自然换手到筹码谷位置。第二次削峰填谷的筹码转移趋势出现的时候，筹码更加集中分布在高位，这有助于价格形成明显的回升趋势。

操作要领

（1）以下以上海普天日K线图（1）（图3-9）为例进行阐述。

①股价短线回落以后，图中量能依然维持高位运行。量能保持稳定，有助于股价二次企稳回升。

②从筹码表现来看，股价回落至短线低位以后，价格高位存在明显的套牢筹码峰，而价格低点的浮筹较大，是盈利空间有限的浮筹筹码峰。H位置是筹码峰之间的谷底，是接下来在削峰填谷的行情中需要弥补的筹码位置。

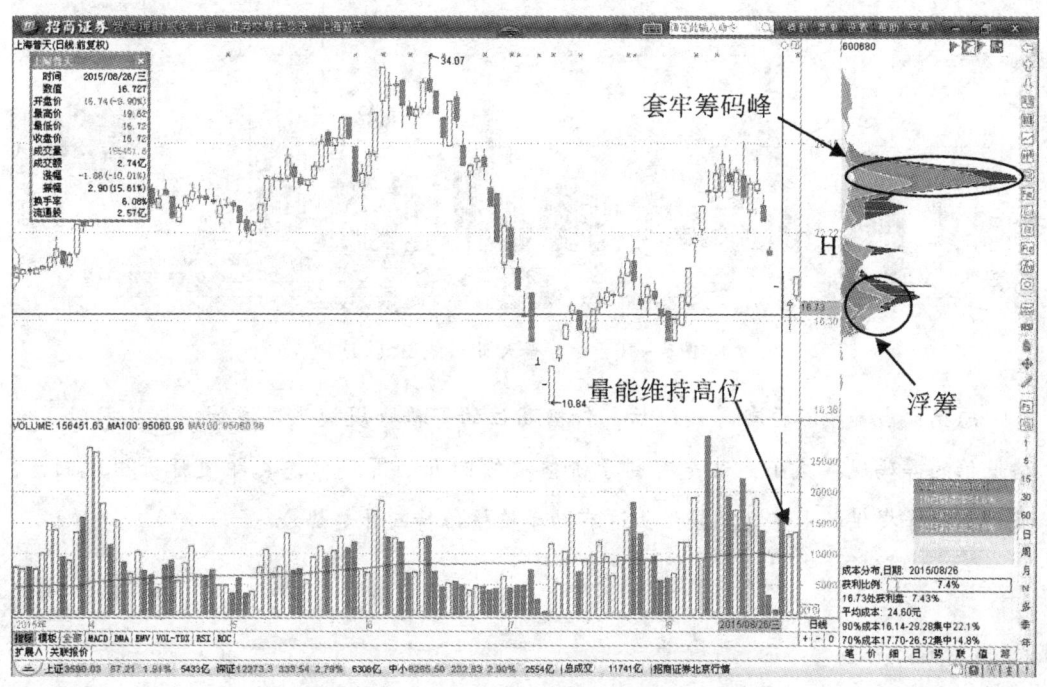

图3-9 上海普天日K线图（1）

总结：股价冲高回落，价格高位的套牢筹码规模依然很大，而价格低位的浮筹增加，该股需要在进一步的双向调整中削峰填谷，直到不存在明显的筹码谷为止。

（2）以下以上海普天日K线图（2）（图3-10）为例进行阐述。

①从成交量的表现来看，图中C位置的量能较大，显然足以推动价格放量上涨。C位置的平均成交量要明显大于前期量能，这是筹码充分换手的关键因素。

②价格反弹至高位的时候，我们发现筹码谷已经存在大量筹码，之前的筹码谷形态已经不复存在。既然筹码密集分布在筹码谷位置，那么股价获得的支撑就比较大了，价格继续放量上涨的可能性也会增大。

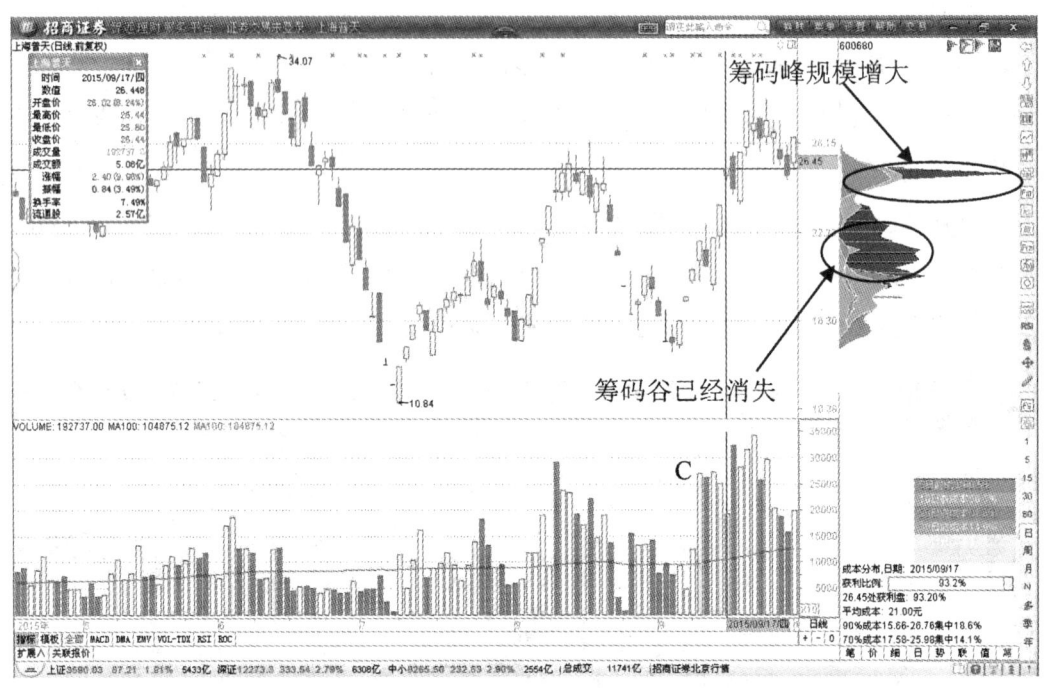

图3-10 上海普天日K线图（2）

总结：当筹码谷存在筹码以后，价格高位的筹码峰规模明显增加。与此同时，价格低位的筹码规模减小，这是有利于价格继续回升的筹码形态。即便股价出现回落，底部筹码峰提供的支撑也会较强，这有助于价格维持回升趋势。

3.3 单峰向下发散转移形态

单一的筹码峰形态并非任何时候都能出现，只有股价明显上涨以后，大量筹码换手到价格高位，筹码单峰形态才会出现。价格大幅上涨以后，高位筹码峰很容易成为股价下跌的起始形态。换言之，今后股价无法继续放量上涨的时候，筹码向下转移的趋势会得到加强。到那个时候，单峰筹码向下转移趋势便得到加强，股价下跌走势可以得到延续。

3.3.1 单峰筹码完成形态

当单一的筹码形态完成以后，我们确认筹码盈利空间已经非常有限。虽然多数筹码换手到价格高位，但是在量能无法继续放大的情况下，股价小幅回落就会造成大量持股投资者亏损，这是筹码单峰出现以后价格见顶的重要原因。我们确认股价出现了见顶形态的时候，只要把握好价格高位的卖点便可以有效盈利。

形态特征

（1）价格出现见顶信号

股价出现见顶信号的时候，反转的可能性增加。只有在下跌趋势中，价格高位的筹码峰才会向价格低位转移筹码，这是我们确认下跌趋势的重要信号。

（2）单峰筹码出现在价格高位

单一的筹码峰出现在价格高位的时候，我们确认投资者虽然追涨买入股票，但是短线很难盈利。特别是股价出现见顶信号时，我们确认筹码单峰会向价格低位发散转移筹码，这会导致股价连续下跌。

（3）筹码集中度达到高位

价格高位出现筹码峰，筹码集中度达到高位，股价处于单一筹码主峰内部。股价见顶以后，单峰筹码向价格低位转移的趋势就会出现。

> 操作要领

以下以国枫塑业日K线图（图3-11）为例进行阐述。

①该股虽然运行在价格高位，但是量能放大的过程中，股价以横盘形式运行。股价表现较弱是价格见顶的重要信号。

②同期筹码主峰出现，价格即将跌破筹码主峰的时候，筹码获利率仅为47.7%，这是回升趋势难以延续的信号。仅有不足一半的持股投资者盈利，显示量能将无法维持高位，价格即将进入下跌趋势。

③进一步分析ASR指标，可以发现该指标已经处于短线高位。ASR数值为67，该股当前处于高浮筹状态。价格进入下跌趋势以后，股价很容易脱离浮筹趋势从而出现大幅回落走势。

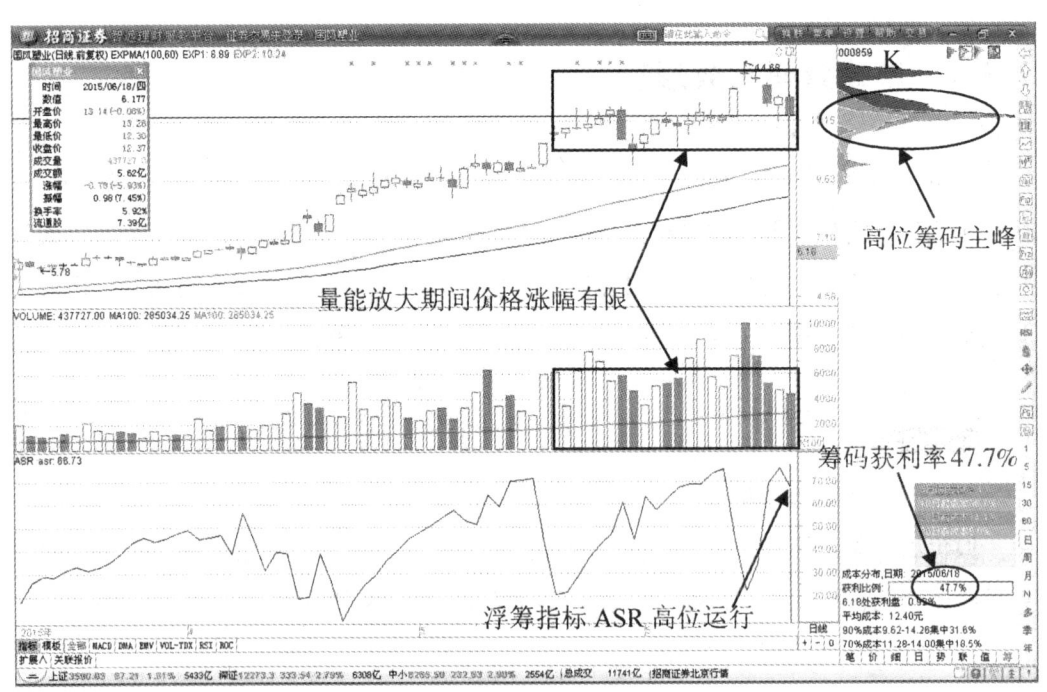

图3-11 国枫塑业日K线图

总结：价格出现滞涨状态，同时筹码高度集中分布在价格高位，股价跌破筹码峰以后，筹码向下转移趋势将很快形成。在筹码转移的过程中，股价自然出现较大跌幅。

3.3.2 单峰筹码向下转移

在股价见顶回落的时候，股价下跌其实是筹码从高位向下转移的过程中实现的。筹码向下转移速度决定了股价下跌趋势的强弱。如果筹码转移没有停止，那么价格下跌趋势也不会结束。

形态特征

（1）高位筹码峰始终存在

价格高位筹码峰始终存在，表明套牢盘规模较大，并且短时间内难以明显减少。这个时候，筹码会在价格下跌期间转移到低位，筹码转移的趋势不会在短时间内结束。

（2）筹码连续向价格低位转移

在价格高位套牢筹码依然存在的时候，股价下跌期间筹码向低位转移的趋势不会结束。也正是在筹码向下转移的过程中，股价下跌趋势得到加强。

（3）缩量下跌不止

量能萎缩的时候，筹码转移速度并不快。在缩量期间，只有股价下跌持续较长时间，筹码才能够完全转移到低位，这是短线下跌趋势不会结束的重要原因。

操作要领

以下以国枫塑业日K线图（图3-12）为例进行阐述。

①从ASR指标走势来看，该指标明显从高位回落至0.48的超低点。这表明，当前价位附近的筹码规模减小。

②股价大跌的时候，成交量表现为明显萎缩。量能达到地量的时候，筹码转移数量非常有限。不过这个时候投资者套牢更加明显，该股出现了地量超跌的价格走势。

③从筹码形态上看，价格高位筹码已经明显向低位转移，不过还没有转移完毕。不同的价位分布着筹码，使得场外买入该股的投资者套牢在不同的价位。

总结：单峰筹码向价格低点转移的过程中，假如筹码转移没有结束，价格下跌趋势就很难停滞。事实上，国风塑业的下跌空间已达66%，价格高位筹码大量分布在不同的价位上，这是筹码在下跌趋势中转移的结果。

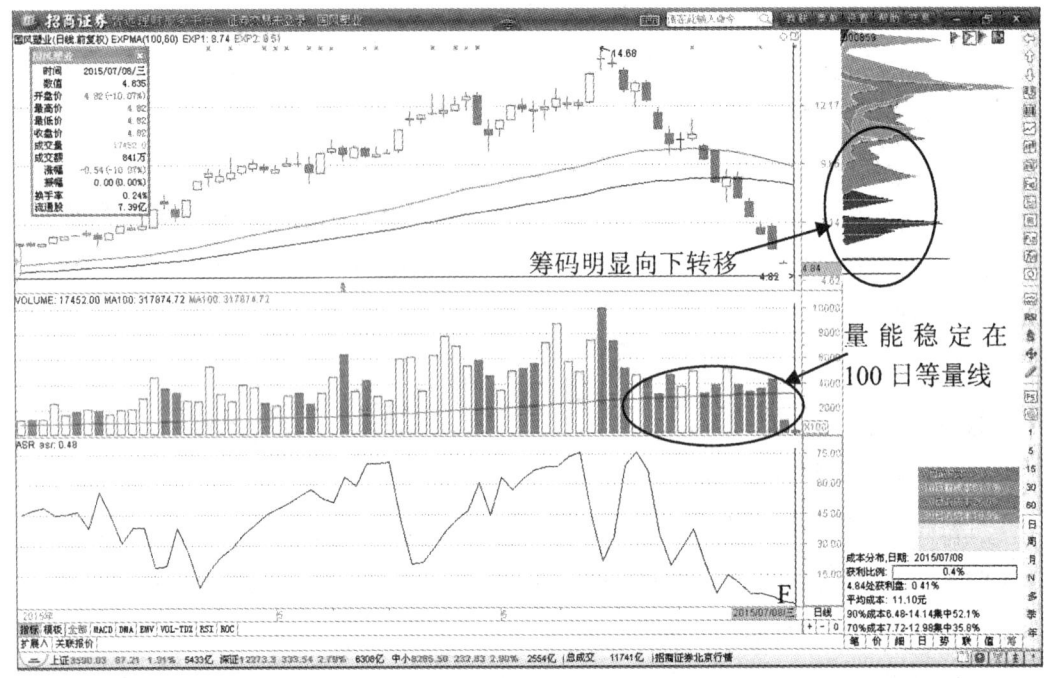

图 3-12 国枫塑业日 K 线图

3.4 多峰向单峰转移形态

价格经历比较大的波动以后，筹码分布在不同的价位上，单一的筹码峰很难出现。这个时候，筹码单峰形成的基础是股价窄幅调整。只有股价维持窄幅调整走势，并且经历一定的交易时间，杂乱无章的筹码分布形态才会向单一的筹码峰转变。而单一的筹码峰出现以后，投资者的持仓成本相对集中，价格容易出现单边行情。当多峰筹码向单峰筹码转变的时候，交易机会就容易出现。

3.4.1 价格回落期间筹码发散

在价格回落期间，投资者买卖抛售股票的价位并非一致，不同的价位上有不同的投资者会选择止损。在价格下跌期间，投资者止损以后，筹码转移到价格低位，在筹码发散的过程中，价格下跌空间会越来越大。直到价格触底之时，筹码表现为明显的发散状态，这是筹码不断在价格下跌期间换手的结果。

形态特征

（1）价格经历下跌趋势

当价格处于下跌趋势的时候，筹码便向价格低位转移。如果价格跌幅超过 30%，或者出现更大的下跌空间，筹码就会零散分布在不同的价位。筹码从价格高位向价格低位发散的过程中，投资者套牢在不同的价位上。

（2）单边下跌却没有企稳

单边回落以后筹码发散分布在不同的价位。如果股价还没有得到充分调整，那么筹码集中度显然会非常小。发散分布的筹码形态中，股价很难出现企稳走势。从价格单边回落到止跌企稳的调整过程中，筹码会从发散形态转变为集中分布形态。

操作要领

以下以天山股份日 K 线图（图 3-13）为例进行阐述。

①该股价经历了新一波的跳空杀跌走势，价格累计跌幅达 50%。相比前期 A 位置的回调，这一次股价回调力度依然比较大。很多前期没有持股的投资者，短线买入该股以后会被套牢在高位。

②观察成交量可以发现，图中 W 位置的量能明显萎缩。这种现象表明持股投资者惜售，高位套牢者非常多。与此同时，ASR 指标回落至 T 位置的低点，且价格已经脱离高浮筹区域。从筹码分布可以确认，该股筹码已经零散分布在不同的价位上。在股价连续下跌的过程中，价格处于筹码下方，能够盈利的投资者非常少。

总结：股价经历单边回落走势以后，筹码明显发散分布在不同的价位上。这个时候可以确认，该股需要经历明显的调整才能形成单一的筹码峰形态，这是我们需要关注的地方。

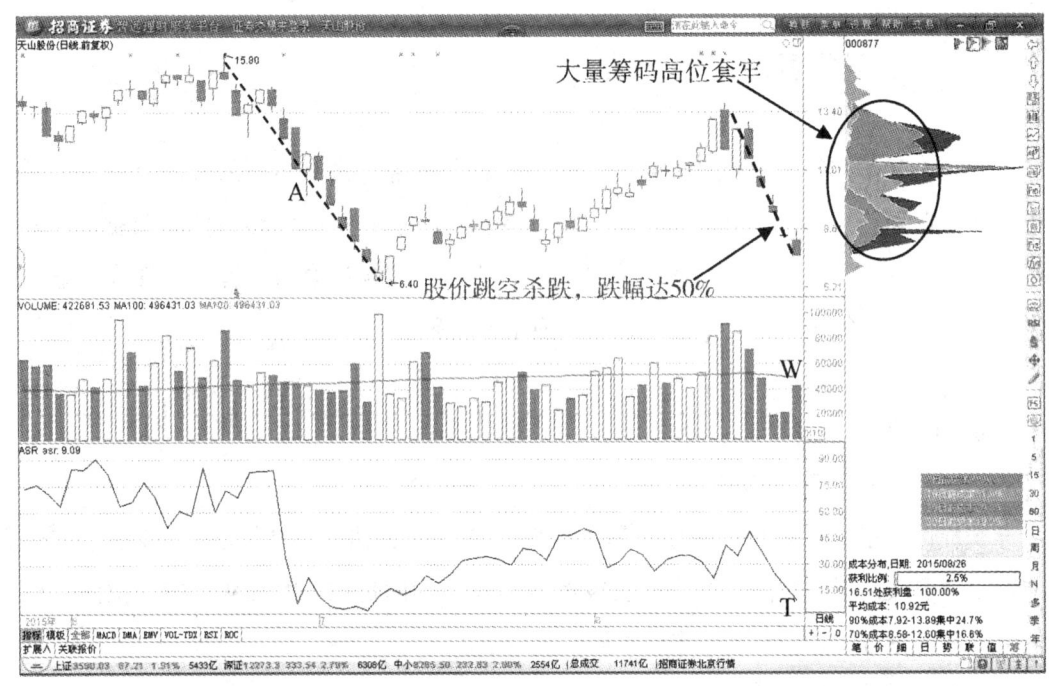

图3-13 天山股份日K线图

3.4.2 调整期间筹码单峰形态

在调整形态中,价格波动空间越小,调整时间越长,最终出现的筹码峰规模越大。经过长时间横向调整以后,很容易出现规模庞大的筹码单峰形态,这是股价波动空间收窄以后筹码充分换手的结果。

形态特征

(1)股价波动空间收窄

在股价调整阶段,价格波动空间不断收窄,这是成功的调整走势必须经历的过程。随着调整的进行,最终的调整形态会完成,而股价会达到波动空间的最低程度,这便是股价调整结束的信号。

(2)筹码集中度提升

在价格调整期间,我们发现筹码不断向价格波动的价位聚集。换言之,调整形态中,在股价波动的范围内,筹码规模不断增加,最终在很小的价格范围内形成明显的筹码单峰，这体现了筹码集中度的快速回升。

操作要领

以下以天山股份日K线图（图3-14）为例进行阐述。

①该股横向调整时间长达2个月，价格波动空间已经非常小，价格波动限于10%的涨跌幅内。可见，该股调整已经非常充分。从筹码峰的形态来看，单一筹码形态已经完成。零散分布的筹码向单一分布的筹码峰转变以后，价格一旦脱离筹码单峰，单边趋势自然会出现。

②从ASR指标来看，图中的指标回升到S位置的高位，数值高达87，是筹码集中度提升的表现。因为是做多价格点形成的筹码单峰形态，所以该股短线具备了较强的支撑。后期股价以筹码主峰为依托继续上涨可期。

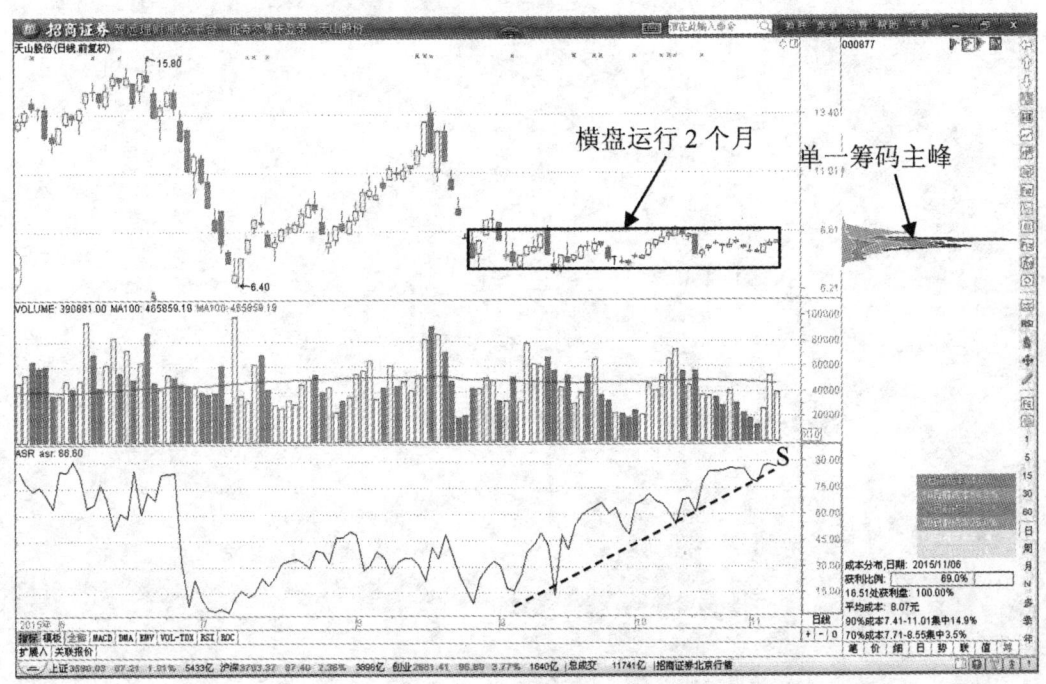

图3-14 天山股份日K线图

总结：筹码单峰的出现，需要股价经历一定的横向调整，并且有足够的换手率。换手率增加，筹码转移速度就会加快。而价格横向调整的时间越长，筹码转移的规模会更大。

/第4章/

有迹可循：典型单峰筹码形态

在实战当中，非常典型的单峰筹码形态会影响价格中长期的运行趋势。一旦出现筹码单峰形态，意味着行情会按照筹码峰发散的方向运行。根据筹码单峰完成的程度，我们可以确定交易机会。同时，根据筹码单峰发散的方向，我们又可以决定交易的方向。筹码单峰出现前，股价会经历明显的调整或者单边走势，调整得越充分，筹码单峰形态中的筹码集中度越高。当量能放大以后，价格单边回升空间越大，筹码向价格高位集中的程度也会更高。

本章主要介绍筹码单峰的种类和形成过程，并且向投资者介绍筹码单峰对价格走势的重要影响及应对策略。通过对本章的学习，投资者会发现，实战当中的很多价格走势都可以用筹码单峰转移过程来解释。如果股票交易过程在筹码转移过程中实施，实战买卖的效果会更好。因为我们适应了投资者的成本转移过程，并且能够轻松应对价格变化。

4.1 价格回调筹码单峰

当筹码单峰下方支撑非常明显的时候,我们确认股价不会轻易跌破筹码峰。一旦跌破筹码峰,场外投资者就会买入股票,使得价格继续走强。我们可以在股价回调至筹码单峰的时候买入股票,以便在价格走强的时候盈利。

4.1.1 筹码单峰下限买点

在筹码峰下限位置对应的价位上,持股投资者中的多数处于亏损状态。当股价回升趋势还未结束的时候,价格不会轻易跌破筹码峰下限。从短线来看,价格回落至筹码峰下限,一定会使得场外投资者加仓买入股票。同时,场内投资者惜售,使得股价很快出现反弹走势。我们可以在价格即将跌破筹码峰下限的时候建仓交易,以便获得廉价筹码。

形态特征

(1) 价格高位出现筹码单峰

价格高位出现筹码单峰形态,这是投资者持仓成本大幅提升的信号。当筹码主峰处于价格高位时,多数投资者的持仓成本已经处于历史高位。一旦股价突破筹码峰,价格上涨空间就会变大。

(2) 筹码峰下方支撑较强

筹码峰下方支撑较强,是股价维持高位运行的关键,同时也是价格脱离筹码峰后大幅度上涨的基础。

(3) 价格回调至筹码峰下限

当股价回调至筹码峰下限的时候,我们确认高位持股的投资者会短线亏损,但是亏损空间不大。在持股的投资者惜售而场外投资者抄底的时候,价格还会大幅度走强。

操作要领

以下以山东如意日K线图(图4-1)为例进行阐述。

①图中L位置的成交量明显萎缩,量能已经达到等量线下方,这是近两个月从未有过的情况。量能萎缩恰好说明投资者惜售,股价继续下跌的空间有限。

②ASR指标在图中P位置达到高位,表明当前的筹码集中度已经较高。ASR指标短线回落,价格短线脱离筹码主峰,但是跌幅有限。

③该股的前期有明显的跳空回升走势,价格低位的支撑较强。事实上,筹码峰下限就已经存在较大支撑。该股很难跌破支撑区域,筹码峰下限明显就是抄底的机会。

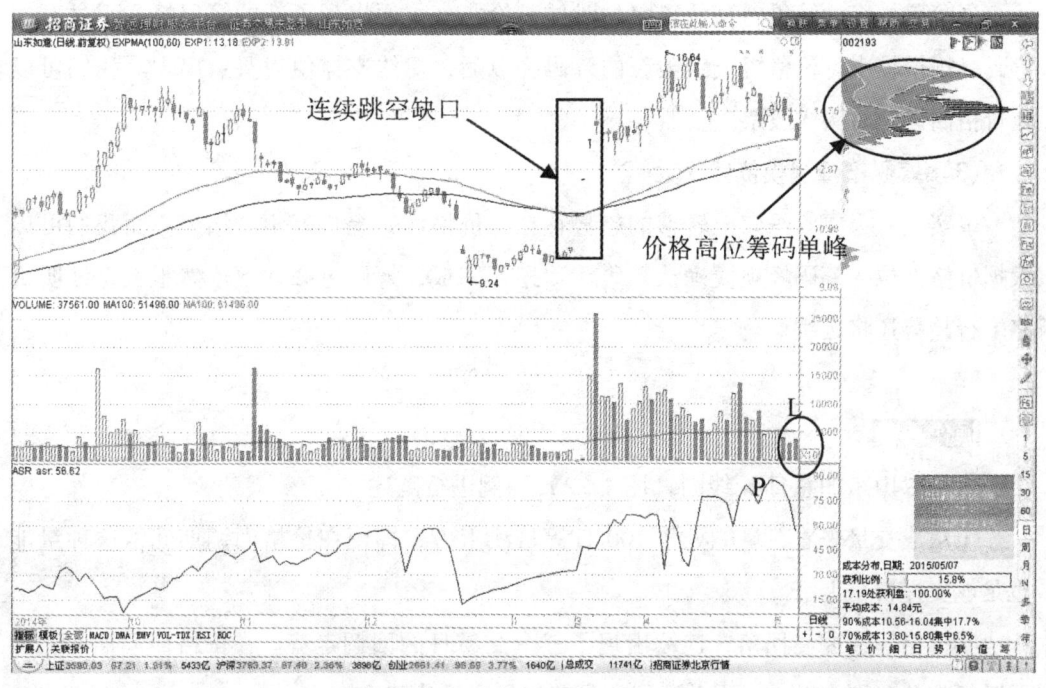

图4-1 山东如意日K线图

总结:价格回调至筹码峰的下限,缩量下跌表明股价获得跳空缺口提供的支撑。而从短线看来,价格跌破筹码峰以后投资者几乎全面亏损,持股投资者惜售明显,技术性反弹走势将很快出现。

4.1.2　价格回调筹码单峰买点

当股价从筹码主峰下限反弹上涨的时候,价格回升的过程中,筹码向上发散的趋势会出现。每一次筹码向上发散以后,价格回调期间都是买入股票的机会。

形态特征

(1) 筹码峰向高位转移

当股价脱离筹码主峰的时候,价格冲高回落以后会出现高位筹码峰。这个时候,筹码向价格高位转移,股价回升趋势自然出现。

(2) 股价出现缩量回调

当筹码主峰的筹码向高位转移的时候,价格高位便出现了新的筹码峰,不过新的筹码峰规模较小。价格短线跌破新的筹码峰以后,短线支撑使得买点出现。我们可以在价格回调之时买入股票。

(3) 筹码主峰规模依然很大

事实上,只要筹码向上转移的趋势存在,价格回升趋势就不会结束。而我们可以根据价格低位的筹码峰规模确认筹码转移还未完成,筹码主峰规模依然很大,证明价格上行趋势还将延续。

操作要领

以下以山东如意日K线图(图4-2)为例进行阐述。

①从成交量来看,量能处于100日等量线上方,即便在价格回调期间,这种量能也足够支撑价格上涨。

②价格短线冲高回落,连续出现了三个交易日的回调走势。在价格回调期间,该股跌幅在分时图中较大,因此我们有足够的机会低价建仓。

③筹码形态上表现为明显的筹码发散趋势。价格低位3是筹码主峰,它相对高位2和高位1两个位置都分别存在筹码峰。该股在短线回调期间,跌破了1位置的筹码最高峰,却止于2位置的筹码峰。换言之,2位置的筹码峰可以支撑价格企稳,这是我们买入股票的机会。

总结:当股价放量上涨以后,量能放大会使得股价冲高回落,这是非常好的建仓

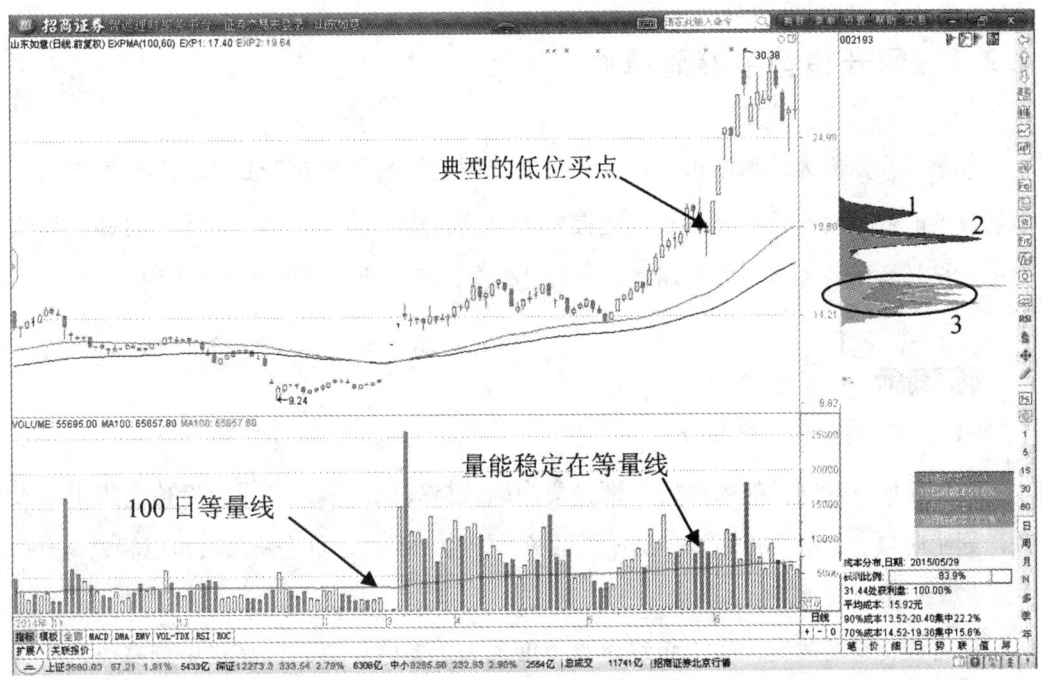

图 4-2　山东如意日 K 线图

机会。特别是在价格低位时，筹码规模依然较大，筹码向价格高位转移的趋势还未结束。假如我们在价格回调期间建仓，那么在获得廉价筹码的同时还能扩大收益。

4.2　渐进式放量筹码单峰

当成交量渐进式放大的时候，筹码转移速度就会加快。这个时候，把握好筹码加速转移的买点，短时间就可以盈利。筹码向价格高位转移的过程中，价格表现得更强势，持股以后更容易盈利。

4.2.1 回升趋势中筹码单峰

如果成交量放大还未结束,价格还没有出现连续暴涨的拉升走势,那么筹码向高位转移的时候,交易机会就存在。把握好筹码高位集中的买点,可以第一时间获得收益。价格从筹码峰下限向上穿越筹码峰的过程中,典型的短线买点就会出现。

形态特征

(1) 筹码集中到价格高位

在价格回升期间,如果筹码大部分集中到价格高位,通常是投资者持仓集中的表现。这个时候,如果股价还未经历明显的拉升走势,那么股价企稳后就可以轻松飙升。

(2) 存在放量信号

随着成交量的放大,主力短线操盘力度加大。考虑到筹码已经集中到高位,此时量能放大可以推断价格远离筹码峰,使得股价出现较大的涨幅。

操作要领

以下以大冷股份日 K 线图(图 4-3)为例进行阐述。

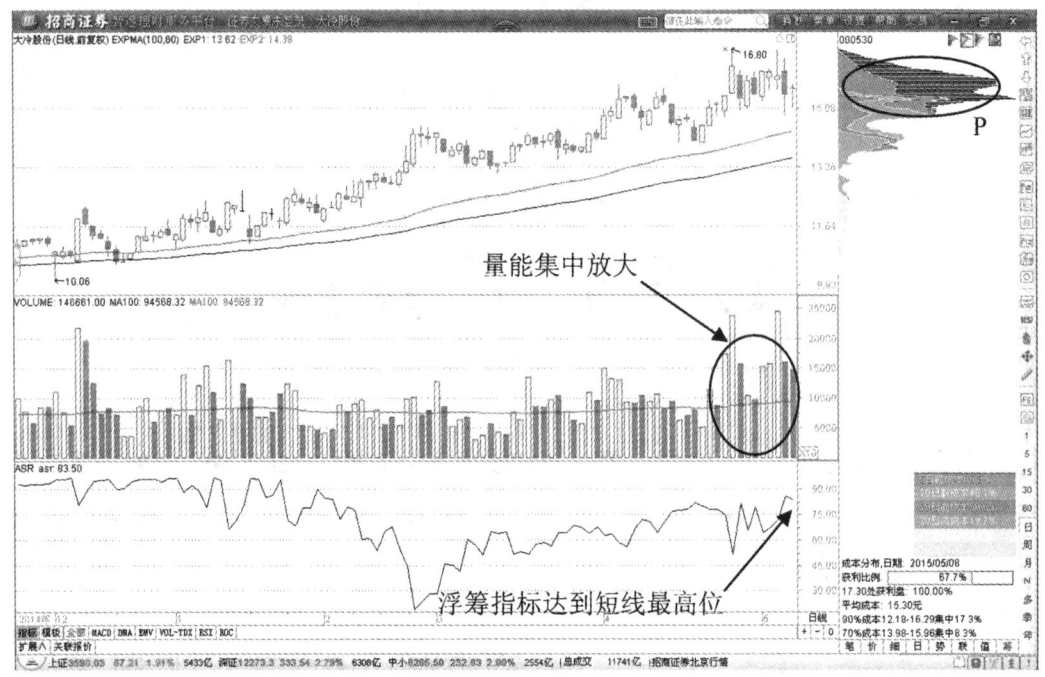

图 4-3 大冷股份日 K 线图

①当量能明显放大的时候，筹码也大量聚集到 P 位置的价格高位。很明显，量能增加表明主力投资者的操盘力度增大。股价虽然横向运行，但是在量能放大的情况下，该股很容易突破筹码峰，实现较大涨幅。

②从 ASR 的指标来看，图中指标已经达到短线的最高位，这是价格处于高浮筹区域的信号。高浮筹的存在只能短线影响价格回升。该股脱离高浮筹区域以后，上涨潜力巨大。

总结：在股价稳定回升期间，量能明显放大以后，价格还未大幅上涨，这通常是主力为拉升股价做准备。筹码调整到高位后，此时的股价大幅上涨，只待主力放量拉升。

4.2.2 筹码向上发散趋势

当股价不断以大阳线拉升的时候，价格不断脱离筹码主峰，这是股价加速见顶的信号。在股价涨幅加快的时候，筹码向高位发散趋势更加显著，其追涨的机会不多，最佳的买点出现在筹码首次向高位转移的一刻。

形态特征

（1）筹码转移加快

价格高位的筹码主峰出现以后，如果筹码向价格高位转移速度加快，股价回升趋势也会加速，这是我们买入股票的信号。

（2）大阳线不断突破筹码峰

大阳线不断突破筹码峰的时候，表明主力投资者正在拉升股价突破阻力位。这个时候，我们应该把握好股价突破期间的追涨机会，适度加仓以提升盈利空间。

操作要领

以下以大冷股份日 K 线图（图 4-4）为例进行阐述。

①从成交量来看，值得关注的成交量已经明显出现萎缩。事实上，该股加速上涨的时候，股价在分时图中短时间内涨停，这是量能萎缩的重要原因。主力拉升股价的资金较大，才使得价格短时间内突破阻力位涨停。

②从 ASR 指标的表现来看，该指标明显在震荡过程中大幅回调。换言之，股价明

显脱离了筹码主峰，价格上行趋势得到加强。

③图中 M 和 N 两个位置的筹码并不多，这是股价跳空上涨期间形成的筹码峰。股价跳空涨停期间的筹码转移速度加快，股价上行趋势得到很好的确认。

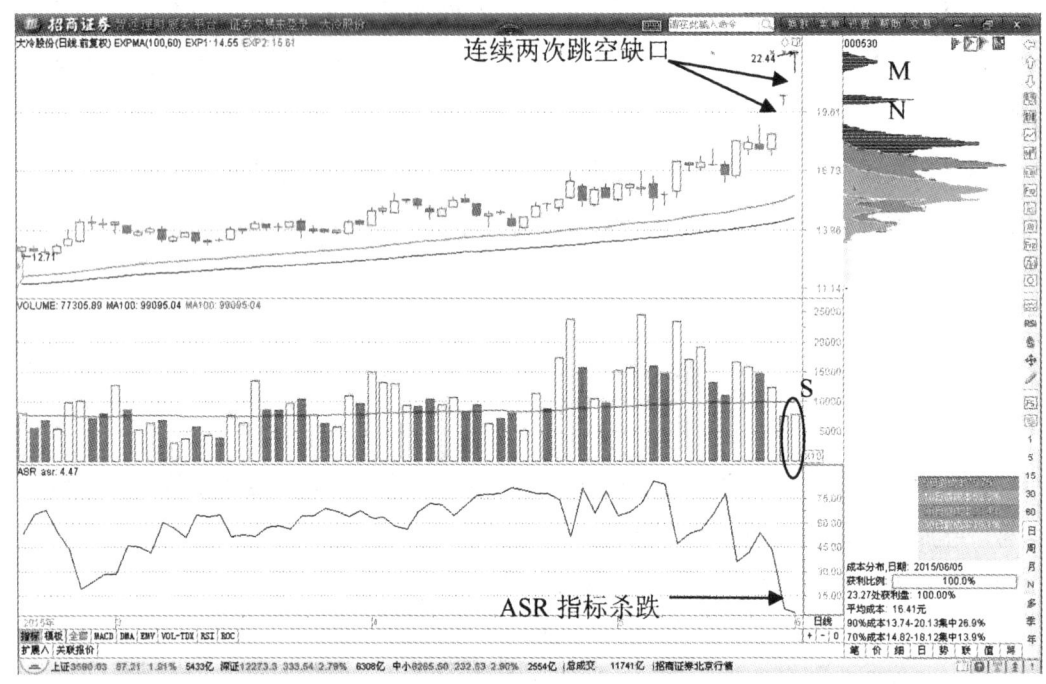

图4-4 大冷股份日K线图

总结：价格脱离筹码主峰的过程中，筹码转移趋势更加明显。这个时候，即便量能萎缩（图中 S 位置为萎缩量能），价格上行趋势也不会结束。我们可以在股价不断突破压力位的过程中增加持股数量，以便在价格冲高期间提升盈利空间。

4.3 长期横盘顶部筹码主峰

在长期横盘的价格顶部，假如筹码换手足够充分，筹码单峰形态就更容易形成。筹码单峰形态出现的时候，可以寻找建仓的交易机会。在价格可以脱离筹码峰的时候持股，短时间盈利的可能性更高。

4.3.1 长期横盘完成筹码峰

股价长期横盘的时候，筹码不断向价格高位集中。不仅筹码会出现单一的筹码峰，而且筹码换手也更加充分，这是股价脱离筹码主峰实现较大涨幅的基础。一旦确认历史高位的筹码主峰形成，采取建仓策略以后，就可以在价格放量飙升期间获得高收益。

形态特征

（1）ASR 指标长期处于高位

ASR 指标处于高位，表明股价已经调整到位。而当指标长时间处于高位运行的时候，我们确认这是充分调整的结果，同时也是价格大涨的前奏。

（2）筹码调整到单峰形态

筹码调整到单一的筹码峰形态，表明投资者的持仓成本充分集中。股价出现任何阳线形态，都很容易脱离筹码单峰。在这个时候，短线建仓更加接近主力的持仓成本，也更容易获得高收益。

操作要领

以下以新奥股份日 K 线图（图 4-5）为例进行阐述。

①该股早在 E 位置就进入价格高位的横盘运行状态。E 位置相比 F 位置早了一年多，可见该股横盘调整的时间很长，在筹码形态上体现为明显的单峰形态。

②从 ASR 指标的表现来看，该指标在图中 G 位置运行的时间较长。该指标早已经处于 80 以上的高位运行，表明浮筹相当多。在浮筹处于高位的时候，股价还没有远离浮筹区域，这是因为股价还未大幅走强。

③图中筹码获利率显示为 50.6%，这表明一半的投资者盈利，这种多空平衡的状态有助于价格走强。

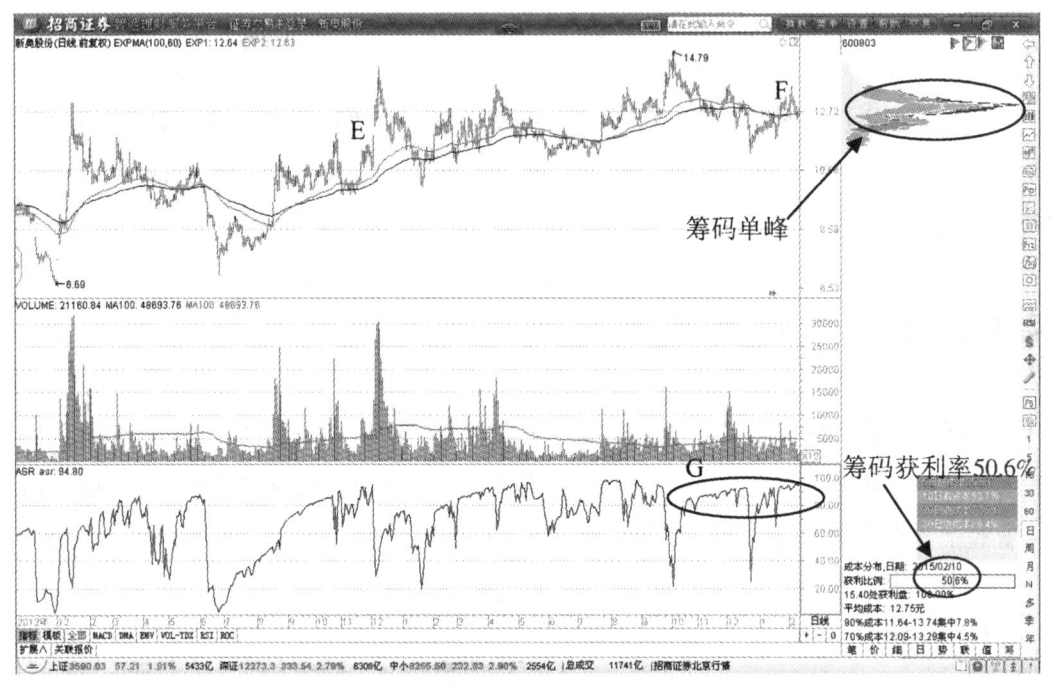

图 4-5　新奥股份日 K 线图

总结：筹码获利率为 50.6%，表明盈亏处于平衡状态。考虑到价格在高位调整时间很长，一旦有大阳线脱离高浮筹区域，股价上涨潜力就会很大。应该关注该股的异动，一旦有价格大幅上涨走势，可以追涨买入股票。

4.3.2　发散期间的建仓机会

价格高位横盘的时间较长，筹码调整到单峰形态，一旦有大阳线脱离筹码单峰，那将是我们买入股票的好机会。在股价调整充分的时候，价格大幅上涨的走势很容易形成。其关键是要把握好价格突破的买点，到时候自然有利可图。

形态特征

（1）大阳线脱离筹码单峰

大阳线脱离筹码单峰区域，表明股价已经在多数投资者的持仓成本上方。这样一来，持股投资者将大量盈利，推动股价上涨的资金使得股价继续回升。

（2）量能有效放大

成交量有效放大，说明不仅主力投资者拉升股价上涨，追涨买入股票的散户投资者也非常踊跃。在量价配合的情况下，股价突破筹码单峰的压力区，价格上涨潜力会更大。

（3）筹码开始转移

从筹码单峰向价格高位转移筹码的时候，投资者的持仓成本提升，价格回升趋势得到确认，可以在筹码转移的过程中把握好交易机会，提升盈利空间。

操作要领

以下以新奥股份日K线图（图4-6）为例进行阐述。

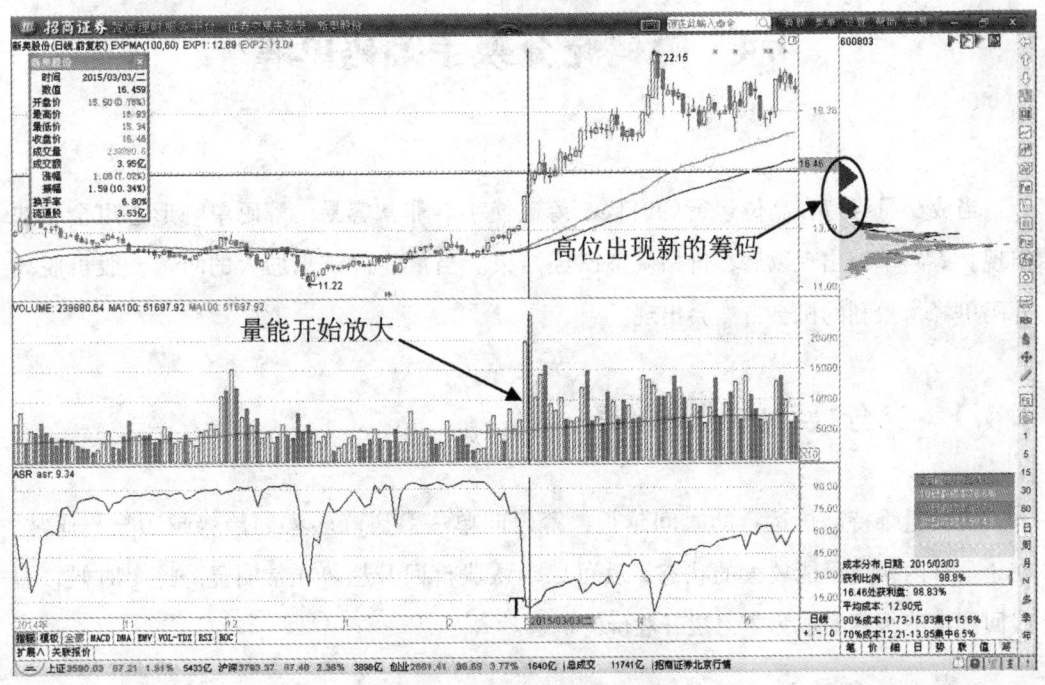

图4-6　新奥股份日K线图

①从量价表现来看，该股已经出现了放量拉升的走势。价格脱离筹码单峰，使得股价上行趋势得到确认。

②筹码单峰上方已经明显存在新的筹码峰，因此筹码转移趋势得到加强。在筹码转移期间，交易机会出现在价格刚刚大涨以后。在筹码单峰上方确认买点，持股可以获得高收益。

③从 ASR 指标的表现来看，该指标迅速跌至图中 T 位置的底部区域，表明该股脱离了高浮筹区域。从筹码形态上看，单峰筹码上方存在转移后的小型筹码峰，这是追涨的信号。

总结：当确认筹码单峰在历史高位长期出现的时候，一次价格放量突破走势就可以确认买点。买点的基础是稳定的筹码单峰形态和价格突破的大阳线走势，这是追涨成功的重要条件。

4.4　筹码充分换手筹码单峰

当成交量维持在高位运行的时候，筹码换手会非常容易，筹码单峰形态也会很快出现。筹码单峰出现以后，价格调整已经结束。当量能进一步加大的时候，股价脱离筹码单峰，盈利的机会自然会出现。

4.4.1　充分换手的筹码单峰

成交量维持高位运行的时间越长，筹码向单一筹码峰转移的趋势越明显。通常，在 3 个月内维持量能放大的状态，就可以确认股价回升趋势非常明显。这个时候，短线回调走势很容易成为主力拉升股价的机会。

形态特征

（1）成交量连续 3 个月放大

通常，如果成交量连续 3 个月放大，那么价格活跃度就已经非常高。连续出现量能放大的情况，说明股价有进一步上攻的潜能。

（2）筹码单峰出现

量能明显放大的时候，筹码换手速度会更快。当筹码在不同的投资者之间充分换手以后，持股的投资者就会对持股更加坚定。筹码单峰出现，说明投资者的持仓成本非常一致，这有助于股价加速上涨。

操作要领

以下以宏昌电子日 K 线图（图 4-7）为例进行阐述。

①从成交量的表现来看，筹码量能长达 3 个月处于 100 日等量线上方，这是成交量充分放大的结果。假如量能足够大，就可以确认该股的活跃度很高，这是一支可以有效拉升的强势股。

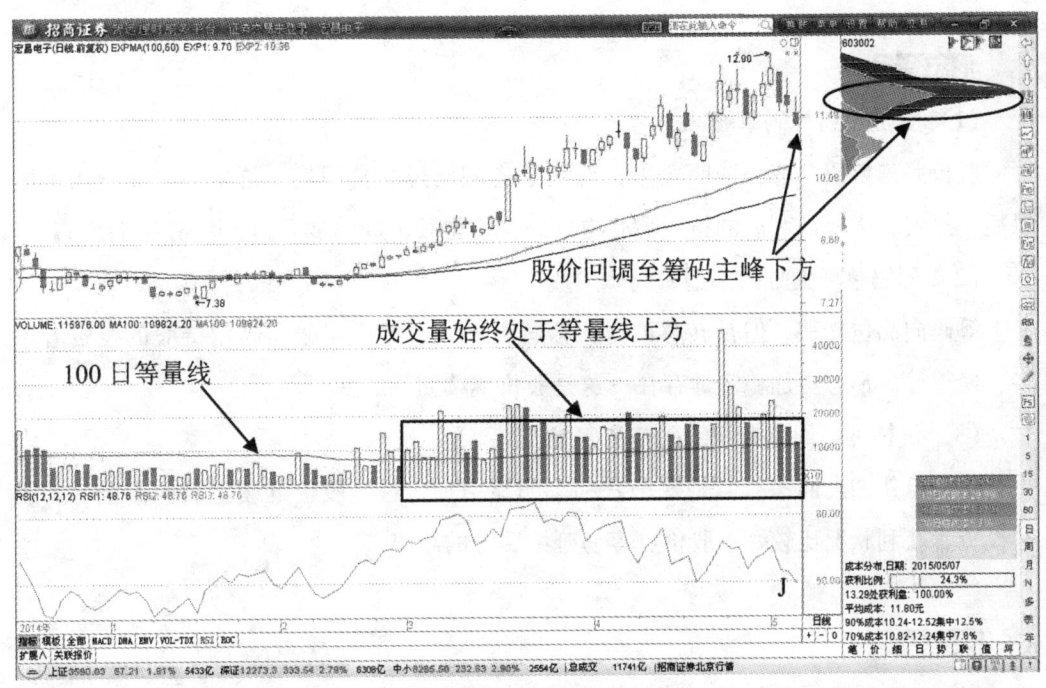

图 4-7　宏昌电子日 K 线图

②从价格短期表现来看,该股连续3个交易日出现缩量回调,价格跌幅有限,却已经处于筹码峰下限。考虑到该股活跃度很高,主力在短线低位拉升股价的概率很高,这是我们抄底买入股票的机会。

③从RSI指标的走势来看,指标已经连续回落至J位置的低点。虽然RSI指标处于低位,却没有跌破50线。50线是多空分界线,RSI指标在50线可以轻松反弹,并且继续支持股价上行。

总结:量能稳定放大,则该股具备行情的活跃度。即便价格短线回落至筹码峰下限,也依然是不错的买点。量能推动的价格上涨始终没有结束,价格回落是我们建仓的机会。

4.4.2 筹码发散期间的交易机会

股价经历回踩以后,技术性反弹走势便很快出现。这期间,单一主峰的筹码向上转移,使得短线高位继续出现新的筹码峰。新的筹码峰下限是买入的机会。等待股价回调之时建仓,投资者可以获得非常好的收益。

形态特征

(1) 股价脱离筹码单峰

股价脱离筹码单峰,证明主力拉升股价意图已经非常明显。价格突破短线阻力区以后,投资者大幅盈利后的持股耐心更好,这使得股价进一步得到上涨成为可能。

(2) 筹码单峰上方的小型筹码峰形成

筹码向高位转移,但是转移的筹码规模并不大。这个时候,高位持股的投资者不多,使得筹码形态更加稳定地存在,这是股价继续回升的基础。

(3) 价格冲高回落期间筹码获利率较高

价格虽然冲高回落,但是筹码获利率明显增加,这是股价继续上涨的基础。持股的投资者获利状况比较好,股价更容易延续回升的趋势。

操作要领

以下以宏昌电子日K线图(图4-8)为例进行阐述。

①从价格表现来看,该股继续创新高以后出现了回调走势。即便是在回调期间,

筹码获利率依然高达84.4%。这让我们坚信，该股上行趋势已经再次得到确认，买点已经出现。

②价格短线回调的时候，股价处于H位置的筹码峰下方。这部分筹码峰是刚刚出现的，是筹码转移的结果。股价跌破这部分筹码峰只能使得少量投资者亏损，多方拉升意图依然明显，该股继续回升以后涨幅25%。

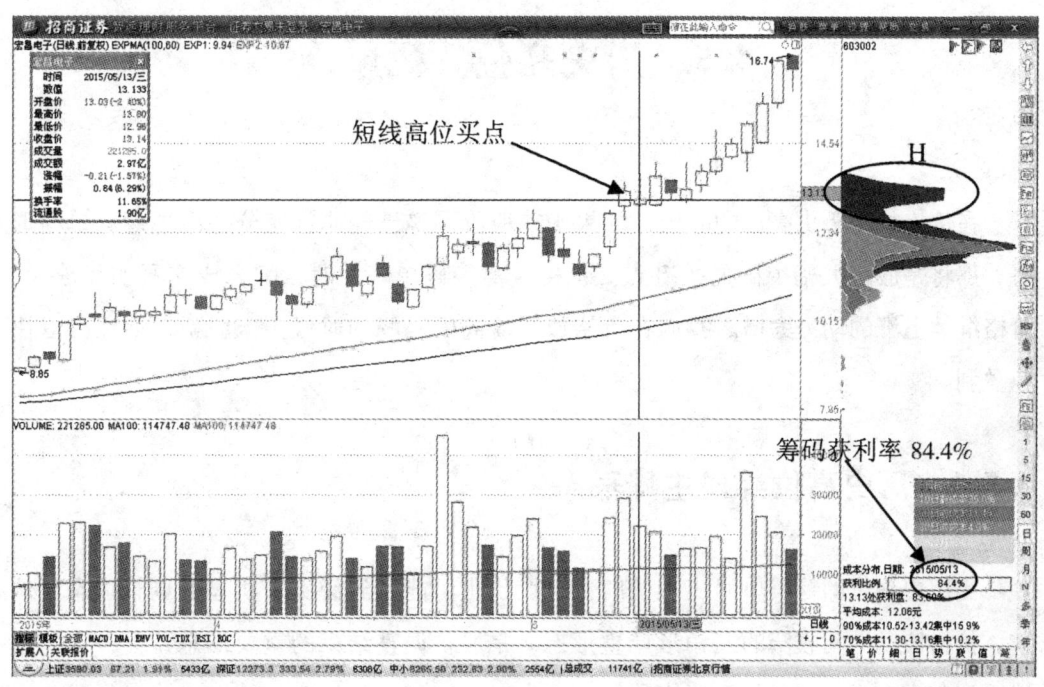

图4-8 宏昌电子日K线图

总结：确认量能稳定放大以后，价格活跃度变得很高。短线介入强势突破的股票，投资者可以在筹码单峰向高位转移筹码的时候买入股票，提升盈利空间。

4.5 历史高位筹码单峰

在价格处于历史高位的时候,如果确认股价调整已经非常充分并出现筹码单峰形态,那将是股价大幅突破的关键点。价格脱离筹码单峰之时,配合成交量明显放大,价格继续上涨的动力大增。我们在价格放量脱离筹码峰的时候买入股票,追涨可以快速盈利。

4.5.1 历史高位筹码主峰形态

当历史高位的筹码单峰出现的时候,股价很可能已经经历了明显的调整形态。例如,价格波动空间收窄的三角形调整形态,是股价调整结束的重要形态特征,我们可以看到其中有一些明显的看涨信号。

形态特征

(1) 价格调整空间收窄

价格波动空间收窄是股价调整到位的信号。此时,多空之间的争夺已经趋稳,而股价波动空间也在收窄,价格面临方向性选择。

(2) 浮筹达到高位

当浮筹指标达到高位以后,可以确认股价已经调整到位。短线浮筹较多意味着投资者参与股票交易非常活跃。高浮筹意味着价格上涨期间阻力较大,不过突破之后的交易机会非常难得。

(3) 筹码单峰形态出现

筹码单峰形态是股价调整的结果,是筹码集中度提升的信号。如果价格依然走势较强,那么股价脱离筹码单峰期间的追涨机会便不容错过。

▎操作要领▎

以下以三特索道日 K 线图(图 4-9)为例进行阐述。

①该股的价格高位三角形调整形态已经接近完成,价格波动空间非常小,该股已经接近突破的时点。

②从 ASR 指标来看,该指标达到高位,并且始终维持横向的运行状态,这是股价调整结束的信号。

③筹码峰指标 SSRP 在图中单边回升,这是股价调整期间的回升走势。投资者的总体持仓成本明显回升,意味着筹码单峰提供的交易机会已经非常可靠。图中 D 位置筹码单峰形成,短线买入股票的机会出现。

图 4-9 三特索道日 K 线图

总结:虽然股价还未大幅上攻,但是可以确认股价已经具备了进一步上涨的基础。即便该股没有突破筹码单峰区域,投资者依然可以首次建仓买入股票。

4.5.2 价格突破后的交易机会

在图4-9的三角形调整形态中,如果已经出现了放量大涨的阳线形态,就很容易确认买点。一根脱离调整形态的大阳线是非常典型的形态,投资者可以在发现这种走势后并在股价回调期间追涨买入股票。

形态特征

(1) 大阳线突破形态

大阳线突破形态出现以后,股价脱离筹码集中的单峰形态,这是股价开始回升的信号。

(2) 股价短线回调走势

大阳线出现以后,股价冲高回落后会进一步确认筹码单峰提供的支撑。这个时候可以确认股价再次获得支撑的买点,在价格回调之时,加仓可以提升盈利空间。

操作要领

以下以三特索道日K线图(图4-10)为例进行阐述。

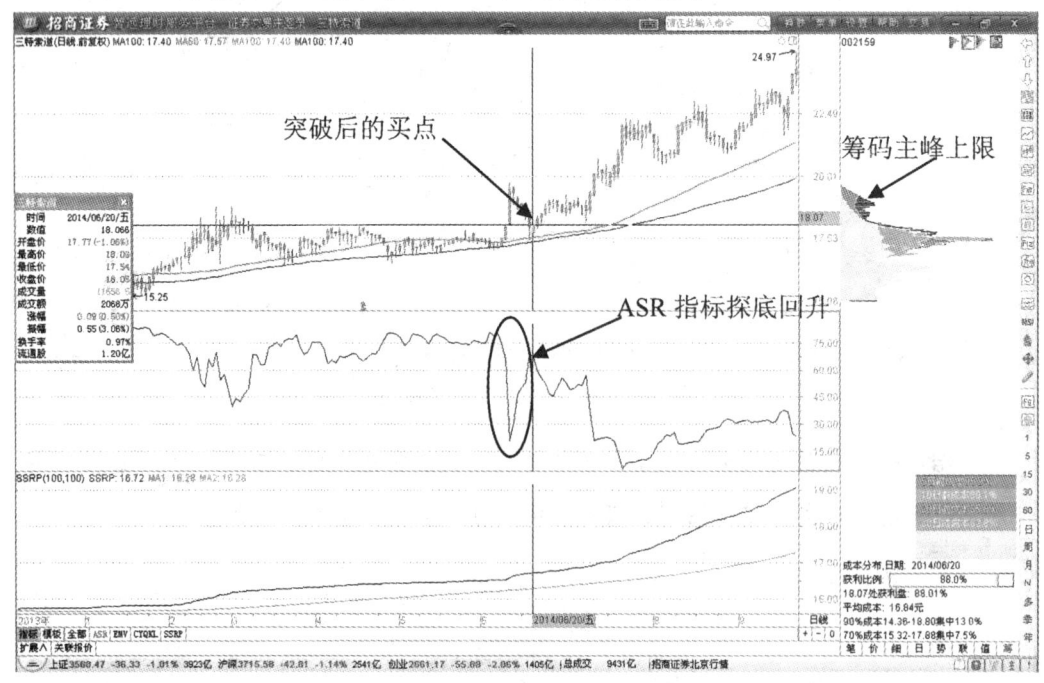

图4-10 三特索道日K线图

①股价冲高回落以后，图中 ASR 指标快速探底回升，表明该股经历了脱离高浮筹区域的拉升走势。ASR 指标再次回升以后还是会下挫，这是因为股价脱离筹码峰的回升趋势刚刚开始，难免会有波折，这是买入股票的机会。

②从筹码表现来看，可以确认股价冲高回落的时刻，筹码已经向价格高位转移。只是短线转移筹码数量有限，首次确认突破压力区以后，该股继续回升潜力依然较大。

总结： 价格首次脱离调整形态以后，筹码向高位转移，这是最初买入个股的信号。如果我们在价格回调期间买入股票，就获得了最佳的介入机会，这对于今后的盈利帮助很大。

4.6 回调历史高位筹码主峰

价格回升至历史高位以后，筹码主峰也在拉升高位形成。这个时候，股价在历史高位出现调整走势，价格很容易跌破筹码主峰。考虑到筹码主峰位置，投资者的持仓成本非常集中，价格短线回落后很快反弹。等待股价进一步走强的时候，价格处于筹码主峰上方，这是价格继续上涨的信号。筹码主峰成为支撑价格回升的重要看点，可以选择价格脱离筹码主峰的时候买入股票。

4.6.1 小幅跌破历史高位筹码峰

价格回升至历史高位的时候，筹码在分布上表现为明显的单峰形态。不过从单峰形态的密集程度来看，还没有达到非常集中的程度。价格低位依然存在筹码，这部分筹码是盈利空间较大的主力持仓成本区。主力低位持仓却没有减仓，表明此行情还会延续。

形态特征

（1）价格低位筹码依然存在

当价格回升至历史高位时，虽然筹码主峰已经形成，但是价格低位依然存着筹码。低位筹码是主力投资者的持仓成本区。主力投资者的低位筹码并没有减少，说明主力对后市很看好，价格回升趋势不会结束。

（2）股价在筹码峰内部波动

价格在筹码峰内部波动的时候，股价虽然下跌至筹码峰下限，但是反弹走势会很快形成，股价很难明显下跌，筹码单峰提供的支撑较强。

（3）筹码单峰形成

筹码单峰出现在价格高位，这是股价调整到位的信号。投资者持仓成本大部分向高位聚集，在主力还未明显出货的情况下，股价回升趋势不会结束。

操作要领

以下以三房巷日K线图（图4-11）为例进行阐述。

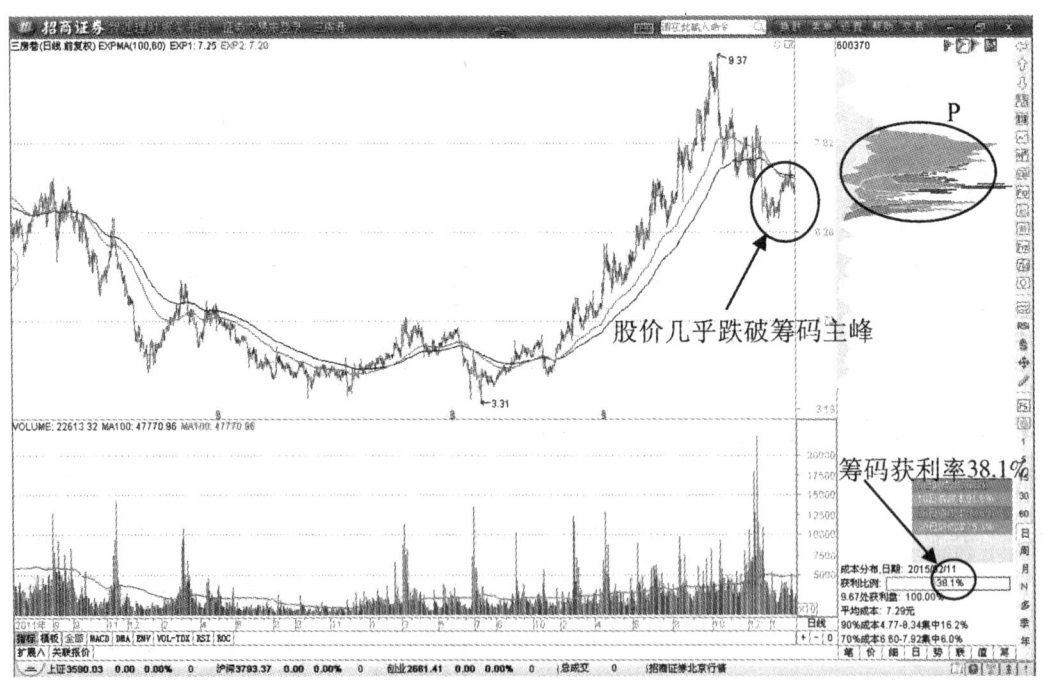

图4-11　三房巷日K线图

①该股回升到拉升高位，并且图中的 P 位置集中了多数筹码，这表明筹码单峰已经出现，这是股价调整到位的信号。

②价格高位和价格低点都存在筹码，高位套牢筹码的数量不多，低位主力持仓筹码连续分布。这表明不管是短线高位买入股票的散户投资者，还是价格低点建仓的主力投资者，对后市都持看涨的态度。在散户和主力继续持股的情况下，该股抛售压力不大，股价可以获得筹码单峰提供的支撑。

总结：当筹码主峰形成以后，价格没有明显跌破筹码主峰。考虑到低位主力投资者持仓筹码的大量存在，股价依然具备大幅上涨的基础。

4.6.2 筹码转移期间的交易机会

当股价获得筹码单峰提供的支撑以后，价格开始放量上涨。在股价逐步脱离筹码主峰的过程中，买点自然形成。我们可以在价格脱离筹码主峰的过程中买入股票，以便在回升趋势中盈利。

形态特征

（1）价格回升至筹码单峰以上

价格回升至筹码单峰以上，这是股价开始回升的信号，也是确认股价开始走强的信号。

（2）量能放大

当量能放大的时候，推动股价上涨的动力也在加强，股价可以在放量的状态下脱离筹码单峰，这是需要投资者关注的交易机会。

（3）新的筹码峰形成

新的筹码峰出现，表明股价上涨期间筹码转移趋势开始，这是价格进一步上涨的基础。

操作要领

（1）以下以三房巷日 K 线图（1）（图 4-12）为例进行阐述。

①图中量能处于等量线上方，这是非常有效的放量走势。而在量能放大期间该股明显回升，价格脱离了筹码主峰位置的压力区，表明买点已经出现。

②高位区新的筹码峰出现的时候，可以确认单峰筹码向上发散，行情正在加速进行，可以在股价还未大幅拉升的时候建仓。

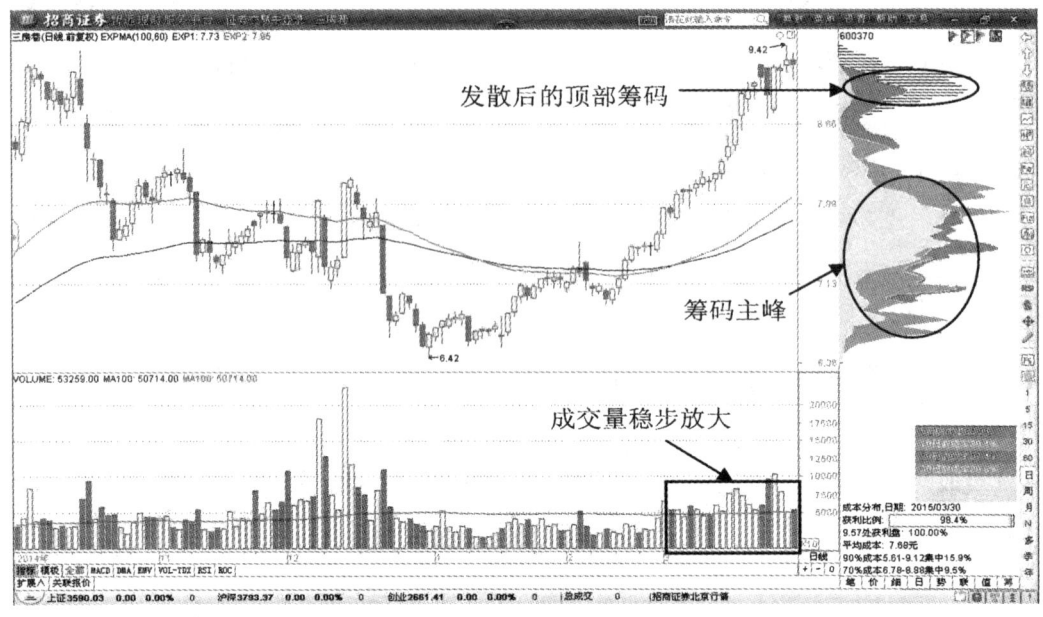

图 4-12　三房巷日 K 线图（1）

总结：随着筹码转移的加速，可以确认，单一的筹码峰向价格高位发散，这是抄底买入股票的信号。关注筹码转移的趋势，进行适当加仓可以获得比较好的收益。

（2）以下以三房巷日 K 线图（2）（图 4-13）为例进行阐述。

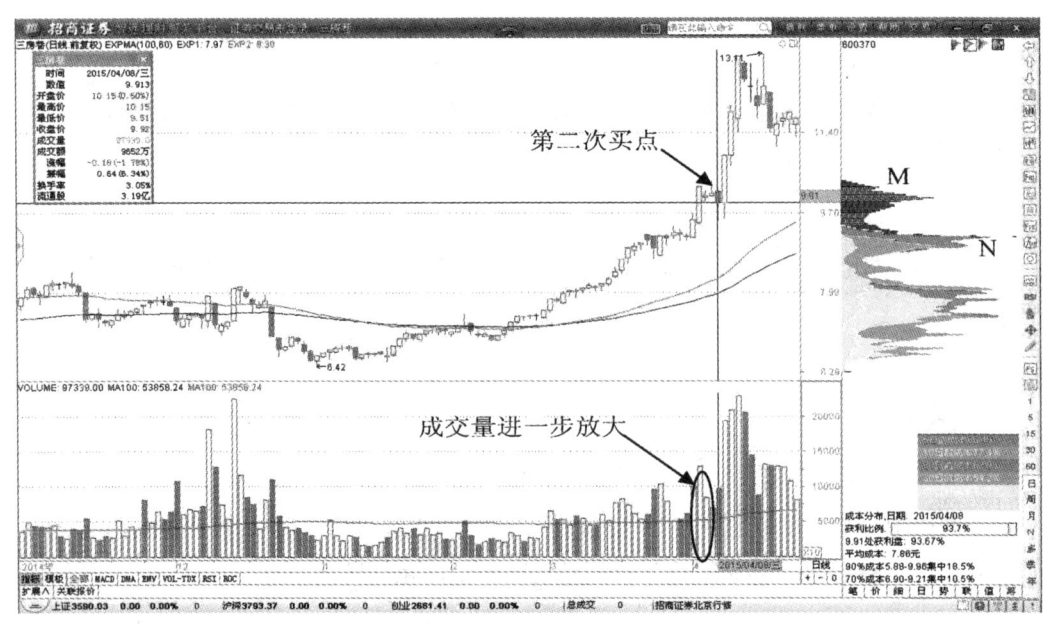

图 4-13　三房巷日 K 线图（2）

①筹码开始向上转移的时候，图中 M 位置是继 N 位置后的第二个筹码峰。在股价短线冲高回落但还未继续脱离 M 位置的筹码峰的时候建仓，是个不错的交易机会。

②图中量能的有效放大，是 M 位置出现筹码峰的关键。量能放大期间，筹码转移速度加快，价格上行趋势得到加强。在筹码峰转移的过程中，选择价格回调期间买入股票没有任何问题。

总结：图 4-13 中量能开始放大，并且筹码峰向上转移，选择股价冲高回落的时候买入股票是非常好的追涨机会。筹码转移趋势不会结束，股价还是会继续上行，买入股票以后可以很好地盈利。

/第5章/

随庄沉浮：主力操盘筹码形态

由于主力投资者掌握着大量资金，因此在买卖股票期间可以明显影响筹码转移数量、转移方向，甚至转移速度。我们关注主力操盘期间的筹码变化，有助于理解投资者的持仓成本变化及其对价格走势的影响。主力的控盘力度越大，筹码转移期间的交易机会就越容易形成。出于操盘目的，主力在建仓、拉升、洗盘等不同阶段的操盘都影响了价格运行的趋势。如果价格明显受到主力买卖的影响，投资者按照价格走势来操作股票，筹码转移规模便会更大、速度更快。

本章以主力操盘的思路确认筹码变化过程，依据筹码形态发现主力操盘的效果，确认买卖时机和交易方向。在熟知主力和投资者持仓成本的基础上交易，我们就会获得最佳的投资效果。

5.1 建仓期间的主筹码峰形态

在主力建仓阶段,等量资金流流入一只股票,使得筹码集中到价格低点。随着行情的发展,筹码主峰形成以后,量能开始放大,当价格脱离低位的时候,是主力建仓结束开始拉升股价的时刻。

5.1.1 长期蓄势建仓的主筹码峰

当价格在低位长时间横盘的时候,筹码更容易出现单峰的形态,这是股价调整到位的信号。如果筹码单峰已经形成,表明主力投资者已经大量建仓。投资者持仓成本集中分布到狭窄的筹码单峰区域,一旦量能放大推动价格上涨,交易机会就自然会出现。

形态特征

(1)价格低位筹码单峰

价格低位出现了筹码单峰形态,表明多数投资者的持仓成本已经调整到低位,这个时候,价格高位套牢筹码几乎全部出清。低位筹码是投资者抄底期间形成的,这部分筹码不会轻易消失,直到价格明显回升时,底部筹码才会向价格高位转移。

(2)ASR 指标在高位横盘

ASR 指标横盘在高位,表明价格正处于筹码数量较大的价格区域。这个时候,价格上涨压力较大,不过价格处于低位运行,在量能配合的情况下,回升趋势自然容易出现。

(3)成交量足够大

当成交量足够大的时候，量能达到100日等量线上方，这是股价大幅上涨的基础。当量能放大时，价格可以突破筹码单峰。在回升趋势中，我们持股可以盈利。

操作要领

（1）以下以华发股份日K线图（1）（图5-1）为例进行阐述。

①该股价格低位已经出现筹码单峰，这表明投资者的持仓成本处于低位。筹码集中并且处于历史低位，这是股价见底的信号，同时也是挖掘交易机会的时刻。

②量能持续放大，说明该股有进一步上涨的基础。既然股价处于明显的压力区，在量能放大期间（图中E位置显示），股价就有望脱离筹码单峰区域，并且在接下来的时间里进入牛市行情。

③图中ASR指标长时间运行在高位。这表明，不管股价如何双向运行，价格总是处于高浮筹区域。股价处于筹码单峰区域内部，是股价大幅上涨的前兆。

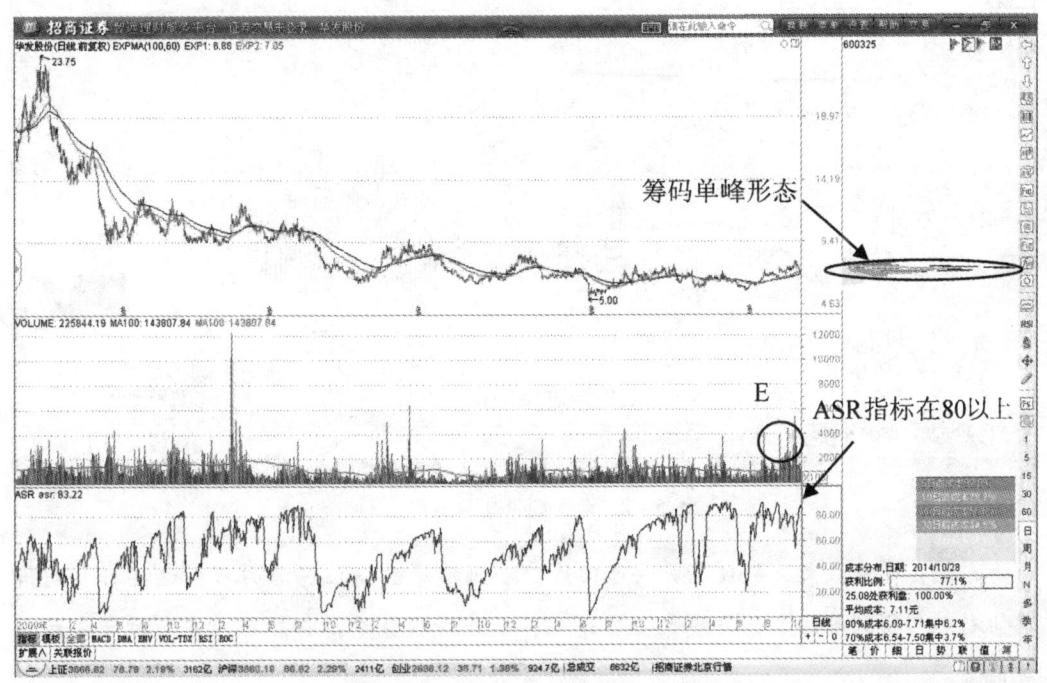

图5-1　华发股份日K线图（1）

总结：当浮筹指标明显处于80以上高位的时候，可以确认股价已经处于筹码峰的内部。这个时候，筹码单峰被突破的基础是量能有效放大。当这些因素都已经被确认的时候，就可以认为筹码单峰区域已经是历史低位，这是我们抄底买入股票的价位。

(2) 以下以华发股份日K线图（2）（图5-2）为例进行阐述。

①图中发散筹码峰出现在价格高位，表明筹码转移趋势正在形成。从单一的筹码峰向发散的筹码转变的过程中，交易机会就已经出现。

②从价格表现来看，图中股价冲高回落，价格回调空间虽然非常有限，却为我们创造了追涨的条件。股价处于发散的筹码峰位置，这是我们交易的重要机会。

③当价格走强的时候，图中F位置的量能依然处于高位。与此同时，ASR指标从高位回落，表明股价脱离筹码单峰。多种迹象表明，筹码首次明显向上发散的买点已经出现。

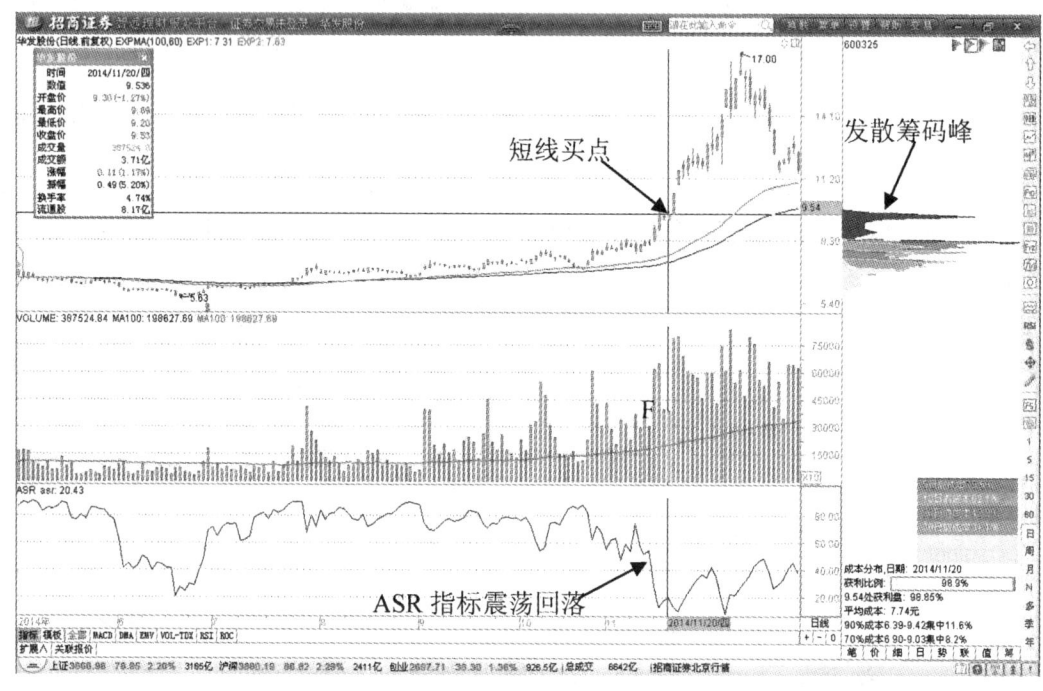

图5-2　华发股份日K线图（2）

总结：量能放大、ASR指标快速回落、筹码单峰向高位转移筹码，这些都表明价格上行趋势得到确认。如果我们恰当追涨，提升持股数量，自然可以在短时间内获得高收益。

5.2 拉升期间脉冲筹码峰形态

当主力拉升股价的时候，筹码向高位发散的形态可以是脉冲形式。也就是说，按照脉冲筹码峰的形式向价格高位发散，回升趋势就会出现。脉冲筹码发散形态首次形成，便是我们介入的机会。随着行情的发展，脉冲筹码峰数量会更多，而我们早一些确认脉冲筹码峰，就可以早一些建仓盈利。

5.2.1 筹码集中后发散形态

筹码集中分布的时候，价格最容易出现回升趋势。特别是在调整结束以后，如果主力投资者打算拉升股价，一定是在筹码调整到单峰形态开始的时候。而我们想要确认价格回升趋势，通过分析筹码发散趋势，就可以确认价格突破压力位的买点。

形态特征

（1）首次出现发散筹码

首次出现发散筹码，表明主力投资者拉升股价的力度增强，这是价格明显回升的信号。

（2）成交量高位运行

成交量高位运行的确认标注是量能突破 100 日等量线，一旦我们确认量能始终维持在高位，就意味着主力投资者具备了持续拉升股价的能力。

（3）ASR 指标开始回落

ASR 指标开始回落以后，指标验证了筹码发散的趋势，从而确认我们建仓交易的有效性。在股价即将脱离筹码峰的时候买入股票，是非常恰当的时间。

操作要领

以下以岷江水电日K线图（图5-3）为例进行阐述。

①图中显示的M位置筹码峰是脉冲形式的筹码形态，这是主力拉升股价后出现的筹码峰，表明价格已经在加速上行。从而，我们可以确认，筹码从Z位置向M位置发散后该股的回升趋势得到确认，追涨买入股票的机会出现。

②从成交量的表现来看，在量能维持高位运行的情况下，该股回升趋势显然不会结束。主力投资者有足够的资金推动价格上升，而我们持股就可以扩大收益。

③ASR指标在T位置震荡回调，是价格脱离筹码峰的信号。价格回升趋势得到ASR指标的确认，我们可以放心追涨该股。

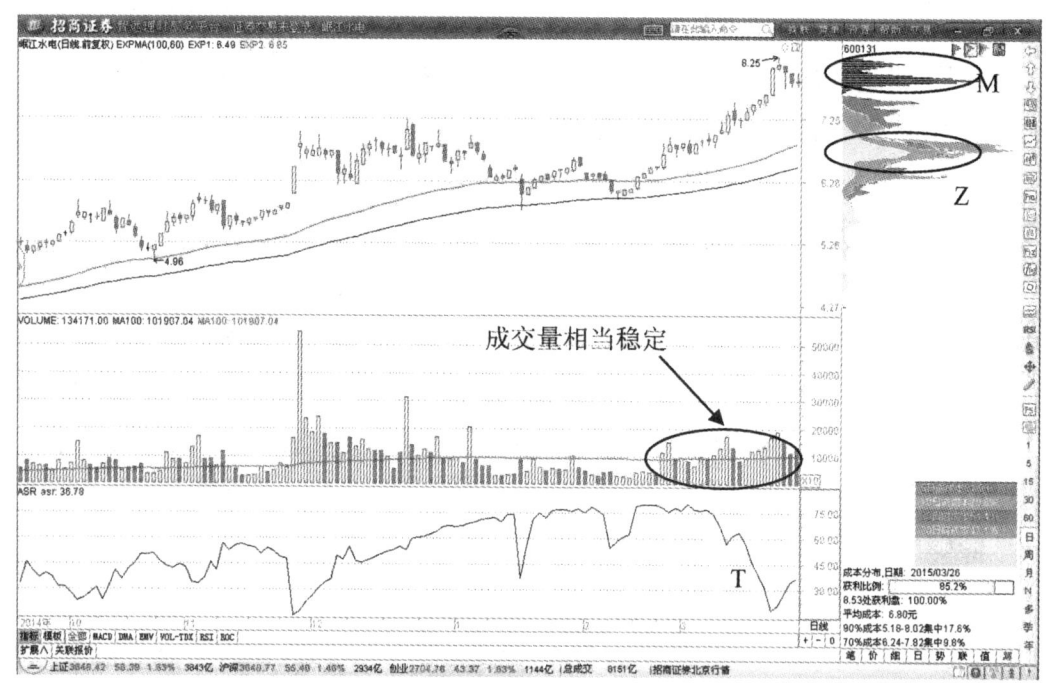

图5-3 岷江水电日K线图

总结：当脉冲筹码峰首次出现的时候，股价经历了快速回升和短线回调的走势。价格回调后，短线跌破筹码峰，为我们创造了追涨交易的机会。

5.2.2 筹码发散后的追涨机会

筹码向高位发散的时候，价格上行趋势得到加强。筹码转移和价格冲高回落不断形成，股价上涨空间提升。这个时候，投资者可以在价格历次冲高回落期间增加持股数量，提升盈利空间。

形态特征

（1）筹码发散趋势增强

筹码发散数量增多以后，价格震荡回升趋势便得到确认。筹码不断向价格高位发散的时候，投资机会出现较多的次数。筹码发散与价格回升趋势彼此确认，买点就出现在价格冲高回落期间。

（2）成交量高位运行

成交量放大是筹码发散的基础，当量能始终维持在100日等量线的上方时，价格上涨趋势就非常明显了。

操作要领

以下以岷江水电日K线图（图5-4）为例进行阐述。

①在筹码发散趋势中，该股上涨趋势得到加强。在脉冲筹码出现的时候，价格经历了拉升和回调的走势。我们追涨买入该股以后，可以获得短期收益的30%以上。

②从成交量的表现来看，图中的量能明显温和放大。这个时候，筹码转移趋势得到确认。主力投资者有足够的资金拉动股价上涨，量能推动价格回升的趋势使得短线盈利机会进一步放大，其明显的看点在于股价走势较强，不管我们持股还是追涨，都有利可图。

总结：随着筹码转移趋势得到确认，主力投资者在拉升股价期间就已经获得收益。在单峰位置筹码向上转移完毕前，我们持股可以放大盈利空间。

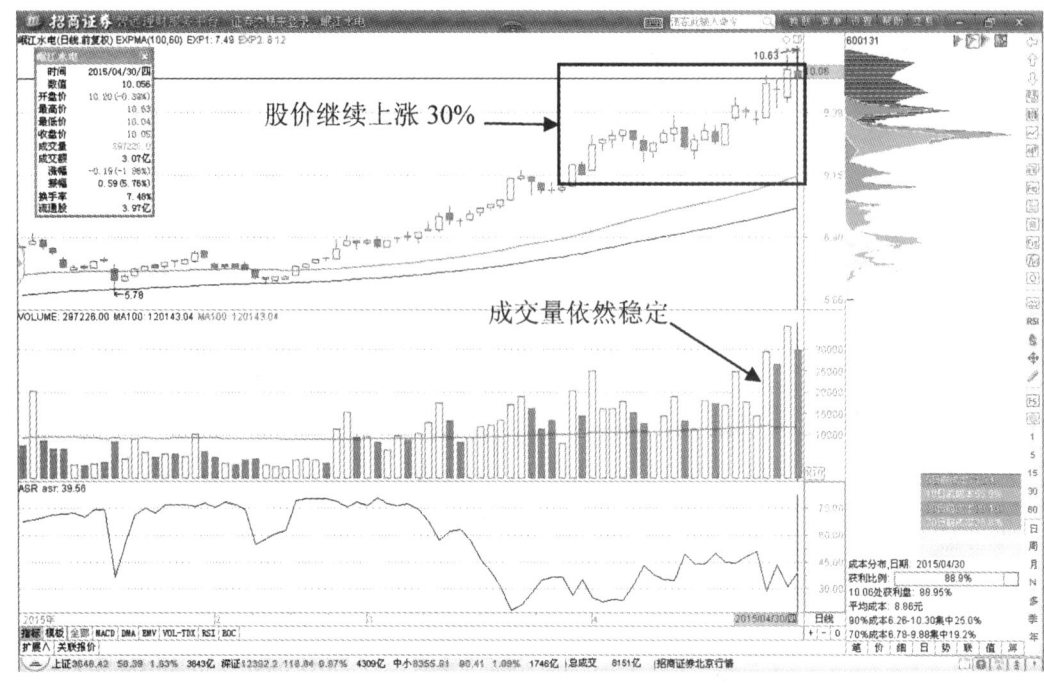

图 5-4 岷江水电日 K 线图

5.3 洗盘期间的筹码削峰转移形态

在洗盘期间,筹码峰呈现出多峰存在的情况。换言之,如果多峰没有消失,筹码单峰就不会出现,价格也不会大幅度上涨。筹码从多峰向单峰转换的过程也是主力投资者洗盘的过程。我们可以首先确认筹码多峰形态,然后在筹码单峰形态完成以后买入股票,那么短线就可以获得投资收益了。

5.3.1 回升期间的筹码双峰

在股价回升的时候，筹码双峰是最简单的多峰形态，也是主力洗盘结束前的筹码形态。在确认存在筹码双峰形态的时候，不要急于买入股票，因为在这个时候，筹码处于转移到高位的过程，股价会经历下跌的走势。价格回调是主力洗盘的结果，同时也是筹码双峰向筹码单峰转移的需要。

形态特征

（1）筹码双峰形态

筹码双峰形态出现在短线高位，表明股价还没有调整到位。主力短线打压股价的概率很大，从建仓的角度分析，选择短线观望依然是不错的。等待筹码双峰向单峰转移完毕，交易机会会更加明确。

（2）量能处于高位运行

成交量高位运行表明股票活跃度很高。这个时候，主力依然在控盘当中，在筹码双峰存在的情况下，洗盘以后才更容易出现股价上涨的情况。

操作要领

以下以开开实业日K线图（图5-5）为例进行阐述。

①图中B和C两个位置的筹码峰出现在价格高位，价格虽然表现得很强势，但是还不具备连续上涨的基础。下方C位置的筹码需要向B位置继续转移，并且构成筹码单峰形态，这样股价才能够明显上攻。

②从成交量的表现来看，量能较大说明筹码转移的效率很高。低位C的筹码向B位置转移并不困难。只需要少量时间，筹码转移就会完成，此时也是主力洗盘结束的时刻。

总结：筹码双峰出现以后，价格处于B位置的筹码峰上方，股价只需经历一次探底回升的洗盘过程，筹码向单峰的转换就能够实现。可见，买入该股还需要等待时机成熟尚可。

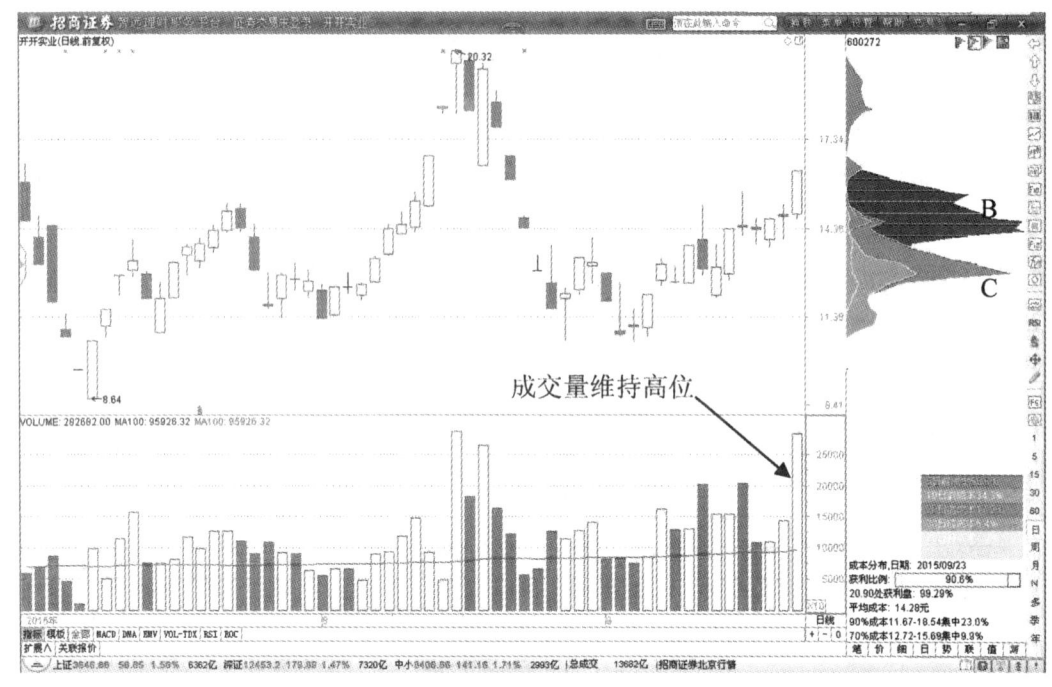

图 5-5　开开实业日 K 线图

5.3.2　洗盘后筹码单峰形态

主力投资者最常用的洗盘策略是短线打压股价,而打压股价以后,投资者的股票买卖数量就会增加,筹码转移数量也会大增。随着股价探底回升的形成,筹码从低位向高位转移。在低位筹码向高位筹码峰移动的过程中,筹码单峰的形态出现。筹码在单峰位置时,场外新进入的投资者刚刚建仓,持股耐心较好,当量能放大的时候,价格就可以加速上行。

形态特征

(1) 洗盘后出现筹码单峰

当洗盘后出现筹码单峰形态,主力投资者就达到了洗盘效果。这个时候,投资者的持仓成本更为集中,价格获得的支撑更强,股价可以再创新高。

(2) 成交量二次放大

经历探底回升走势以后,成交量可以二次放大,这是推动价格回升的基础。在量能高位运行的时候持股，盈利会更加轻松。

▶操作要领

（1）以下以开开实业日K线图（1）（图5-6）为例进行阐述。

①图中股价探底回升，其间，出现的洗盘过程持续的时间很短。股价经回升至筹码峰上限，单一的筹码峰已经形成，这是洗盘结束的信号。

②同期成交量再次稳定在100日等量线，表明该股活跃度依然较高，价格可以毫无阻力地实现较大涨幅。

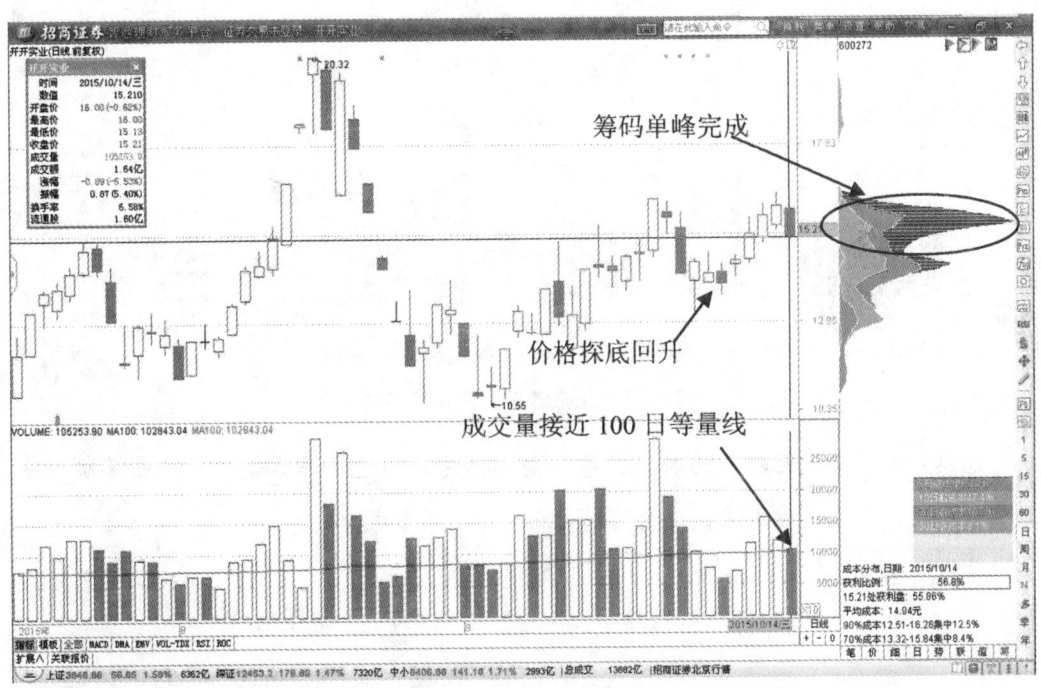

图5-6　开开实业日K线图（1）

总结：筹码单峰出现以后，可以确认价格调整到位。股价处于单一的筹码峰上方，持股的投资者可以继续盈利。

（2）以下以开开实业日K线图（2）（图5-7）为例进行阐述。

①随着成交量的有效放大，价格高位再次出现新的筹码单峰。图中筹码单峰形态出现以后，可以确认股价调整到位。筹码单峰中投资者的持仓成本更加集中，而股价短线并未再次回调，这也在提示我们应该继续加仓。

②图中K位置的成交量依然足够大，使得该股活跃度较高。结合股价处于筹码单

峰上方的事实，可以确认短线持股机会已经出现。该股的明显回升走势也证明，我们对该股放量回升趋势的判断非常正确。在筹码单峰上方，股价回升趋势还将延续。

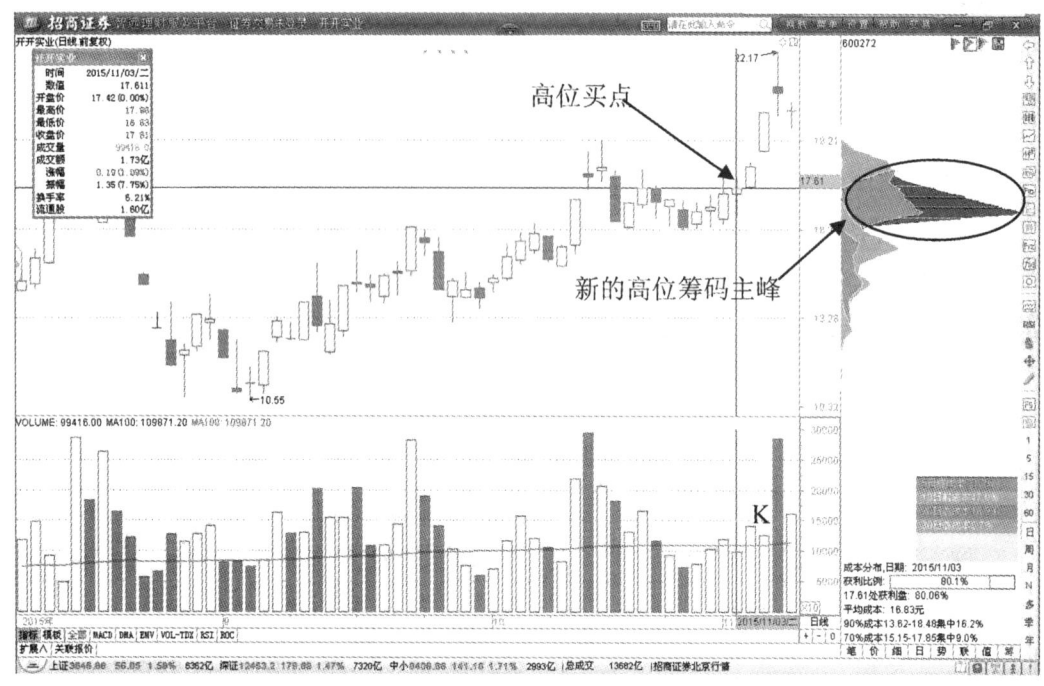

图 5-7 开开实业日 K 线图（2）

总结：在成交量比较大的时候，筹码向高位转移的速度非常快，以至于筹码单峰总会在股价调整完成后出现，这个时候买点也会不断形成。

5.4 调整后筹码尖峰形态

筹码单峰的规模越大，股价调整越是到位，量能放大以后价格回升潜力越高。根据筹码单峰的形态和规模，可以确认尖峰形态的筹码是调整到位的筹码形态，也是更有助于价格获得支撑的形态。我们如果确认尖峰筹码形态已经出现了,在价格企稳以后买入股票,便可以获得较好的收益。

5.4.1 筹码尖峰形态

筹码尖峰形态出现在价格波动空间不大的情况下,是股价调整结束的信号。在筹码单峰出现前,价格波动空间不断收窄,以至于如果没有突破走势出现,股价已经不具备有效的波动空间。这个时候可以确认,单一的筹码形态是价格上涨的推动因素。

形态特征

(1) 筹码尖峰形态出现

筹码尖峰出现以后,投资者的持仓成本大量集中到筹码尖峰区域。如若投资者的成本集中,他们在主力拉升股价期间更容易大量盈利,这会推动价格继续放量上行。

(2) ASR 指标达到 90 的高位区

ASR 指标达到 90 以上,表明当前价位的筹码聚集程度非常高,浮筹区域同时也是多数投资者的持仓成本区。我们只要在这个时候确认量能有效放大,就可以确认主力可以拉动股价上涨,买入股票就有利可图。

操作要领

以下以天房发展日 K 线图(图 5-8)为例进行阐述。

①从筹码形态上判断,该股完成了尖峰筹码形态,这是前期股价波动空间不大的时候出现的股价调整到位的信号。

②筹码获利率显示为 53.3%,表明股价处于筹码尖峰上限,半数以上的投资者盈利状况比较好。在这种情况下,主力放量拉升股价更容易获得成功。

③ASR 指标接近 90,这是明确的高浮筹形态,意味着股价还未脱离筹码尖峰区域,但其脱离高浮筹区域以后的盈利空间非常可观。

总结:在高浮筹情况下,筹码形态表现为尖峰形态,这个时候,主力投资者最容易拉动股价上涨。只要价格放量回升确认了这种回升趋势,我们就可以大量建仓交易。

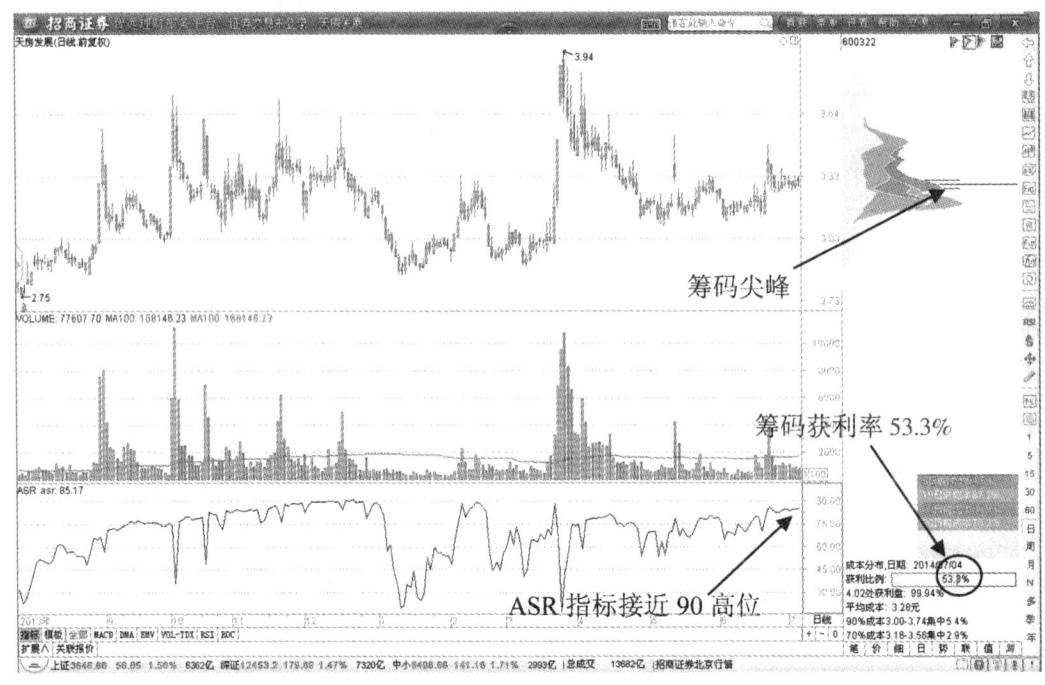

图 5-8 天房发展日 K 线图

5.4.2 回升趋势中筹码开始转移

在回升趋势中，筹码转移速度加快，这是主力操盘的结果。筹码从尖峰筹码区域开始向价格高位转移，表明场外资金开始流入，此时，追涨机会就会出现。在筹码还未大量转移的时候，追涨买入股票的价位更低，这有助于今后获得高收益。

形态特征

（1）ASR 指标震荡回落

从 ASR 指标的震荡回落，可以确认价格脱离了尖峰筹码区域，这是行情即将加速的信号。此时，尖峰筹码区域的压力较大，但是股价可以脱离该区域，足见主力拉升股价的意图已经明确。

（2）成交量有效放大

从成交量来看，量能有效放大是股价回升趋势延续的基础。在量能明显回升期间，筹码转移趋势不会结束，追涨依然有利可图。

操作要领

以下以天房发展日 K 线图（图 5-9）为例进行阐述。

①图中成交量明显处于等量线的上方，并且高于前期的量能，这是推动价格上涨的重要看点。

②从 ASR 指标震荡回调可以确认，价格已经摆脱高浮筹区域的压力；还可以确认的是，股价处于高浮筹区域上方以后，持股投资者的盈利空间大增，那么该股明显处于牛市行情。在接下来的时间里，该股牛市回升的走势不会停息。

③筹码刚刚向上发散，该股短线飙升就已达 30%，这是不错的短线盈利机会。

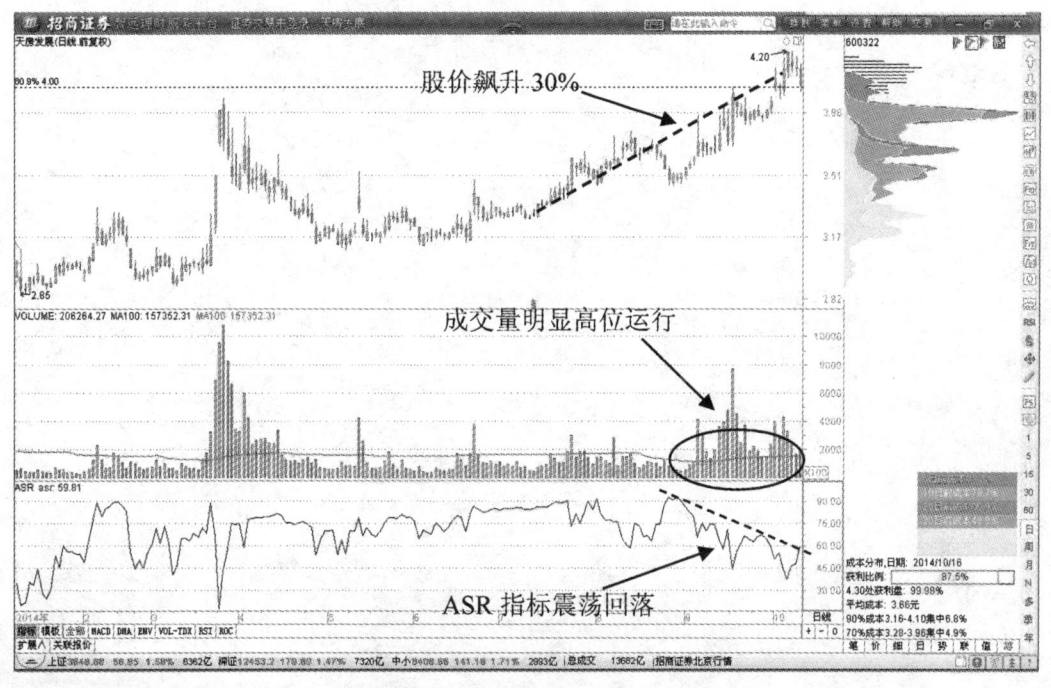

图 5-9　天房发展日 K 线图

总结：我们确认筹码向价格高位转移，并采取买入股票的追涨策略，就可以实现盈利。筹码向价格高位转移的大趋势没有停止，股价上涨趋势就不会结束。只有低位筹码完全转移到顶部，该股才可能出现见顶信号。

/第6章/

按图索骥：筹码指标形态

通过直接观察筹码形态，可以大体确认筹码是集中或者发散的程度。当筹码更加集中地分布在某一价格区间的时候，我们对于投资者持仓成本的看法也会更加正确。不过在一般情况下，直接观察筹码的形态和集中度并不能第一时间发现筹码特征，并且不能对投资者的总体持仓状况进行更准确的把握。那么就需要更加正确的测量筹码形态的方法，筹码指标就是我们需要的工具。

筹码指标有浮筹指标（ASR指标）、筹码峰指标（SSRP指标）、筹码突破力度指标（CYQKL指标）等。这些指标分别用于描述当前价位的浮筹大小、投资者总体持仓成本及价格突破期间穿越的筹码数量。利用筹码指标可以确认股价的活跃度，能够正确理解筹码代表的成本含义，提升盈利空间。

6.1 ASR 指标

ASR 指标的表现直接决定了价格处于筹码中的位置，其经常处于高位运行表明价格正处于筹码峰的内部。真实的突破走势虽然还未出现，但是行情发展到一定阶段，价格总会出现突破。我们应该把握好高浮筹阶段的买点，以便在恰当的时候买入股票，以获得盈利。

6.1.1 高浮筹状态与价格突破交易机会

价格处于高浮筹区域，表明筹码集中度处于高位，并且股价还未脱离投资者的持仓成本区。这个时候是比较理想的突破时机。如果量能放大使得股价脱离高浮筹区域，价格上涨趋势就会得到确认。

形态特征

（1）ASR 指标高位运行

ASR 指标高位运行表明股价正处于高浮筹区域。在高浮筹存在的情况下，股价已经调整到位，更容易出现单边回升走势。

（2）股价放量突破

量能放大股价上涨，这是价格脱离高浮筹区域的信号。确认价格放量运行，股价就能够顺利突破筹码峰。

操作要领

（1）以下以华天酒店日 K 线图（1）（图 6-1）为例进行阐述。

①ASR指标高位运行,并且在图中P位置快速回落,这是股价摆脱浮筹区域的结果。

②从价格表现来看,股价突破了双筹码峰位置的阻力区。而图中前期量能处于高位运行,也为价格突破创造了条件。

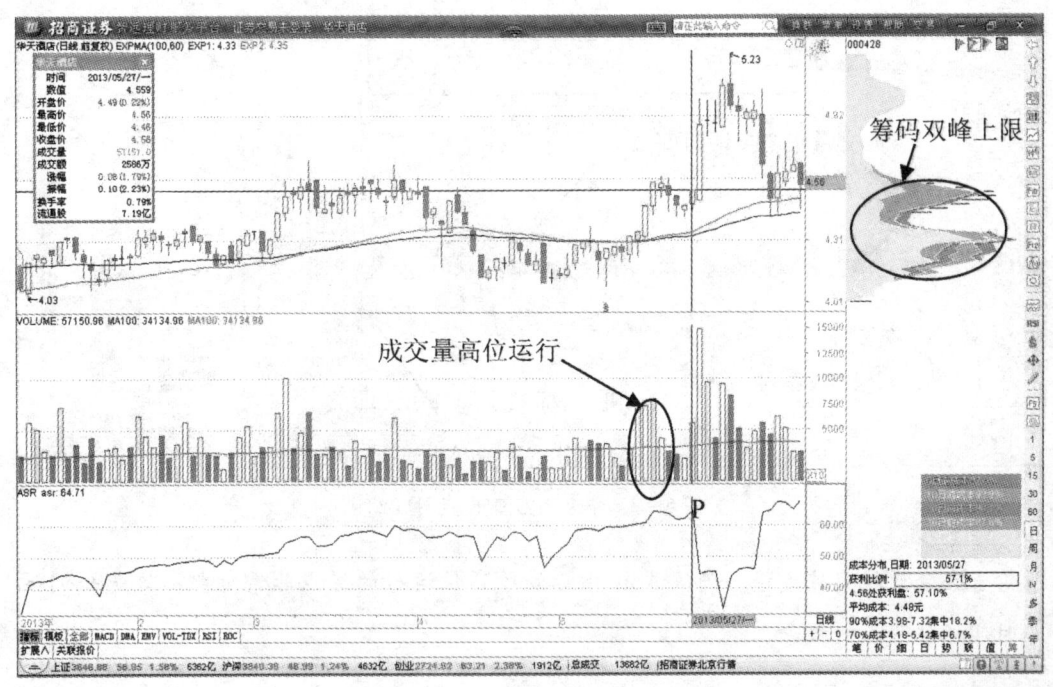

图6-1 华天酒店日K线图(1)

总结:股价首次明确放量脱离高浮筹区域,表明投资者有意拉升股价。不管这种短线放量脱离高浮筹区域的走势能否成功,其都被认为是看涨的信号。按照价格脱离高浮筹区域的走势买入股票,在股价处于突破的时候建仓,就能够获得较好的收益。

(2)以下以华天酒店日K线图(2)(图6-2)为例进行阐述。

①当成交量在图中的位置明显放大的时候,可以确认该股经历了冲高回落的走势,这是主力投资者拉升股价的前兆。

②当该股经历冲高回落走势以后,高强度的横盘调整结束。图中显示的ASR指标再次回升到历史高位,这是价格继续处于高浮筹区域的信号。

③价格在大幅回升前,图中F位置也向我们表明,该股始终处于高浮筹的价格区域。价格已经达到筹码峰上限,具备了进一步走强的基础。

总结:当我们确认量能放大期间股价表现始终比较强势,高浮筹形态出现以后,

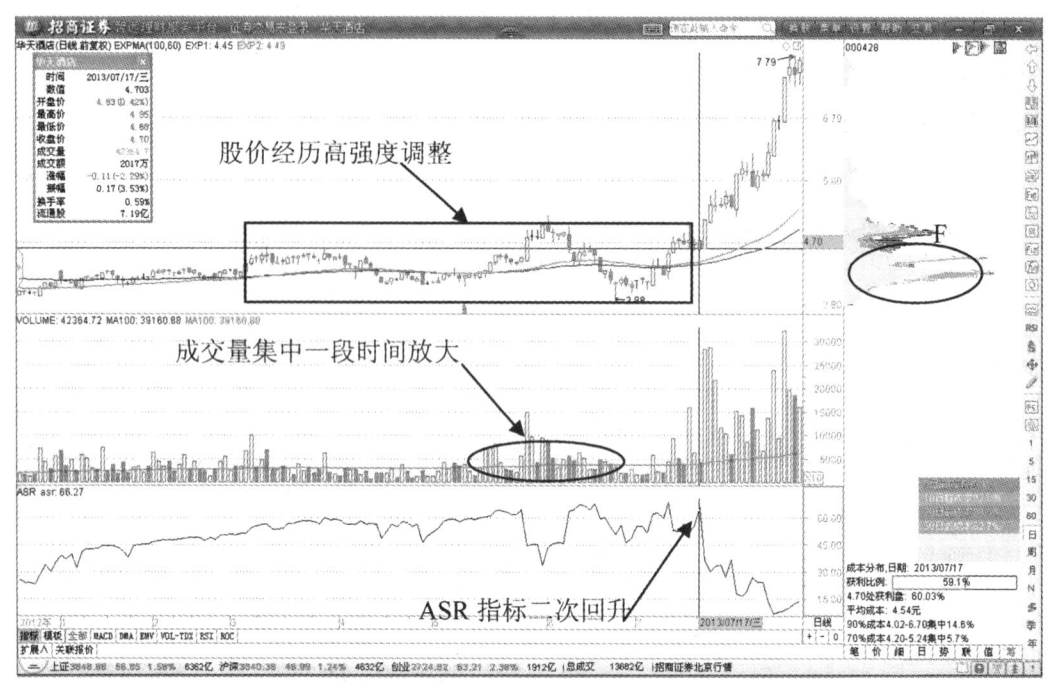

图6-2 华天酒店日K线图(2)

股价一定会出现突破走势。确认ASR指标处于高位运行的买点非常重要,这是我们第一时间抓住买点的机会。

6.1.2 低浮筹状态的价格折返机会

当股价大幅下跌的时候,价格会远离筹码峰区域,可以发现ASR指标也会大幅回落。股价脱离筹码峰意味着价格跌破筹码峰,并且在明显远离筹码峰,这使得持股投资者大量亏损。当浮筹指标回落至超低位的时候,买点就出现了。根据浮筹指标杀跌确认股价反弹的起点,这其实是不错的盈利判定方法。

形态特征

(1) 股价大幅杀跌

在股价大幅度杀跌的过程中,我们会发现价格已经明显跌破筹码峰,并且在不断远离投资者的持仓成本区。这个时候,可以肯定的是,散户投资者大面积亏损,价格反弹一触即发。

(2) 浮筹指标达到最低位

ASR 指标达到最低位的时候，指标已经明确超跌。指标在跌无可跌以后将引来价格反弹的走势。

操作要领

以下以张家界日 K 线图（图 6-3）为例进行阐述。

① 该股经历了大幅杀跌走势，累计跌幅已经超过 50%。可见，这种下跌走势并不常见，该股已经明显超跌。

② 图中 R 位置的筹码规模非常小，而高位筹码峰还没有明显向下转移。持股投资者的成本处于高位，深度套牢已经不可避免。

③ 同期 ASR 指标已经超跌至 8 以下，这说明该指标已经跌无可跌。ASR 指标触底，而同期股价也必将经历反弹走势。后期该股反弹期间涨幅几乎翻倍就已经说明问题。

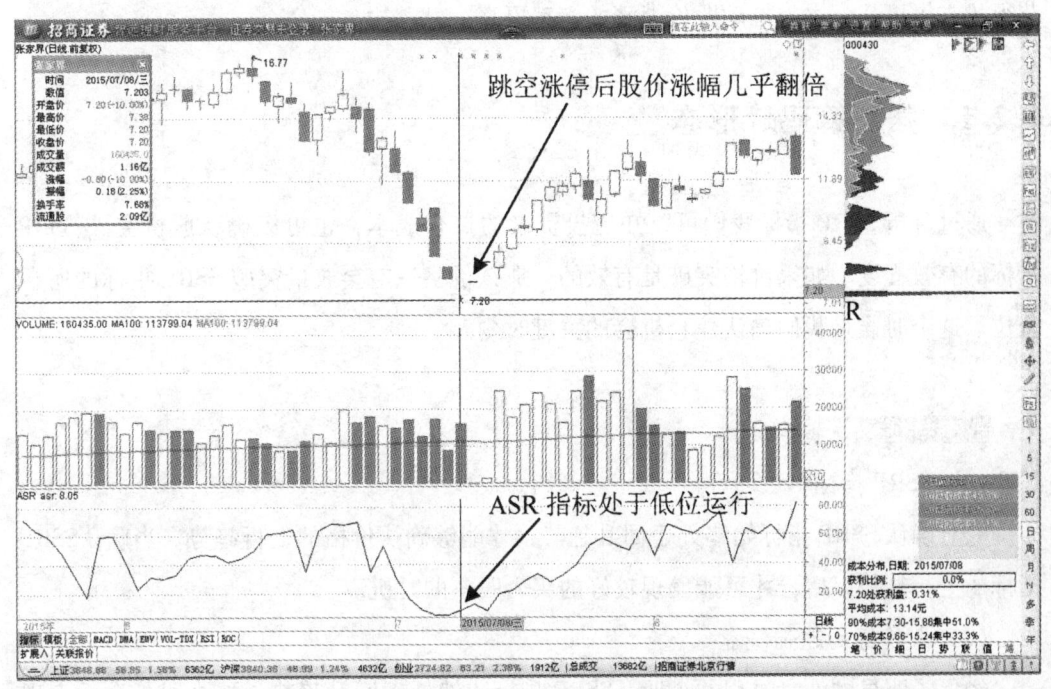

图 6-3　张家界日 K 线图

总结：超低浮筹的情况并不多见，只有在股价大幅杀跌的时候才可能形成。若可以确认股票超跌期间 ASR 指标已经触底，在这个时候买入股票，投资者可以获得超高收益。

6.2 SSRP 指标

SSRP 指标体现了价格强势运行的特征,该指标可以帮助我们发现强势运行的个股,提高选股的成功概率。SSRP 指标表现强势,通常都是股价即将大涨的前兆。通过缓慢回升的 SSRP 指标可以确认投资者的持仓成本在不断提升。成本提升的结果是股价获得的支撑更强,主力拉动股价上涨的概率更高。

6.2.1 强势筹码峰形态

通过分析 SSRP 指标我们可以知道投资者的持仓成本,也可以确认股价突破 SSRP 指标的有效程度。如果价格突破是有效的,那么价格一定会放量突破 SSRP 指标的所在价位。这个时候是我们确认建仓机会的关键时刻。

形态特征

(1) SSRP 指标单边回升

只有确认 SSRP 指标始终处于回升趋势,才能够确认价格的上行趋势。当确认SSRP 指标的上行趋势以后,才可能发现较好的买入股票的时机。

(2) 股价经历超强洗盘

经历了明显的洗盘过程的个股,SSRP 指标依然处于回升趋势,那么股价今后表现抢眼的概率才会更高。在实战当中,我们更应该在经历下跌洗盘的个股中寻找买点,这样获得高收益的可能性才会更大。

操作要领

以下以凤凰股份日K线图（图6-4）为例进行阐述。

①图中SSRP指标始终处于回升趋势，在这种情况下，该股即便经历明显洗盘，价格也会在后期出现明显的上涨。

②同期F位置的成交量有效放大，量能维持高位运行，这是价格上涨的基础。

③图中股价虽然经历明显的回调，但是价格还未跌至筹码峰的下限，这是股价超跌的表现。股价超跌却没有进入下跌趋势，洗盘结束后买点会出现。

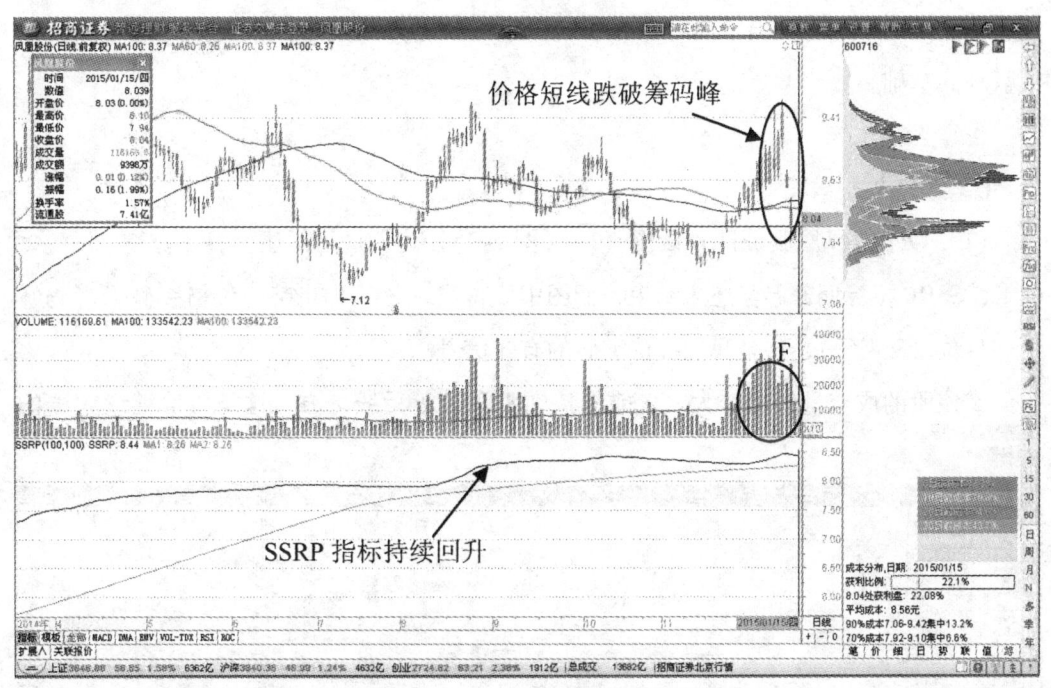

图6-4 凤凰股份日K线图

总结：确认在股价超跌期间SSRP指标依然回升，这是股价获得支撑的信号。虽然股价还未大幅上涨，但是在筹码峰回升趋势不变的情况下，股价有望迎来较大的涨幅。

6.2.2 脱离筹码峰交易机会

股价脱离筹码峰，特别是价格从低位向上突破筹码峰，表明价格上涨的概率快速提升。持股投资者加速盈利，这只能推动价格继续上行。因为场内投资者持股待涨，场外投资者追涨买入股票以后,价格飙升空间还是很高的。

形态特征

(1) 股价即将突破 SSRP 指标所在价位

价格突破 SSRP 指标,表明主力洗盘结束后拉升股价上涨,价格表现得异常强势。SSRP 指标所在价位的压力较大,股价能够突破该区域,显示出有潜力的飙升趋势。

(2) 量能处于高位运行

当量能处于高位运行的情况时,价格突破不仅有效,而且能够延续下来。这可以让我们预见到,股价突破筹码峰所在价位以后,接下来还是会大幅上涨,这是我们持续盈利的基础。

操作要领

(1) 以下以凤凰股份日 K 线图(1)(图 6-5)为例进行阐述。

①SSRP 指标回升趋势还未结束,而图中股价出现了反弹走势,价格突破了筹码峰所在价位(8.4 元),这是我们确认突破的有效信号。

②该股的成交量依然较大,量能维持在 100 日等量线上方,这是股价继续大涨的关键。

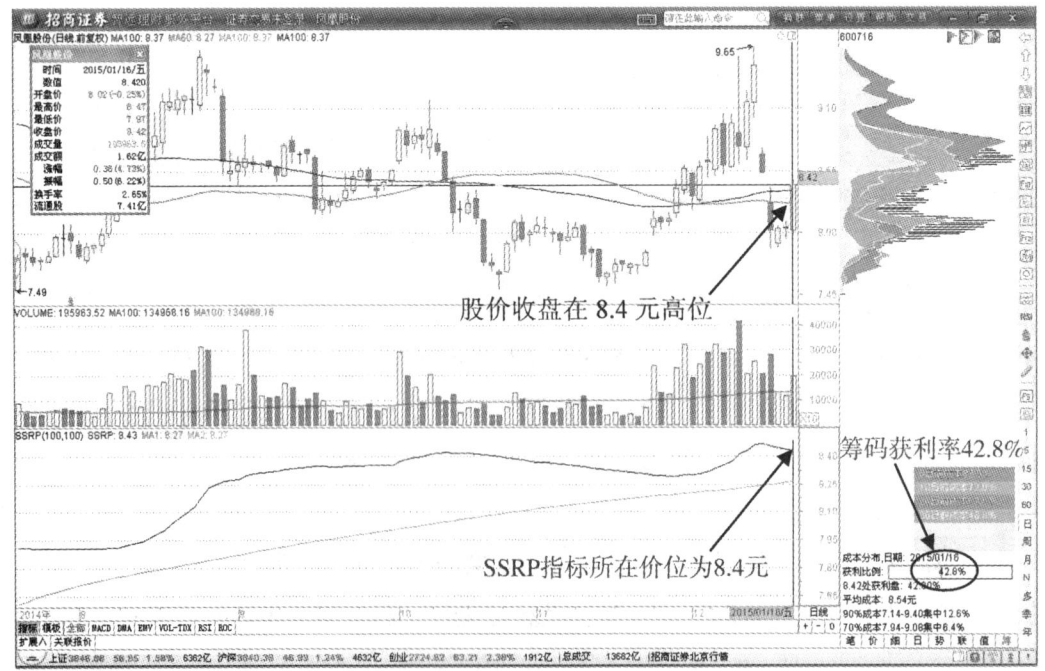

图 6-5 凤凰股份日 K 线图(1)

③虽然当前筹码获利率仅为42.8%，但是我们认为股价突破压力区以后还可以连续拉升。我们可以在这个位置大幅追涨。

总结：当我们确认股价已经处于加速回升的关键点位时，选择买入股票是没有问题的。特别是在股价突破筹码峰以后，价格暴涨的基础就已经形成，我们应该抓紧交易机会建仓盈利。

（2）以下以凤凰股份日K线图（2）（图6-6）为例进行阐述。

①当该股在关键位置突破SSRP指标以后，该股回升潜力得到释放。从短期来看，股价以跳空上涨的形式加速回升。可见，主力有非常强的实力拉升股价，使得该股进入到明显的回升趋势中。

②图中H位置的集中放量是可以预见到的，因为之前该股已经处于放量状态。在股价经历明显的洗盘下跌以后，价格放量突破压力区是不错的建仓机会。

总结：SSRP指标不断单边回升，而我们又确认股价放量突破筹码峰所在价位，这是难得的突破信号。考虑到该股经历了短期的回调走势，洗盘之后量能依然维持高位运行，可见主力依然持有股票，而洗盘结束后的放量上涨是重要的看点，是我们追涨买入股票的机会。

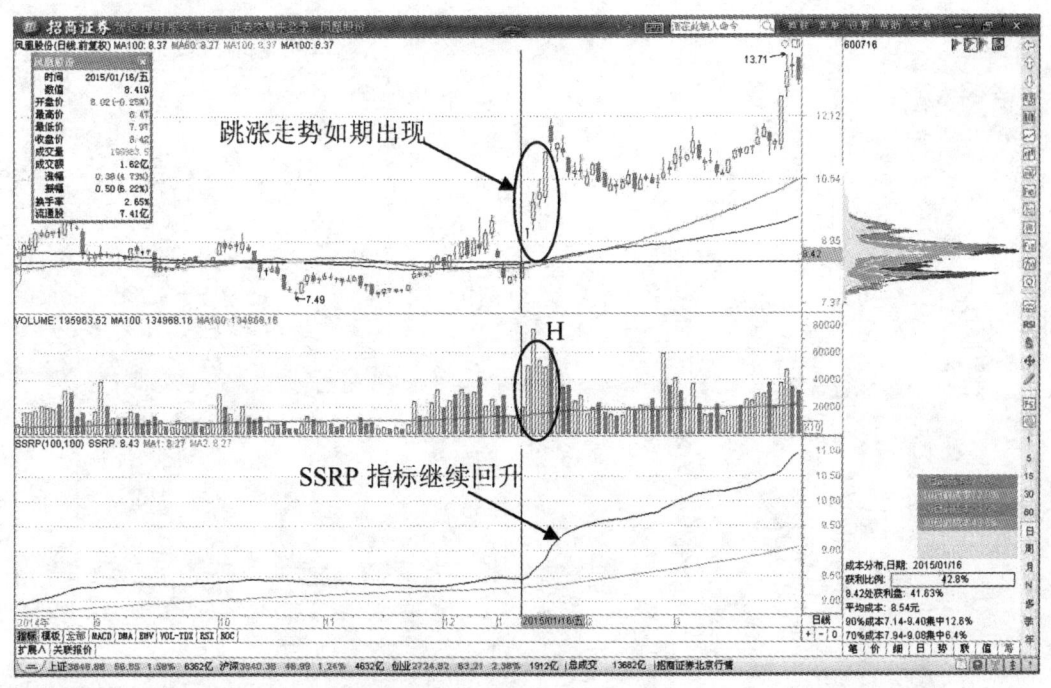

图6-6 凤凰股份日K线图（2）

/第7章/

点石成金：价格突破筹码形态

为了明确价格突破信号，除了熟悉筹码，还需对有突破意义的K线进行更深入的理解。事实上，如果我们提前明确了突破筹码的K线形态，就更容易把握交易机会。通常价格形态有非常多的种类，而筹码转移趋势和筹码表现形态的种类不多。可见，我们熟知一些典型的突破形态，当价格确认突破筹码峰，发现分时图即将形成的价格走势后，投资者就能够早一些发现交易机会。如果即将出现的K线形态突破有效，我们按照交易策略买卖股票，自然有利可图。

本章介绍的价格突破形态较多，涉及天量大阳线形态、跳空阳线形态、T字涨停形态以及光头光脚大阳线形态。

7.1 CYQKL 指标确认筹码突破有效

一般用 CYQKL 指标确认价格突破有效。该指标回升空间较大,是表现在脱离筹码规模上的更大突破。价格快速脱离筹码峰的时候,显示出主力拉升股价的力度空前高,这是非常难得的行情加速的信号。如果我们按照价格突破筹码峰的节奏买入股票,就可以获得短线收益。

7.1.1 CYQKL 指标表现强势

通常,我们确认 CYQKL 指标达到 40 以上的时候,就已经是超强的突破信号。CYQKL 指标数值较大,表明股价突破的筹码规模也很大,相应的价格回升期间的突破力度就更好。既然股价有效突破了压力位,结合成交量等就可以确认回升趋势已经加速出现。这时就有必要追涨买入股票,以便在价格上涨期间盈利。

形态特征

(1) CYQKL 指标超强回升

CYQKL 指标达到 40 以上的高位,表明价格强势运行,回升趋势将更快地到来。这时只需要确认 CYQKL 指标强势回升,就可以确认价格突破期间的追涨机会。

(2) 价格突破筹码峰

股价突破有效,反映在筹码形态上是价格脱离筹码单峰信号。价格达到筹码峰上方以后,大量投资者盈利,追涨盘继续推动价格上涨。

操作要领

以下以洪都航空日 K 线图（图 7-1）为例进行阐述。

①确认 CYQKL 数值高达 49，这是难得的指标强势表现，是该股突破压力位的信号。

②量能有效放大 3 倍，这是股价突破有效的基础。足够的量能推动股价回升，我们应该把握好买点。

图 7-1　洪都航空日 K 线图

总结：实际上，在该股脱离压力区的过程中，筹码获利率已经提升至 90.1%。而从筹码峰上来看，价格在 C 位置达到筹码峰上方，浮筹区域持股的投资者已经明显盈利，这是价格上涨的基础。

7.1.2　ASR 指标回落的加仓机会

价格真正突破了筹码峰以后，在股价脱离筹码峰的过程中，ASR 指标会明显回落，这是股价上涨趋势加强的信号。通常，真实的突破走势出现以后，ASR 指标会从高位大幅回落,这是价格上行趋势加强的信号。

<u>形态特征</u>

(1) ASR指标超跌

如果ASR指标明显超跌,那么价格上行趋势就会开始,因为这个时候股价脱离了高浮筹区域,而高浮筹区域是压力比较大的位置,股价显然已经开始上涨。

(2) 价格脱离短线高位

股价脱离短线高位压力区,这是股价回升趋势出现的信号。短线高位的抛售压力较大,股价突破该区域以后打开了上涨空间。被确认有效突破以后,即便股价冲高回落,上涨趋势也不会停止。

<u>操作要领</u>

(1) 以下以洪都航空日K线图(图7-2)为例进行阐述。

①从价格表现来看,前期大阳线涨停以后,该股只经过一个交易日的阴线下跌,就已经出现了三个交易日的回升阳线。股价突破短线高位以后,价格明显处于筹码峰上方,这是非常难得的突破买点。

②量能已经达到天量,而ASR指标加速回落,说明该股有效脱离高浮筹区域。

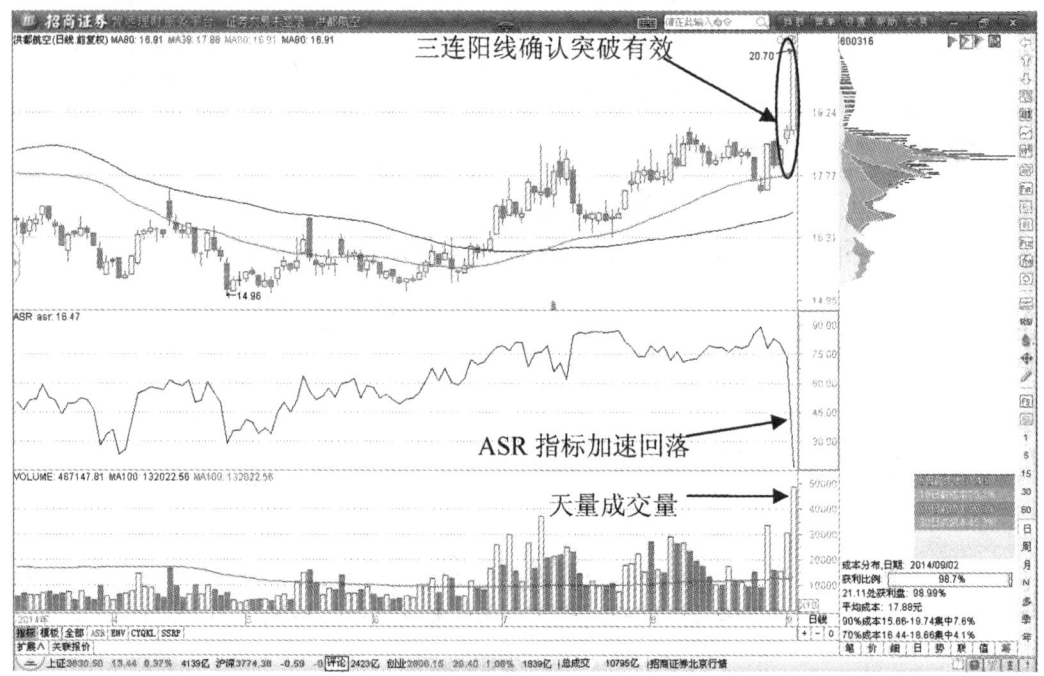

图7-2 洪都航空日K线图(1)

总结：一般来看，即便股价出现上涨，ASR 指标也不可能从高位杀跌。只有价格达到浮筹数量非常高的筹码峰内部，价格脱离筹码峰以后才会导致 ASR 指标杀跌。ASR 指标快速杀跌，说明股价脱离了筹码峰，拉升走势有效。按照我们的分析，把握好价格突破的追涨机会显然能够盈利。

（2）以下以洪都航空日 K 线图（2）（图 7-3）为例进行阐述。

①图中 ASR 指标第二次大幅下挫，显示股价又一次强势脱离浮筹区域。这个时候，价格上行的趋势还未结束，股价突破以后，回升趋势还是会延续下来。

②图中 L 位置的量能明显放大，虽然持续时间很短，但是足以拉升股价突破压力区。从该股的回升趋势来看，后期量能虽然没有明显放大，但是价格依然维持回升的趋势。这是价格高位阻力大为减轻后，股价轻松上涨的结果。

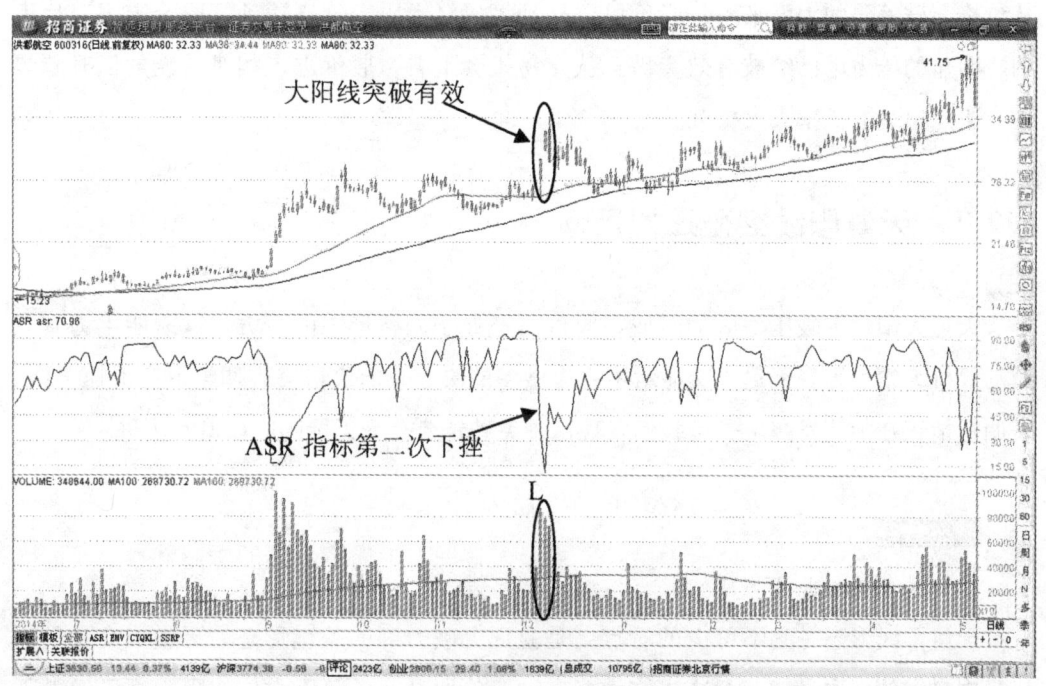

图 7-3　洪都航空日 K 线图（2）

总结：在主力明显做多的情况下，大阳线突破浮筹区域的力度越大，接下来股价回升越容易出现。即便股价短线冲高回落，股价突破短线压力区以后的上涨期间阻力减轻，价格大幅飙升的走势也容易形成。

7.2 天量大阳线穿越筹码峰

天量大阳线出现的时候,任何压力位都可以被突破,这是价格加速上行的信号。从价格突破筹码的力度来看,股价可以达到筹码峰上限。价格达到筹码峰上限以后说明,明显的压力区已经被有效突破。从交易机会上看,股价进入相对活跃的回升趋势中,买点出现的概率大大提升。

7.2.1 天量阳线突破压力区

天量大阳线突破压力区的时候,股价已经处于调整形态的上方,这表明主力有意拉动股价大幅上涨。天量成交显示了主力做多的决心,而价格突破调整形态的压力区,表明行情正在加速发酵。一旦我们发现这种突破走势,毫无疑问应该追涨买进。

形态特征

(1) 天量阳线形态

天量阳线形态是必不可少的看点,是验证突破力度的关键形态。天量成交是一年当中最大的一次量能,有这样的量能推动股价回升,任何压力位的阻力都已经微不足道。

(2) 价格到筹码峰上方

价格天量上涨的时候,价格达到筹码峰上方,这是必不可少的突破信号。我们根据价格天量脱离筹码峰的表现确认买点,确认建仓以后可以获得较好的收益。

操作要领

以下以西藏天路日K线（图7-4）为例进行阐述。

①图中天量大涨的阳线形态是我们关注的重点，这是价格强势脱离调整区域的信号。前期三角形调整形态已经持续3个月，股价脱离该图的走势以后上涨潜力很大。

②大阳线突破调整形态以后，图中F位置的筹码峰是新的筹码峰。E位置的筹码峰是原始筹码峰的位置。股价达到F位置的筹码峰位置，明显脱离了E位置的筹码单峰区域。这是难得的强势突破信号。

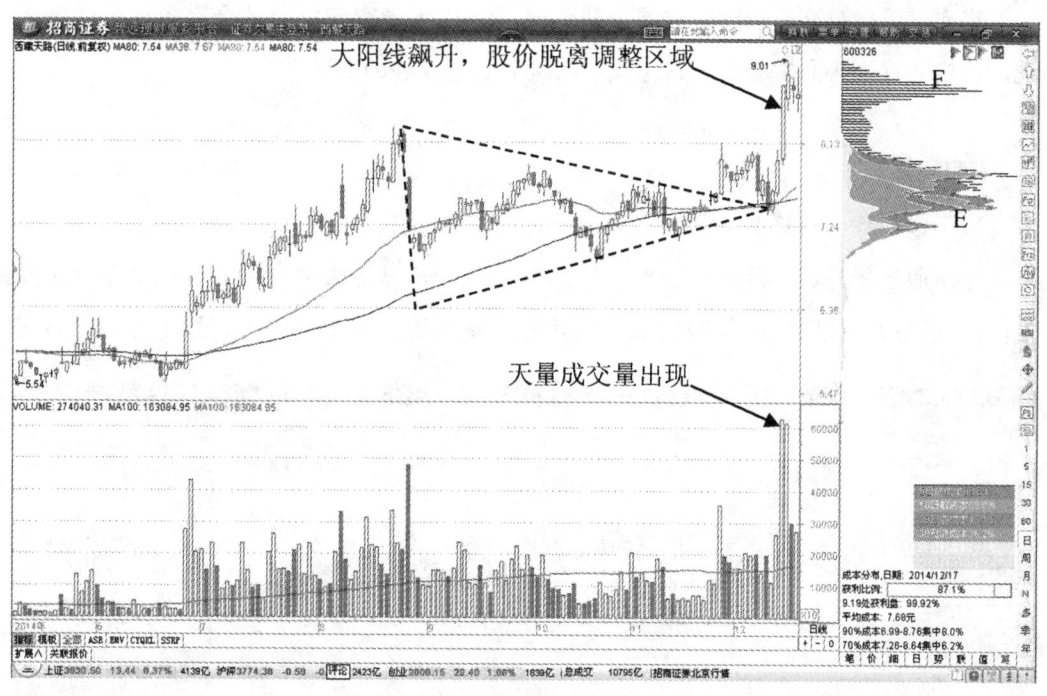

图7-4 西藏天路日K线图

总结：通过确认天量大阳线形态，显然能够发现股价有效脱离筹码峰的价格走势。而筹码峰被股价突破以后，持股投资者大幅盈利使得其买盘信心增加，股价上行趋势得到加强。我们在这个时候积极建仓，可以在接下来的行情中盈利。

7.2.2 二次天量突破压力区

通常，天量阳线出现以后，股价活跃度快速提升，交易机会也会不断增加。天量阳线出现的次数越多，价格活跃度越高。第一次天量大阳线突破压力区以后，可以在天量阳线继续出现的时候加仓，提升盈利空间。

形态特征

(1) 天量阳线再次出现

天量阳线第二次出现，表明推动价格上涨的因素在增加，至少主力投资者并未放弃拉升股价，而是在更强势的拉升股价的时候控盘，这使得股价上涨潜力进一步提升。

(2) 量能维持高位

当成交量维持高位运行的时候，我们确认股价天量突破以后还会有后续的强势表现。价格表现强势非常重要，这是我们买入股票后盈利的保证。

操作要领

以下以西藏天路日K线图（图7-5）为例进行阐述。

①该股已经是3个月内第二次天量阳线出现，这是主力强有力控盘的结果。天量量能出现以后，该股维持较高的成交量运行。量能稳定在100日等量线上方，使得股

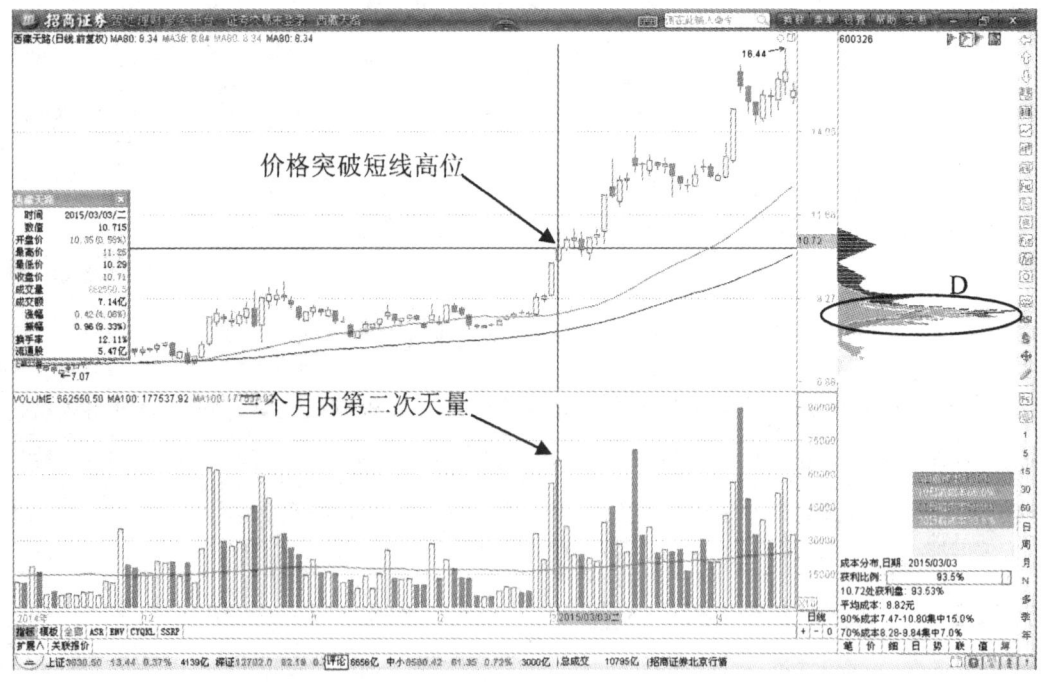

图7-5 西藏天路日K线图

价更明显地进入上涨趋势中。

②图中D位置的筹码峰规模较大，而该股就是在第二次天量拉升期间突破了筹码峰，这是回升趋势加强的信号。与此同时，我们已经发现该股在同样的价位上出现了两次天量大涨阳线。显然，主力有意在压力位上加强控盘力度。价格再次突破筹码峰的阻力位，是极不寻常的回升趋势。此时，我们考虑大量买入该股是没有问题的。

总结：如果我们按照天量阳线出现后追涨买入股票的策略交易，该股连续两次出现天量阳线的时候，我们把握机会可以获得足够的筹码。

7.3　跳空阳线突破筹码峰

跳空阳线出现以后，可以确认价格已经脱离筹码峰，这是多数投资者盈利的信号。股价上涨趋势得到加强，可以确认价格会以更强势的方式运行。跳空阳线只是股价加速回升的开始，此时是我们关注交易机会的时刻。

7.3.1　跳空阳线突破筹码峰

跳空阳线有效突破筹码峰以后，可以确认价格表现得更加强势。跳空上涨是比较有效的突破信号，股价脱离筹码峰区域后，显示出明确的突破信号。如果我们没有关注跳空缺口，就很容易错过价格上涨的追涨机会。当然，跳空上涨的阳线出现以后，价格出现冲高回落的走势，即便股价没有短期大幅上攻，也依然可以认为价格不会第二次跌破跳空阳线确认的支撑位。增持持股数量以后，我们的盈利空间将大幅提升。

形态特征

（1）跳空涨停阳线

跳空涨停阳线出现以后，从价格波动的角度分析，说明股价出现了前所未有的强势表现。大阳线涨停以后，确认的突破信号被多数投资者认可。接下来追涨盘自然很高，使得股价强势运行的格局延续下来。

（2）筹码获利率大幅提升

跳空阳线出现并不奇怪，难得的是股价在突破筹码峰的过程中实现了阳线突破走势。大阳线有效突破筹码峰，使得筹码获利率大幅度提升。可想而知，持股投资者大面积盈利以后，投资者的持股积极性必然提升，这有助于多头掌握主动权，推动价格继续向高位拉升。

操作要领

以下以大东方日K线图（图7-6）为例进行阐述。

①当换手率大幅提升的时候，可以确认图中跳空上涨的大阳线是一种非常典型的突破信号。如果按照突破的效果来检验这一次股价飙升走势，图中筹码获利率已经高达89.3%，显然该股涨停使得多数投资者获得收益。这一次的突破非常有效。

②图中R位置的筹码峰规模很大，并且这部分筹码存在时间较长，是主力投资者

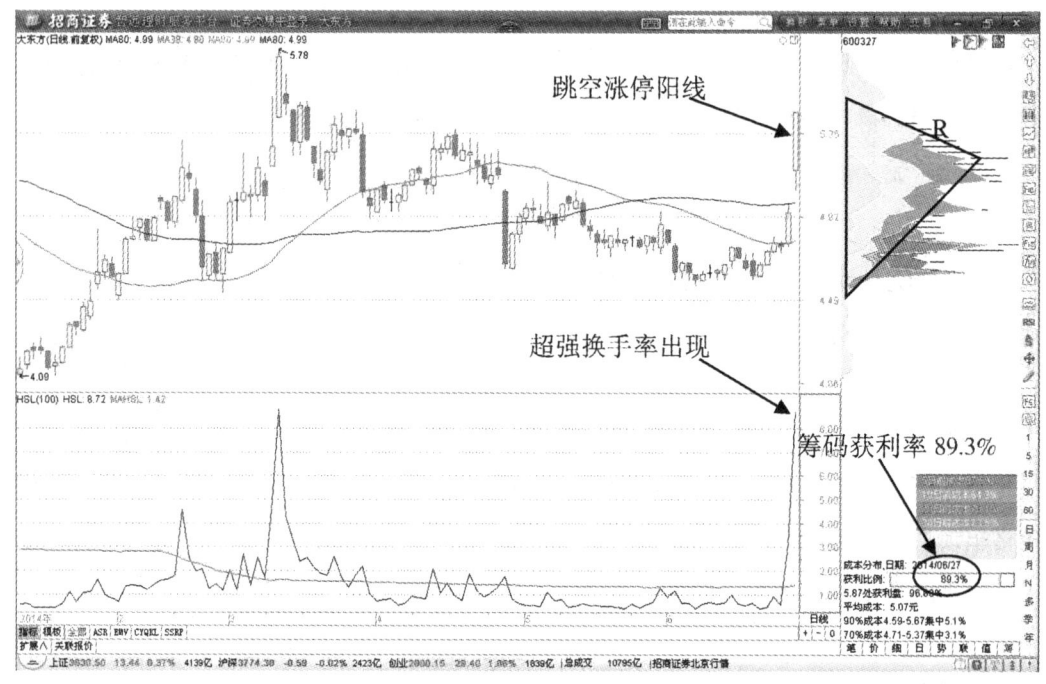

图7-6 大东方日K线图

的持仓成本区。同时，多数散户投资者的持仓成本也在 R 位置的筹码峰位置。可见，该股向上突破的筹码区域的阻力还是很大的。既然股价已经跳空突破压力区，毫无疑问，这种强势表现会非常有效。

总结： 跳空阳线突破筹码峰期间，股价有非常明确的启动信号。散户投资者通常不具备拉升股价跳空涨停的能力，主力投资者是价格大涨的幕后操控者。我们可以在价格涨停期间采取行动。即便是追涨交易可能会出现短线亏损，但是中长期盈利的潜力很大。盈利空间完全可以覆盖短线的亏损，此时持股还是非常值得的。

7.3.2 股价继续突破高位筹码峰

跳空涨停阳线是价格上涨的起始形态，接下来股价表现会更加强势，即便再次出现大阳线走势也不足为奇。股价继续突破筹码峰的走势出现的时候，价格上涨趋势得到加强，盈利机会也在增加。实际上，大阳线突破价格高位的筹码峰力度越大，越表明行情在加快发酵。如果我们已经在价格突破筹码峰的时候持有股票，那么接下来的盈利空间会很大。

形态特征

通常，股价突破筹码峰期间，会有以下特征。

（1）阳线一次性突破筹码峰

在阳线一次性突破筹码峰的过程中，持股投资者的获利率提升到新的高度。这个时候，按照价格预期的运行趋势，我们判断股价应该会出现明显的上行走势。

（2）换手率高位运行

大阳线突破高位筹码峰以后，换手率依然维持在高位，这是价格继续走强的基础。突破以后股价上涨压力减轻，换手率维持高位有助于价格表现得更加活跃，而股价上涨自然容易出现。

操作要领

以下以大东方日 K 线图（图 7-7）为例进行阐述。

①确认该股以阳线形式脱离了价格上方筹码峰，这是显著的买点。如果可以在收盘前预知股价完成阳线突破形态，就可以早一些追涨该股。

②从筹码形态上看,该股筹码峰表现为明显的上下两个位置的筹码峰形态。低位筹码峰的规模较大,是多数投资者的持仓成本区,同时也是主力投资者的主要持仓成本区。而相对高位的筹码峰是浮筹区域,是短线参与建仓的投资者的持仓价位。高位筹码峰被价格有效突破,这能够提升交易投资者的信心,同时也能提高价格上涨的概率。

③从换手率指标来看,图中换手率明显处于高位的时候,价格上行趋势得到加强。实际上,该股以大阳线突破筹码峰以后,股价横盘后继续回升。该股价格表现得很强势,持股以后很快就可以获得收益。

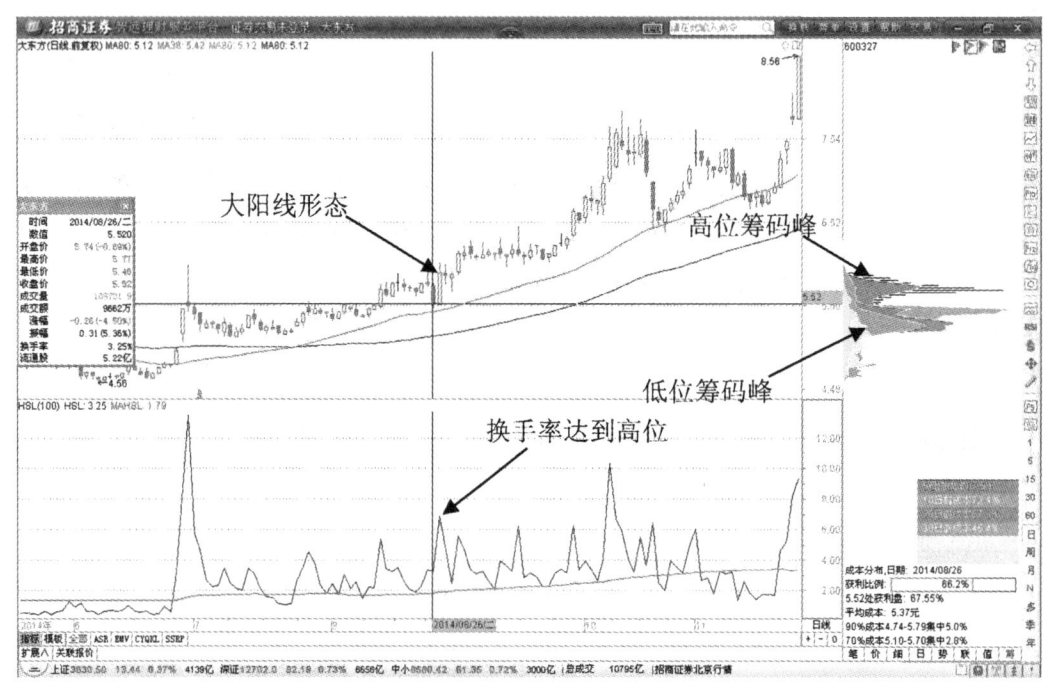

图7-7 大东方日K线图

总结:价格突破高位筹码峰的力度很大,说明短线浮筹区域阻力不大,股价可以轻松脱离浮筹区域。浮筹区域阻力较小,股价继续回升以后同样会继续脱离新的浮筹区域。筹码被不断突破的过程也是股价飙升的过程。

7.4 T字涨停板突破筹码峰

T字涨停板出现的时候,可以确认价格以涨停的形式开盘。虽然盘中打开涨停板,但是最终还是涨停收盘。以T字涨停板完成拉升的股票,走势具有很强的爆发性。股价飙升速度很快,使得多数投资者都没能抓住最佳买点。通过T字涨停板突破筹码峰的力度,我们确认价格轻松达到筹码峰上方,这是非常罕见的突破信号,同时也是看涨的机会。

7.4.1 T字涨停板的反弹走势

T字涨停板出现在下跌趋势中,是股价超跌后,主力资金流入期间出现的反弹。这种反弹的力度很大,主力抢筹速度也很快,如果不是追涨买入股票,就很容易错过盈利机会。

形态特征

(1)超跌价格走势

超跌价格走势出现的时候,股价下跌空间会超乎主力和多数散户投资者意料之外。这个时候出现T字反弹走势,更容易出现抄底资金买入股票的情况。股价不仅是以反弹走势上涨,还是以股价下跌后投资机会开始出现的反弹。

(2)T字涨停形式

T字涨停的价格形态非常重要,这是典型的反转形态,需要关注其对价格反转的深刻影响。股价可以在T字反转以后触底回升,此时是我们采取行动的机会。

操作要领

以下以兰太实业日 K 线图（图 7-8）为例进行阐述。

①通过分析价格形态，我们确认该股超跌后的低点出现连续两个 T 字涨停板形态。股价在两个交易日的涨幅超过 20%。这就是我们需要关注的建仓交易信号。

②图中 C 位置的筹码峰是最低的筹码峰，该筹码峰被股价突破以后，持股投资者已经快速盈利。少量投资者快速盈利的情况出现在股价下跌趋势中，这并不常见。显然，这种跳空涨停走势可以推断价格进入反弹状态。

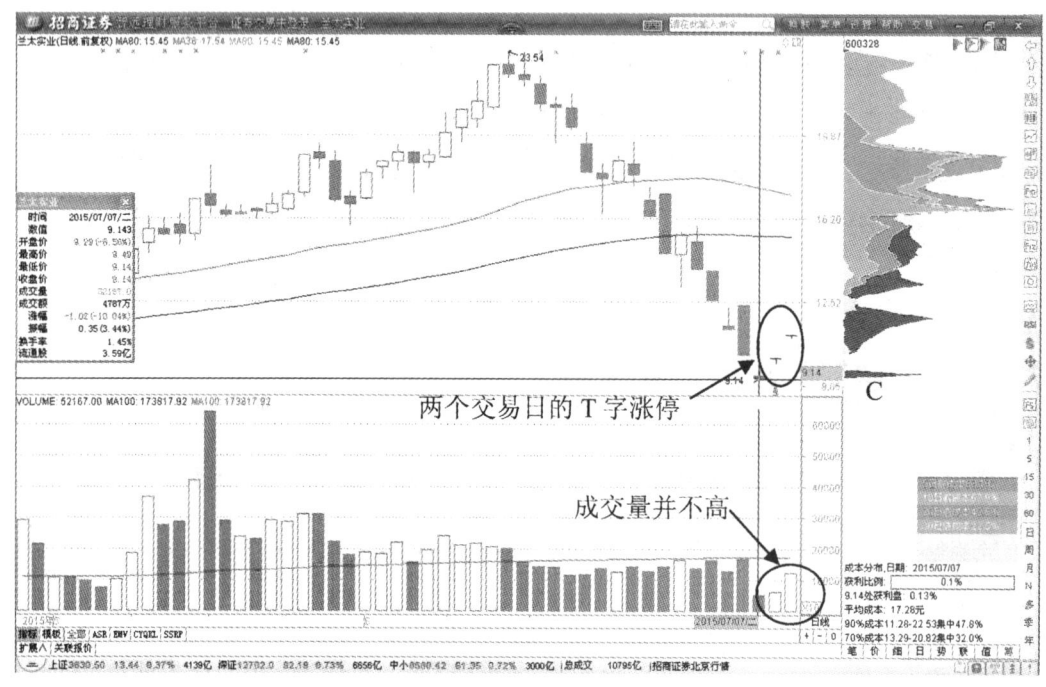

图 7-8 兰太实业日 K 线图

总结：在技术性反弹走势中，股价涨停速度很快，使得追涨成交的资金数量很少。该股连续两个交易日 T 字涨停，但是成交量却不大，这就很能说明问题。

7.4.2 股价回调的抄底机会

跳空出现的 T 字涨停板走势，不仅是技术性反弹走势，即便在技术性反弹以后股价短线回落，也会在缺口位置获得支撑，这时就可以考虑在缺口位置抄底买入股票。获得廉价筹码，自然能够获得盈利。

第 7 章 点石成金：价格突破筹码形态

形态特征

（1）股价在缺口上方获得支撑

当股价回调到缺口上方的时候，如果价格形态上表现为明显的支撑，那么我们便可以考虑抄底买入股票，以便在价格上涨的过程中盈利。

（2）量能维持高位

成交量维持高位运行，说明价格活跃度比较高。这时候，即便股价二次回调，多方努力下的股价依然会出现技术性的反弹走势。

操作要领

以下以兰太实业日 K 线图（图 7-9）为例进行阐述。

①可以确认图中股价回调 T 字涨停造成的缺口位置，该股的确出现了明显的反弹形态。K 线以探底回升的形式完成反转走势的时候，我们确认该股进入反弹节奏。

②股价跌至短线低位的时候，图中 Z 位置的筹码规模很大，这是非常重要的浮筹区域。而股价从筹码峰下限开始反弹，这是短线参与持股的投资者再次盈利的机会。

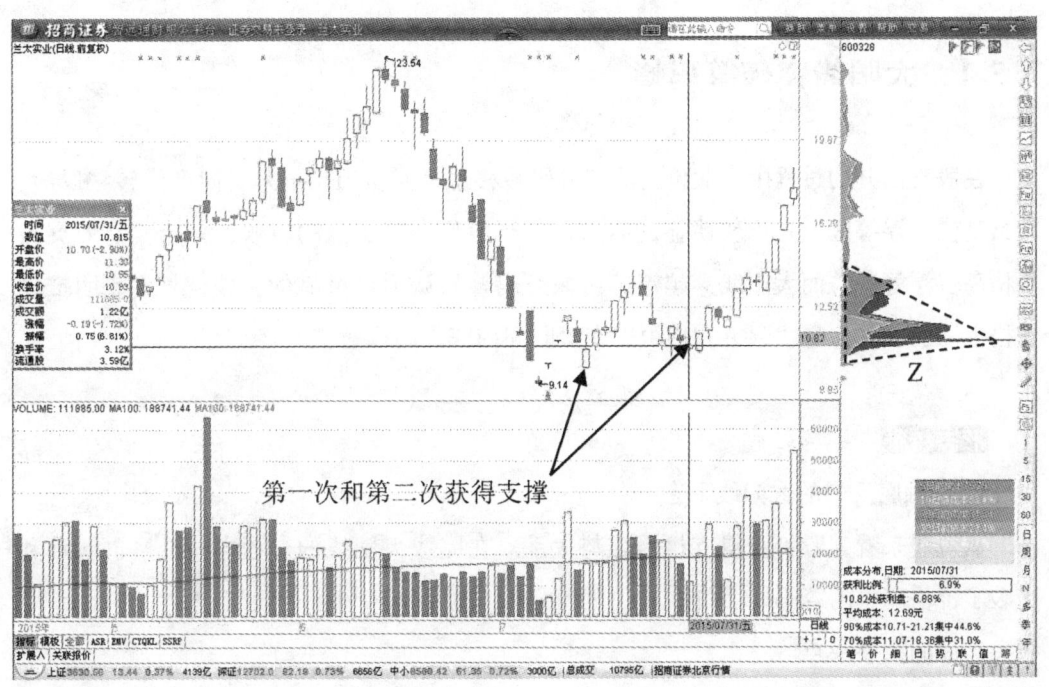

图 7-9 兰太实业日 K 线图

总结：T字跳空缺口形态是反弹起始形态，同时也是股价冲高回落后的支撑形态。缺口短期不会消失，而投资者围绕T字反弹缺口来买入股票，可以不断获得投资收益。

7.5 光头光脚大阳线突破顶部筹码峰

光头光脚大阳线的实体很长，表明股价在分时图中经历较大涨幅，最终才形成涨停的阳线。该阳线实体穿越了重要的筹码峰，是行情加速的重要信号。根据涨停阳线的运行趋势，可以确认价格已经进入非常活跃的状态。股价上涨的阻力明显减弱，价格更容易在短时间内大幅上行。

7.5.1 大阳线突破筹码峰

在股价回升的过程中，股价上涨和筹码转移总是同步出现。筹码向高位转移以后，价格高位的浮筹区域是比较明显的阻力位。当股价继续上涨的时候，一定要有效突破价格高位浮筹区。而大阳线穿越浮筹区域筹码峰被认为是可靠的突破信号，表明推动价格上涨的多方力量很强，我们可以在短时间内获得高收益。

形态特征

（1）触底反弹的大阳线形态

从短线来看，股价获得支撑后强势大涨。在完成大阳线的过程中，价格也就顺利突破了价格高位的筹码峰。价格高位的筹码峰是压制股价上涨的最后压力区，也是短线突破后的重要买点。

（2）成交量继续放大

成交量越大，股价突破效果越好。在成交量维持高位运行期间，量能达到100日等量线上方，股价顺利突破高位筹码峰，价格表现出继续回升的强势涨停特征。

操作要领

以下以山东如意日K线图（图7-10）为例进行阐述。

①图中的股价在十字星探底以后快速涨停，价格轻易地突破历史高位区的筹码峰阻力区。历史高位S位置的筹码峰是重要的浮筹区域。股价脱离该区域以后，短线买入股票的投资者全部盈利，使得该股继续上涨的动力加强。

②从成交量来看，可以确认该股已经明显稳定放量。量能始终没有跌破100日等量线，这是该股表现活跃的重要基础。

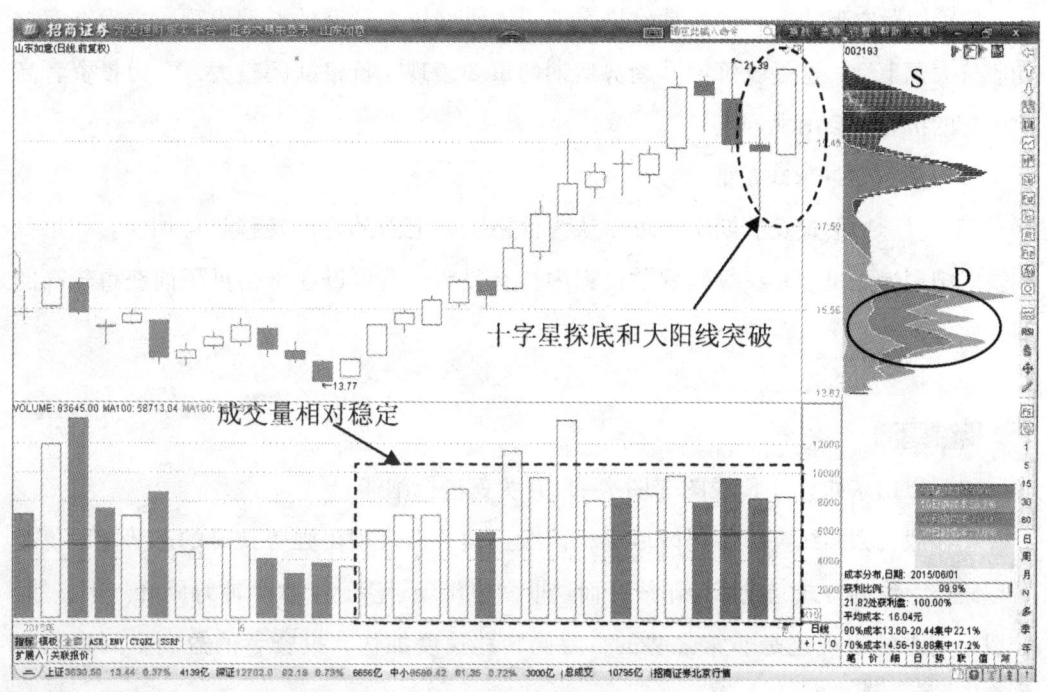

图7-10 山东如意日K线图

总结：该股在回升趋势中，D位置的筹码峰规模较大，并且处于价格低点，这是主力的持仓成本区。在主力持仓筹码没有明显减少的情况下，股价会继续表现得强势，说明持股的主力有意继续控盘。可见，我们在价格高位拉升的时候追涨，通过短线获利是没有问题的。

7.5.2 筹码峰发散后股价飙升

股价突破了短期的高浮筹区域以后,价格上涨的阻力减弱,股价可以在一段时间里维持强势,这个时候持股很容易盈利。筹码峰被价格突破以后,筹码向高位发散的趋势加强,这与股价加速上涨有关。

形态特征

(1) 股价以跳空形式上涨

股价以跳空形式上涨,这是价格突破了筹码峰压力区后的典型表现。主力有意拉动股价大幅上涨,这是股价回升趋势后期的重要表现。价格涨幅较大,主力投资者高位出货的机会就会出现。

(2) 筹码脉冲形式发散

筹码以脉冲形式发散期间,可以认为价格跳空上涨的筹码转移趋势加快。如果我们及时把握追涨机会,在筹码发散过程中持有股票,就可以在价格见顶前获得较高的短线收益。

操作要领

以下以山东如意日K线图(图7-11)为例进行阐述。

①在股价大阳线突破筹码峰以后,该股连续一周表现出强势拉升的态势。股价经常以跳空上涨的方式完成涨停阳线,而这期间也出现了多达4次脉冲筹码峰。很显然,该股短期内的表现还是非常强势的,筹码转移速度加快,投资者的盈利空间也明显增多。

②虽然股价大幅回升期间,图中E位置显示的量能不高,但这并不能说明主力没有全力拉升股价。相反,恰恰是因为主力参与拉升股价的资金量较大,所以股价才在短时间内涨停。股价涨停后抛售量很小,成交量上自然不会太大。

总结:价格高位出现大阳线形态以后,短期的价格上涨阻力区被轻松突破。按照股价回升趋势,可以确认价格能够进一步走强。在价格突破阻力位以后,不管是当日追涨还是在接下来的交易日中选择恰当的价位买入股票,都可以在获得筹码后盈利。

第7章 点石成金：价格突破筹码形态

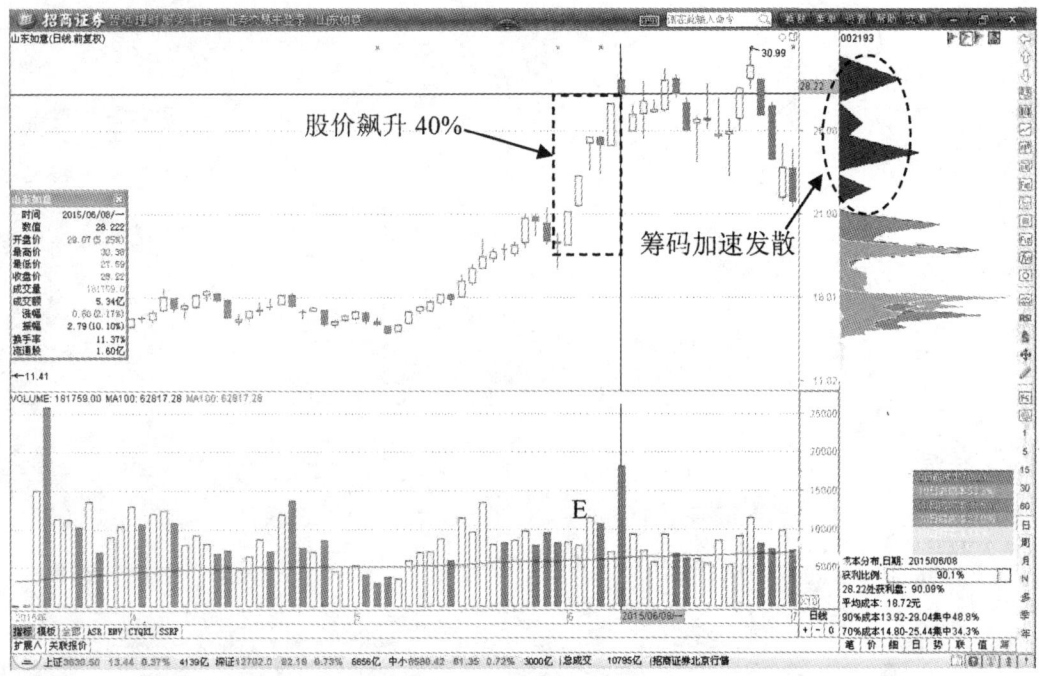

图7-11 山东如意日K线图

/第8章/

致命一击：主力锁仓突破筹码形态

在实战当中，我们发现筹码单峰形态出现的次数很多，不过究竟哪一种筹码单峰形态是比较集中的调整结束形态，我们可以根据筹码集中度确认。筹码集中度达到非常高的程度时，不仅价格波动空间非常小，投资者的持仓成本也集中到非常小的价格范围。一旦确认筹码集中度非常高，接下来出现的价格突破就会非常有效。我们确认筹码集中度达到空前高位的时候，股价就会脱离筹码集中区域，那么单边交易机会就会形成。

围绕筹码集中度，我们在本章内容中对筹码锁仓在30%、15%和10%的筹码情况逐一进行分析。在筹码锁仓到30%以内的时候，价格就会突破筹码集中区域，突破的方向上行情可以继续发展，我们按照这个趋势交易便可以获得成功。

8.1　30%内的筹码峰锁仓

通常，价格波动在30%内筹码聚集，表明筹码集中度相对较高。如果股价已经出现了明显的拉升阳线形态，阳线在快速突破筹码密集分布区的过程中，我们的买点就会逐步形成。投资者的成本聚集在30%的价格范围内，这是相对宽泛的一个价格区间。股价突破这一价格区间的时间可以相对较长，而我们则会有比较长的交易时间来完成建仓过程。

8.1.1　30%内锁仓形态

如果在30%的价格波动区间内聚集了多数投资者的持仓成本，那么筹码在形态上表现为30%的价格区间内的集中形态。30%的价格区间虽然相对宽泛，但是股价只需三个涨停板就可以脱离这一区域。换言之，如果主力投资者打算拉升股价，就可以在三个交易日中拉升股价脱离筹码密集区，以便促使股价更大幅度地上涨。

形态特征

（1）量能表现相对强势

成交量表现相对强势的情况下，即便股价短线接近跌破筹码峰区域，股价也会出现强势表现。价格从筹码峰下限反弹上涨更容易出现，而主力投资者可以在价格处于筹码峰下限的时候拉升股价，促使价格脱离筹码峰区域。

（2）筹码集中程度很高

虽然股价短线表现较弱，但是考虑到筹码集中度很高，股价不会轻易跌破筹码峰下限。筹码集中度高体现了投资者的持仓成本更加集中，这有助于主力投资者操盘期间拉升股价。

操作要领

以下以申达股份日 K 线图（图 8-1）为例进行阐述。

①从筹码集中形态来看，价格高位 G 位置的筹码规模较大，而低位 H 位置的筹码规模相对较小。该股虽然大幅下跌，但是筹码多数集中在短线高位。筹码分布在价格 30% 的波动空间内。

②从筹码获利率来看，该股短线大幅下挫以后，价格从低位反弹期间，筹码获利率回升至 15.0%。该股短线虽然还没有出现明显拉升的走势，但是主力动作非常明确。图中 L 位置的量能维持高位，这显示出主力有心打压股价，但该股下跌潜力却不大。

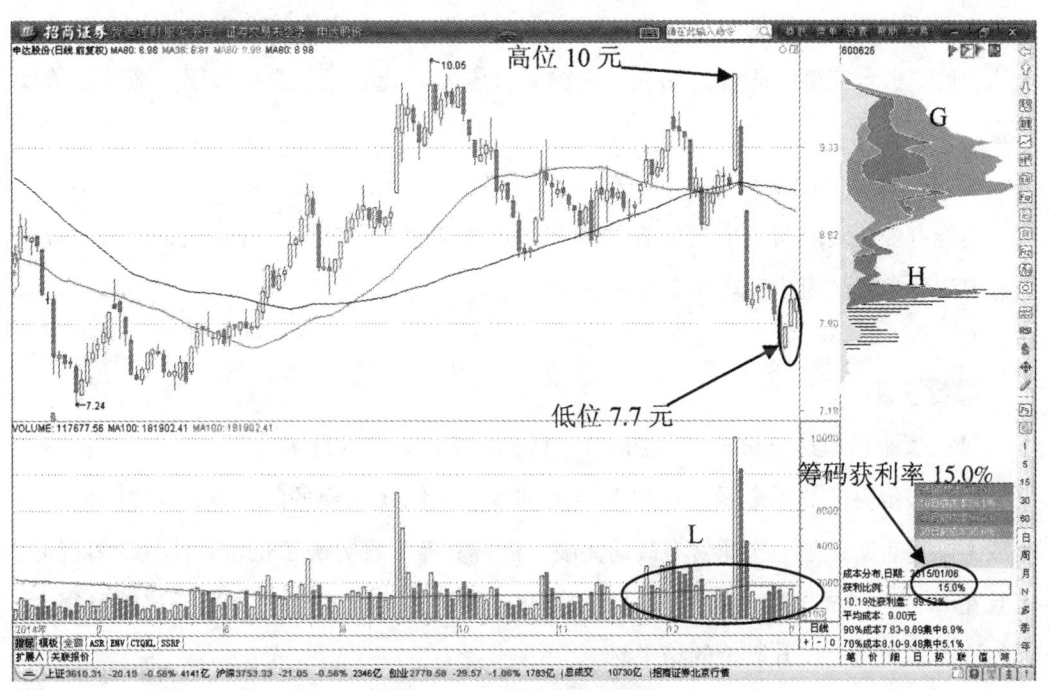

图 8-1 申达股份日 K 线图

总结：当股价已经从低位反弹的时候，筹码获利率提升至 15.0%，主力投资者拉升该股并不困难。只要继续出现大涨的阳线，该股不出三个交易日就可以脱离筹码主峰。如果股价脱离筹码主峰，我们的追涨机会就更加明确了。在股价首次达到 H 位置筹码峰的时候，少量建仓是比较好的做法。

8.1.2 交易机会解读

当股价延续反弹走势的时候，量能越大，价格上涨的空间也更大。主力投资者在拉升股价突破筹码峰的过程中，我们需要抓紧时间买入股票。一旦价格大涨，股价突破的筹码规模较大，接下来价格继续走强的概率就大大提升。这时持股很容易获得短线收益。

形态特征

（1）大阳线突破筹码峰

大阳线突破筹码峰的时候，表明阻力虽然较强，但是主力完全有能力拉升股价突破压力区。股价突破筹码峰越明显，短线抛售压力就会减轻，股价继续上涨的趋势就越强。

（2）量能有效放大

量能有效放大表明主力投资者的资金已经明显流入。有主力资金大举进入，股价突破筹码峰位置的阻力区就相对容易。

操作要领

（1）以下以申达股份日K线图（1）（图8-2）为例进行阐述。

①从股价突破效果来看，图中E位置的状态大阳线出现的时候，F位置的量能显著放大，这表明这是一次非常有效的突破。价格涨停不仅突破了低位S位置的筹码峰，而且在D位置形成了新的筹码峰。D位置的筹码规模较大，表明筹码转移数量很大，显然这是主力强力拉升股价的结果。

②从筹码获利率来看，该股E位置的涨停阳线收盘在价格高位以后，可以确认筹码获利率已经很高。虽然股价还未突破筹码峰，可短线反弹已经使得多数投资者的亏损空间减轻甚至出现了盈利。我们认为这是一次前所未有的拉升走势，是主力继续拉升该股的前兆。

总结：F位置非常明确的量能放大信号表明，主力投资者拉升该股涨停的手法非常果断。该股以跳空上涨的形式大幅回升，这是主力强势操盘的结果。可以预见的是，该股短线冲高回落以后，接下来还是会出现新的大涨走势，我们可以在股价冲高回落

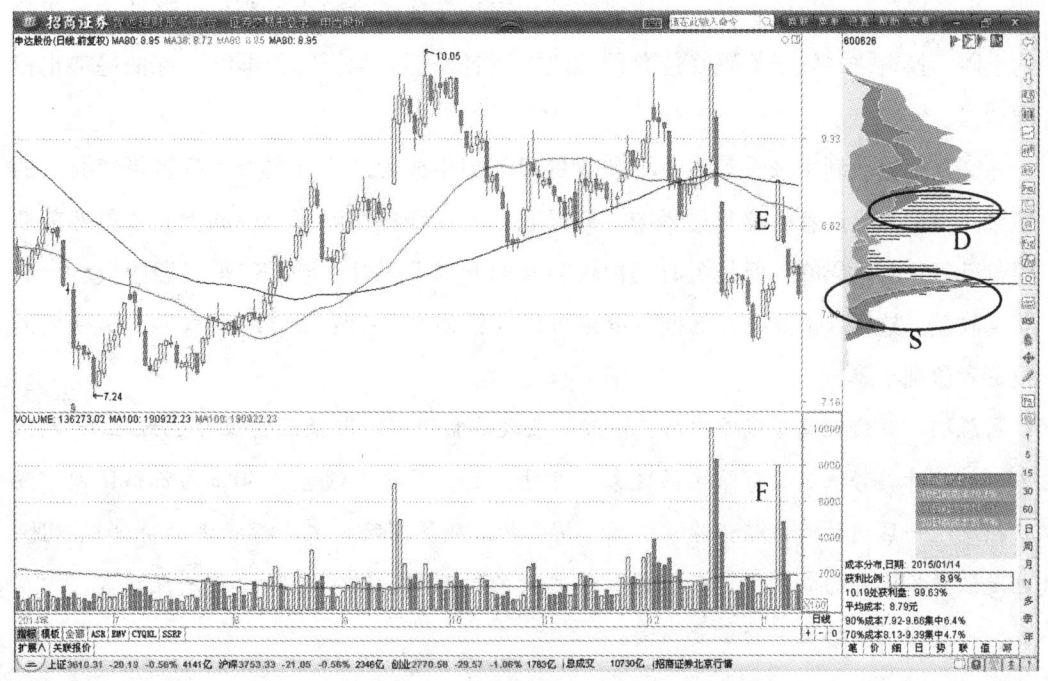

图 8-2　申达股份日 K 线图 (1)

期间抄底。

（2）以下以申达股份日 K 线图 (2)（图 8-3）为例进行阐述。

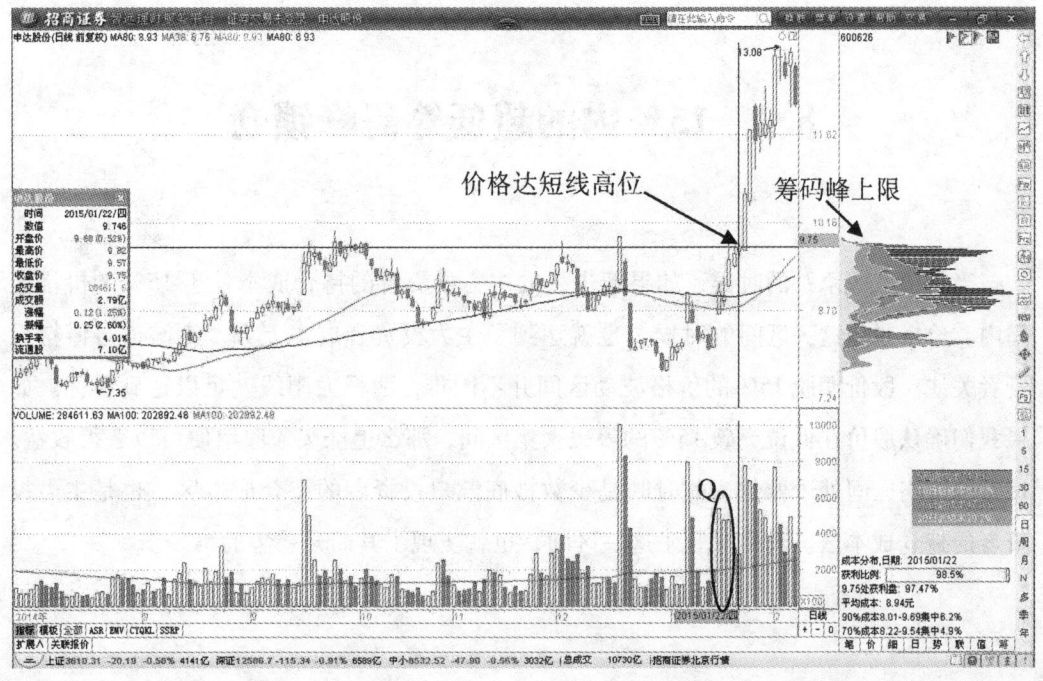

图 8-3　申达股份日 K 线图 (2)

①从股价突破效果来看,在该股第二次强势反弹的过程中,股价已经达到筹码峰的上限。换言之,处于筹码峰位置的持股投资者全部盈利,股价继续上涨的趋势也得到加强。

②从筹码获利率来看,图中Q位置的量能集中放大,这是主力投资者持续介入的信号。在主力投资者的拉升过程中,该股收盘价格轻松达到筹码峰的上限。虽然前期股价已经跌破筹码峰,但是短时间内价格又回升到筹码峰上限,使得持股投资者全部获得收益。这样,追涨盘自然推断价格可以大幅回升。接下来该股继续飙升,持股的投资者盈利丰厚。

总结:股价脱离筹码峰以后,该股的表现非常强势。即便股价收盘已经在13元上方,但回升趋势依然没有结束的迹象。可见,主力投资者锁仓在30%的价格区间,股价摆脱这一区间的回升趋势非常明显。30%的筹码区间既是主力投资者的持仓成本区,也是散户投资者的成本区。在主力拉升股价的过程中,坚定持股的散户投资者同步盈利,也是推动价格上涨的重要因素。

8.2　15%内的超低筹码峰锁仓

当股价大幅杀跌的时候,如果新进入的主力投资者的持仓成本处于15%的价格区间内,价格脱离这一区间的时候,也就达到了主力投资者成本上方,突破信号值得投资者关注。股价摆脱15%的价格波动区间并不困难,两根大阳线就足以达到目标。如果我们确认股价在低位突破15%的筹码聚集区间,那么追涨买入股票便可以获得收益。15%的价格区间处于低位,此时既是少数抄底散户投资者的持仓成本区,也是主力投资者的持仓成本区。价格摆脱了这一区间,也就实现了其回升趋势的第一步。

8.2.1　15%内的锁仓形态

股价大幅杀跌以后,在企稳的过程中,成交量有效放大,筹码峰会出现在价格低位。股价在低位的运行特征非常明显,是典型的缓慢移动形态,而这期间出现的筹码相对集中在波动空间为15%的价格范围内。

形态特征

(1) 量能表现相对强势

在股价超跌以后,新进入的主力投资者积极买入股票,使得价格低位的成交量有效放大,这提示我们筹码主峰正在形成,这是股价企稳的重要信号。

(2) 筹码集中程度很高

在量能放大的过程中,筹码不断转移到价格低位。如果筹码集中分布到15%的价格区间内,便可以确认股价单一筹码峰形态已经形成。我们在价格低位采取行动,可以获得不错的投资效果。

操作要领

以下以皖江物流日K线图(图8-4)为例进行阐述。

①从筹码集中形态来看,图中低位筹码峰的规模非常大,这是非常明显的单一筹码峰形态。虽然这部分筹码并不是全部筹码构成的筹码峰,但是新进入的主力投资者的持仓成本就在这一区域,其价格范围是15%的波动空间。而图中H位置出现的大阳线形态使得股价达到了筹码峰的上限,该股突破了短线压力区。

②从筹码获利率来看,虽然该股还未大幅上涨,但是却明显突破了低位的筹码峰。图中显示的筹码获利率达到了35.6%,这是前所未有的突破信号,价格低位的筹码全部盈利。而只需要35.6%的筹码获利率,股价就可以企稳在低位筹码峰的上限。接下来量能维持高位运行,该股有望延续回升的态势。

总结:当价格低位出现筹码单峰的时候,可以确认股价已经调整到位。这个时候,考虑在价格低位建仓是没有问题的。特别是主力投资者已经拉升股价突破筹码峰的情况下,这种活跃的价格走势有望得到延续。经过短暂的调整以后,股价可以继续出现明显的回升。

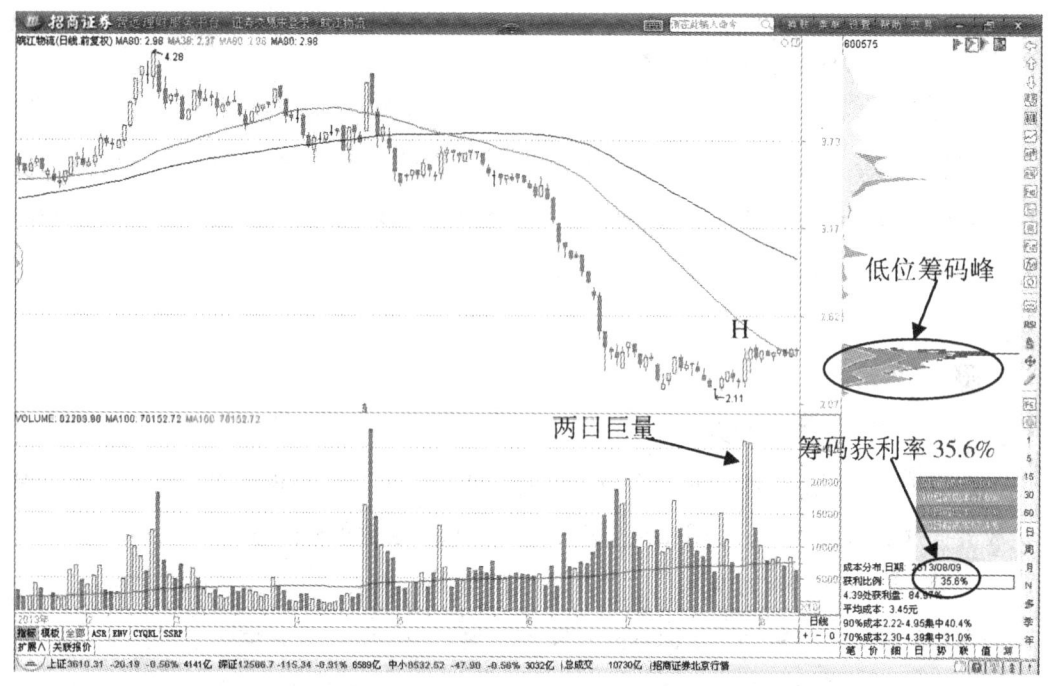

图 8-4 皖江物流日 K 线图

8.2.2 交易机会解读

当股价突破低位的筹码峰以后，接下来在量能继续放大的情况下，股价回升趋势有望得到延续。随着股价反弹的延续，可以发现股价可以出现更大幅度的上涨。

形态特征

（1）量能继续高位运行

成交量高位运行的情况下，交易机会会出现在股价放量上涨的过程中。量能推动的时候，股价实现大幅上涨非常容易。量能放大其实也是主力介入的信号。主力主动拉升股价的过程中，股价走势会更活跃。

（2）价格脱离筹码峰

成交量有效放大以后，股价表现得非常强势，以涨停大阳线脱离筹码峰的走势很容易形成。一旦股价有效脱离筹码峰，筹码向上发散趋势得到强化，股价上行的阻力就会减弱，持股就可以获得收益。

操作要领

（1）以下以皖江物流日 K 线图（1）（图 8-5）为例进行阐述。

①从股价突破效果来看，图中涨停大阳线又一次出现，这一次的量能更高，是前所未有的一次突破走势。把握好这一次的突破形态，可以在短时间内获得高收益。

②从筹码获利率来看，价格不仅突破了低位筹码峰，而且在快速脱离这一筹码峰区域。图中显示的筹码获利率已经提升至 40.2%，从股价接近筹码峰的过程可以确认这种放量回升的态势会延续下来。

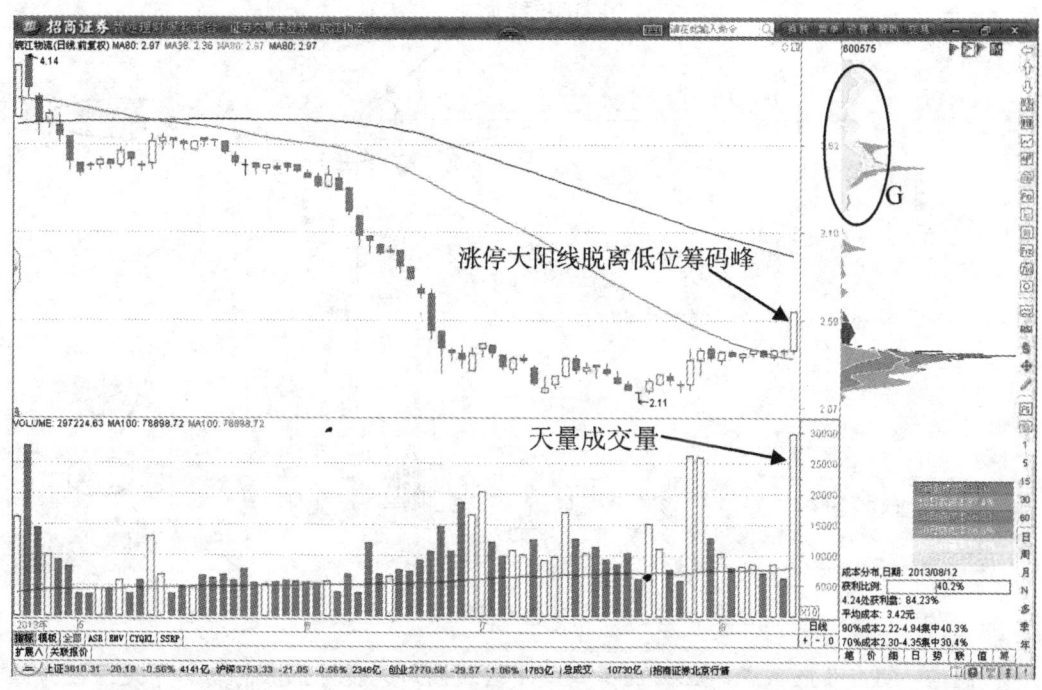

图 8-5 皖江物流日 K 线图（1）

总结：总体看来，该股已经明显脱离了低位筹码峰。而价格高位 G 位置的筹码峰相对较高，该股继续上涨的潜力很大。直到股价接近 G 位置前，这种价格明显回升的趋势依然不会结束。从低位筹码峰到 G 位置的筹码峰之间的筹码数量非常少，是阻力很小的价格区域，同时也是该股可以轻松大涨的价格区域。因而，投资者完全可以追涨买入该股，以便在价格明显遇到阻力前获得高收益。

（2）以下以皖江物流日 K 线图（2）（图 8-6）为例进行阐述。

①从股价突破效果来看，当股价脱离了底部的筹码峰以后，高位新近出现的筹码

峰是一个比较明显的阻力位。图中 B 位置的筹码峰便是价格回升期间出现的，是短线该股上涨期间必须要突破的阻力区。该股连续两个交易日出现了阳线形态，推动价格顺利突破筹码峰，是价格高位看涨信号，同时也是继续买入股票的信号。

②从筹码获利率来看，股价突破高位区 B 位置的筹码峰以后，筹码获利率达到 48.2%。近一半的投资者处于盈利状态，该股的抛售压力当前并不高。投资者没有明显的止盈或者止损可能，股价自然在突破 B 位置筹码峰后延续回升趋势。

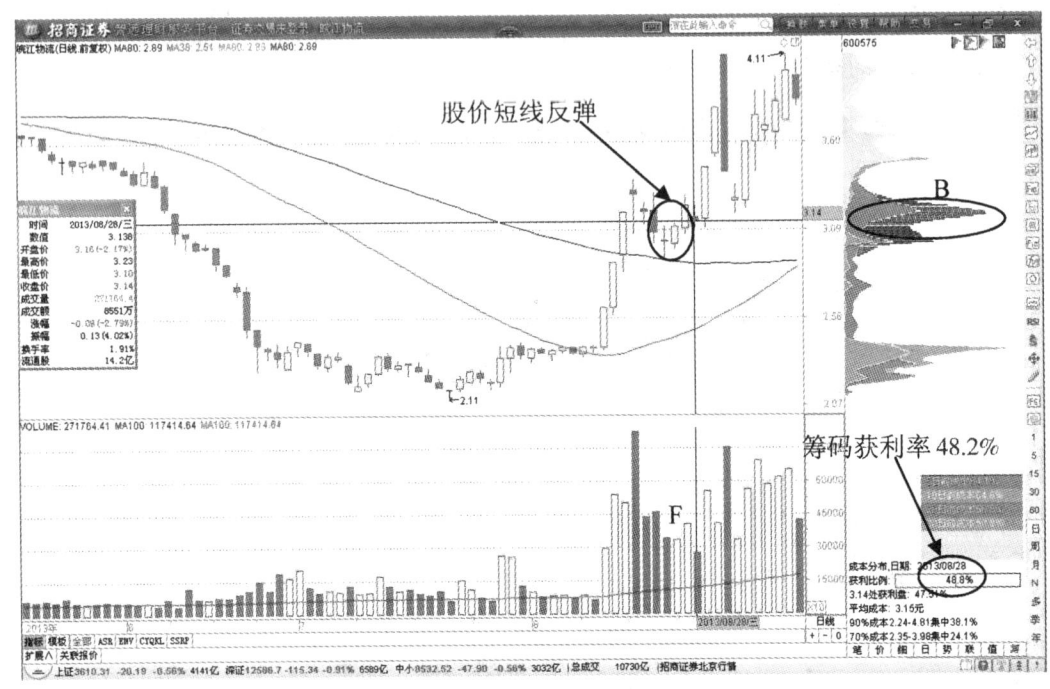

图 8-6　皖江物流日 K 线图（2）

总结：当股价脱离底部 15% 的筹码集中区域以后，股价上涨的动力十足。因为筹码峰处于高位，所以该股短线大幅上涨的阻力较小。随着股价涨幅的加大，股价接近高位筹码峰，同时第二次的突破和拉升走势形成。在把握首次拉升的盈利机会的同时，也不应错过第二次拉升的盈利机会。

第8章 致命一击：主力锁仓突破筹码形态

8.3　10%以内零散筹码峰锁仓

通常，筹码聚集在10%的价格范围内，说明筹码集中度已经非常高。这个时候，股价继续上涨的阻力是非常大的。特别是筹码形成的时间较长，主力投资者的持仓成本也处于筹码的密集区。我们应该耐心等待价格回调至筹码峰下限后的反弹机会。如果股价可以反弹突破筹码峰，并且在放量中延续回升的态势，那么我们的交易机会就出现了。

8.3.1　10%以内锁仓形态

在10%以内的价格区间中，如果主力投资者已经锁仓，筹码稳定性会非常高。如果量能不放大，价格没有大涨，股价很难出现像样的突破走势。股价达到筹码峰下限的时候，也就达到了主力投资者的锁仓价位的下限，这是主力投资者不能容忍的事情。因为一旦股价脱离筹码峰，也就明显跌破了主力投资者的持仓成本区。这时主力会主动拉升股价突破筹码峰，我们的买点就会在这个时候出现。

形态特征

（1）量能表现相对强势

在股价下跌期间，成交量萎缩是不争的事实。不过量能萎缩期间可以发现一些量能相对强势的信号。比如，在股价缩量回调期间，价格跌幅有限，而等量线同步回调。即便量能处于萎缩状态，相比等量线的萎缩趋势减弱，这个时候是表现相对强势的量能状态，这有助于股价企稳在筹码峰下限。

（2）筹码集中程度很高

在10%的价格波动范围内，股价能够运行的期间非常小。而如果筹码集中到10%的价格区间，我们就确认主力锁仓成功。虽然价格短线跌破筹码峰，但是不会轻易脱离筹码峰的下限。主力还是会在价格达到筹码峰下限的时候开始拉升股价，这是我们关注的买点。

操作要领

以下以卧龙电气日K线图（图8-7）为例进行阐述。

①从筹码的集中形态来看，图中显示的筹码集中度很高，只存在一个筹码单峰，而该筹码单峰处于10%的价格区间内。这表明，主力已经将仓位锁定在狭窄的价格区间。一旦该股调整到位，价格自然具备很强的上涨潜力。

②从筹码的获利率来看，价格处于筹码峰下限，低点筹码规模并不高，使得筹码获利率仅有10.7%。可见，多数筹码集中分布在筹码峰位置，主力锁仓非常成功。

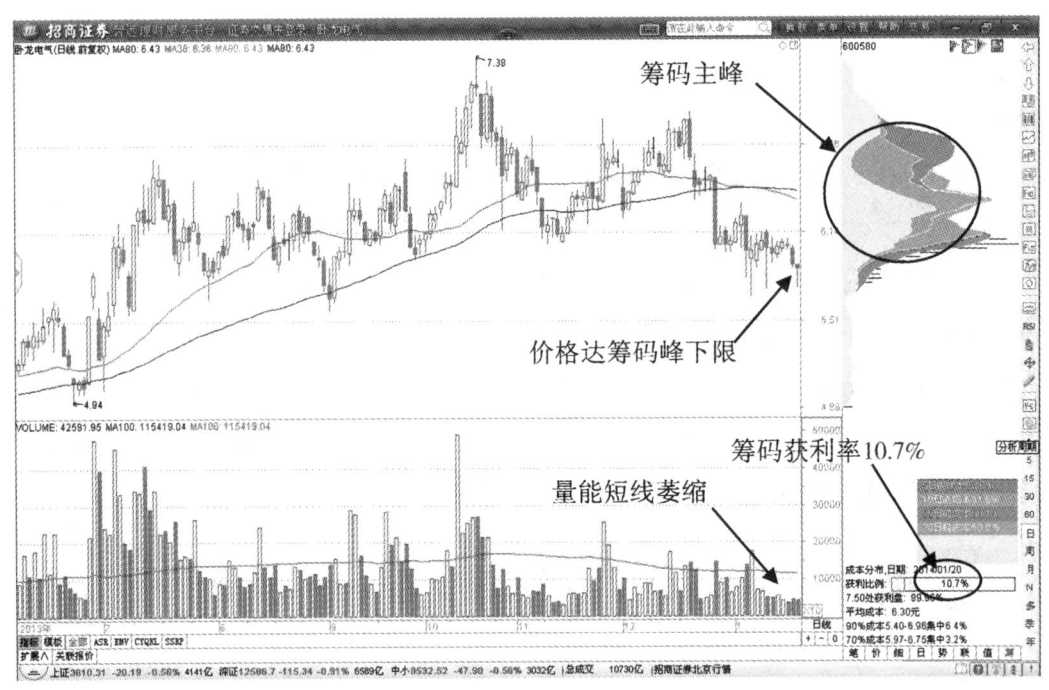

图8-7 卧龙电气日K线图

总结：通过筹码形态可以确认主力成功锁仓在10%的价格区间。虽然股价短线表现出缩量回调，但是价格跌幅非常有限。价格达到筹码峰下限时，可以确认这是非常明显的超跌信号。通常，主力不会容忍股价继续脱离筹码峰下限，而放量反弹走势一旦出现，股价自然容易突破筹码峰，那时就是我们买入股票的机会。

8.3.2 交易机会解读

在筹码集中度较高的情况下，主力将筹码锁定在狭窄的价格区间，股价只需短线拉升大阳线，就可以顺利突破筹码密集区域。换言之，随着量能的放大，价格脱离筹码下限的压力位是比较容易的。主力有动作，价格就可以脱离筹码锁定区域。

形态特征

（1）量能继续高位运行

成交量放大是价格走强的基础，如果主力短线拉升股价，也需要在明显的放量中拉升股价上涨。可见，根据成交量的表现，可以轻松发现价格突破筹码峰的信号。

（2）价格脱离筹码峰

当量能放大以后，股价大幅回升并且突破筹码峰，这时锁仓价位的压力区被有效突破，可以在短时间内获得较好的回报。筹码峰的压力较大，股价一次性突破筹码峰位置，这表明主力有意拉升股价，以脱离筹码锁仓区域。

操作要领

（1）以下以卧龙电气日K线图（1）（图8-8）为例进行阐述。

①从股价突破效果来看，该股短线连续三个交易日放量上涨，价格明显达到低位筹码峰的上部，表明主力有新的拉升动向。至少该股已经突破了部分筹码峰，持股的投资者很大一部分已经获得收益。此时是多空争夺比较激烈的时刻，但是股价调整却不会明显出现回落走势。

②当筹码获利率高达54.2%时，多数投资者已经持股盈利。虽然少数投资者处于亏损状态，但是价格处于筹码峰内部，投资者亏损空间非常有限。考虑到该股放量回升态势并不明确，主力有意拉升股价脱离成本锁定区域。这个时候，继续持股是非常好的选择。而如果我们想要获得更多的盈利，就可以选择在价格调整期间买入股票。持仓成本不高，有助于今后获得收益。

总结： 当股价放量突破筹码峰的时候，价格虽然还未达到筹码峰的上限，但也是较好的追涨买入股票的机会。只要我们敢于在价格突破的过程中加仓，就可以获得好

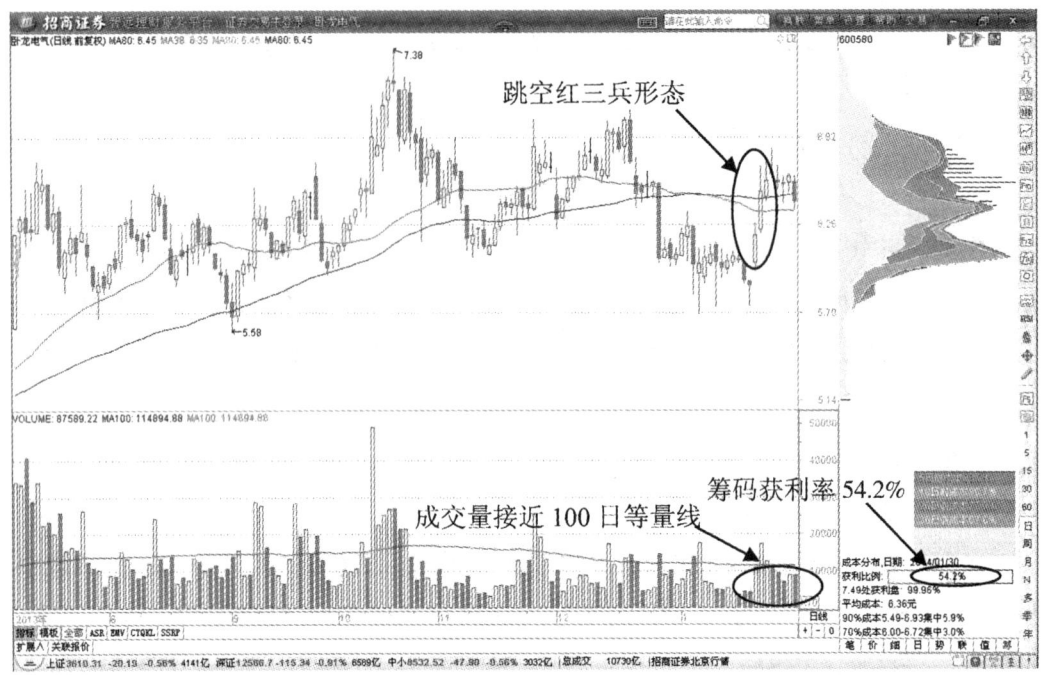

图 8-8 卧龙电气日 K 线图 (1)

的回报。筹码密集分布区域是主力投资者和多数散户投资者的持仓成本区，该区域被主力拉升股价突破，后期自然看涨。

(2) 以下以卧龙电气日 K 线图 (2)（图 8-9）为例进行阐述。

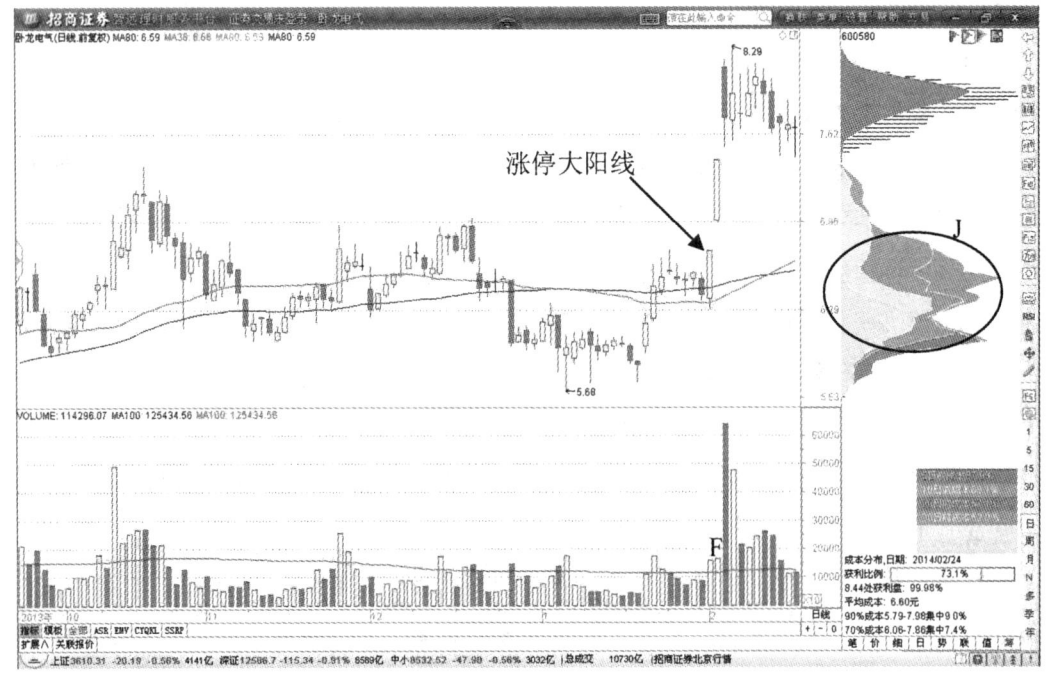

图 8-9 卧龙电气日 K 线图 (2)

①从股价突破效果来看,图中一根大阳线涨停走势的出现,使得股价继续突破了筹码单峰的阻力位,该股连续暴涨的走势出现。图中 F 位置的量能有效放大,该股涨停走势正是主力拉升股价的结果。主力投资者已经主动拉升股价,以脱离筹码锁定区域。在这种拉升走势中,价格强势飙升自然在意料当中。

②从筹码获利率来看,图中 J 位置的筹码集中度很高,多数筹码已经集中分布在该区域,这是回升趋势加速的信号。确认股价脱离 J 位置的筹码峰以后,该股上行的趋势便得到确认。如果我们把握好买点,就会有利可图。

总结: 价格突破筹码锁定区域的时候,股价短时间内涨幅较大。如果在价格还未脱离筹码峰的时候建仓,就可以获得不错的短线收益。筹码锁定在10%的价格区域内,表明投资者的持仓成本和主力持仓成本非常集中,这是价格突破后非常难得的看涨信号。

8.4　15%以内双峰筹码锁定形态

当股价明显震荡回落的时候,由于股价双向波动的次数较多,价格短线回调就会形成筹码双峰形态。在筹码双峰形态中,虽然筹码集中度很高,但筹码平均分布在两个筹码峰对应的价格区间。这个时候,如果股价放量上涨,需要分别突破两个筹码峰的阻力区,价格才能够大幅上攻。

如果筹码双峰处于15%的价格区间,我们依然可以认为股价调整得非常充分,筹码处于明显的锁仓状态。这个时候,筹码双峰对应的价格区间是主力和多数散户投资者的持仓成本区。价格短线回调至筹码峰下限,说明价格回调非常充分。股价已经调整到位,不过还需要量能充分放大,价格才能够脱离筹码峰。

8.4.1 15%以内锁仓形态

在15%的价格区间内,筹码以双峰形式存在。当价格回落至筹码峰下限的时候,股价已经跌破了两个连续分布的筹码峰。这个时候,主力投资者很可能处于亏损状态。价格继续下跌的空间不多,特别是在股价处于筹码峰下限的时候,筹码的集中度非常高。在筹码锁仓良好的情况下,股价有望在低位放量上涨,并且脱离双筹码峰的压力区。

形态特征

(1) 量能表现相对强势

当成交量萎缩的时候,可以确认价格难以在短时间内出现有效反弹。不过如果成交量萎缩至100日等量线的下方,量能继续萎缩的空间就不会很大。主力如果打算拉升股价,就可以在这个时候开始。成交量处于100日等量线下方的时间不长,这也为股价放量上涨提供了基础。

(2) 筹码集中程度很高

在15%的价格区间内,筹码表现为连续分布的形态特征,筹码集中度会比较高。虽然股价分别在两个筹码峰内,不过筹码只占用了15%的价格空间,这说明筹码锁定良好。此时主力完全有动力在价格处于筹码峰下限的时候拉升股价,只有这样,主力自身才能够摆脱亏损的状态。拉升股价脱离筹码峰的下限以后,在价格突破筹码峰的过程中,股价上涨阻力消失,价格可以在筹码峰的上方实现更大幅度的上涨。

操作要领

以下以软控股份日K线图(图8-10)为例进行阐述。

①从筹码的集中形态来看,股价集中分布在12元到14元附近。该股在筹码形态上表现为明显的双峰形态,筹码集中度很高。在股价短线回落的时候,股价跌至筹码峰的下限。筹码峰下限是主力投资者和散户投资者同步处于亏损状态的信号。股价跌破筹码峰下限的空间不大,这为短线买入股票提供了机会。

②筹码获利率降低至7%时,是非常典型的超跌信号。如果股价继续下跌,持股投资者的亏损空间会加剧。图中W位置显示的量能萎缩到等量线下方,不过这种缩量滞

涨的持续时间不会很长。关注该股的量能放大动向，可以在价格触底的时候确认买点。

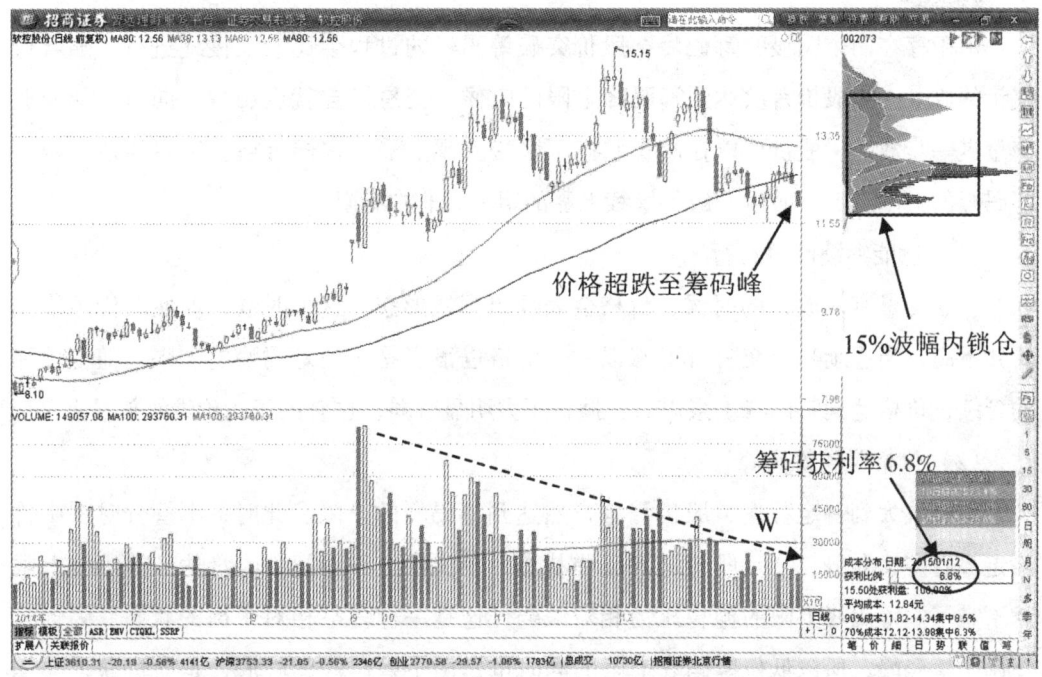

图 8-10 软控股份日 K 线图

总结：股价跌破筹码双峰以后，筹码获利率降至 6.8%，持股投资者的亏损空间并不大，而且还有少量投资者处于微利状态。这说明该股的洗盘过程是非常充分的。筹码锁定良好，主力完全有拉升股价上涨的动力。特别是在价格还未完全脱离筹码峰的情况下，该股一旦开始反弹，投资者的盈利空间必然放大。

8.4.2 交易机会解读

当成交量有效放大以后，股价突破筹码峰的过程可以分两个步骤。首次上涨的时候，价格突破下限筹码峰，该筹码峰是突破压力较大的价格区域。当股价回升到下限筹码峰上方的时候，就确认了价格开始走强的信号。接下来，第二次放量后，股价以大阳线形式突破第二个筹码峰。两个筹码峰分别被有效突破的时候，股价继续回升的阻力便会大大减轻，飙升走势有望顺利出现。

形态特征

由于存在两个明显的筹码峰，股价突破筹码峰的过程会比较缓慢地进行。随着成交量的放大，当股价首次达到筹码峰上限的时候，交易机会就会出现。同时，随着成交量进一步放大，股价可以在放量状态下轻松实现上涨，这样价格就很容易达到两个筹码峰的上限。那个时候，股价继续上涨的阻力就非常有限了。

（1）量能继续高位运行

当成交量有效放大的时候，价格会表现出阳线形态。这个时候，即便股价短线涨幅并不高，当连续几个交易日上涨以后，价格也很容易达到筹码峰的上限。随着反弹的延续，价格达到筹码峰上限以后，抛售压力明显减弱，这有助于股价继续放量上涨。

（2）价格脱离筹码峰

量能放大到一定程度，股价涨幅自然达到筹码峰的上限。此时，不管分时图中价格走势有多么弱势，一旦股价进入反弹状态，在价格上涨期间，收盘达到筹码峰上限就不难了。筹码峰上限的抛售压力相对减弱，这是一种多空相对平衡的状态。因为存在两个筹码峰，所以低位筹码峰上限的同时也是两个筹码峰的谷底，是股价获得支撑后继续上行的起始价位。

操作要领

（1）以下以软控股份日K线图（1）（图8-11）为例进行阐述。

①从股价突破的效果来看，该股在四个交易日回升以后，股价涨幅并不大，但是股价已经达到下方筹码峰的上限。图中D位置显示的筹码峰是下方筹码峰，是股价首先要突破的阻力位。而该股震荡回升期间，价格并未出现涨停走势，这也为追涨买入股票创造了条件。

②从筹码获利率来看，价格达到筹码峰的上限以后，筹码获利率已经达50.4%。换言之，一半的持股投资者处于盈利状态，股价上涨的阻力将明显减弱。价格上方依然存在筹码峰，这部分筹码峰里存在一半的筹码是价格需要继续突破的阻力位。

总结：图中F位置的量能出现放大信号，但是成交量还未达到100日的等量线上方。即便如此，该股依然回升至筹码峰的上限。首次突破了筹码峰以后，该股的回升趋势更强。如果量能有效放大，该股一次性突破上方筹码峰还是比较容易的。

第8章 致命一击：主力锁仓突破筹码形态

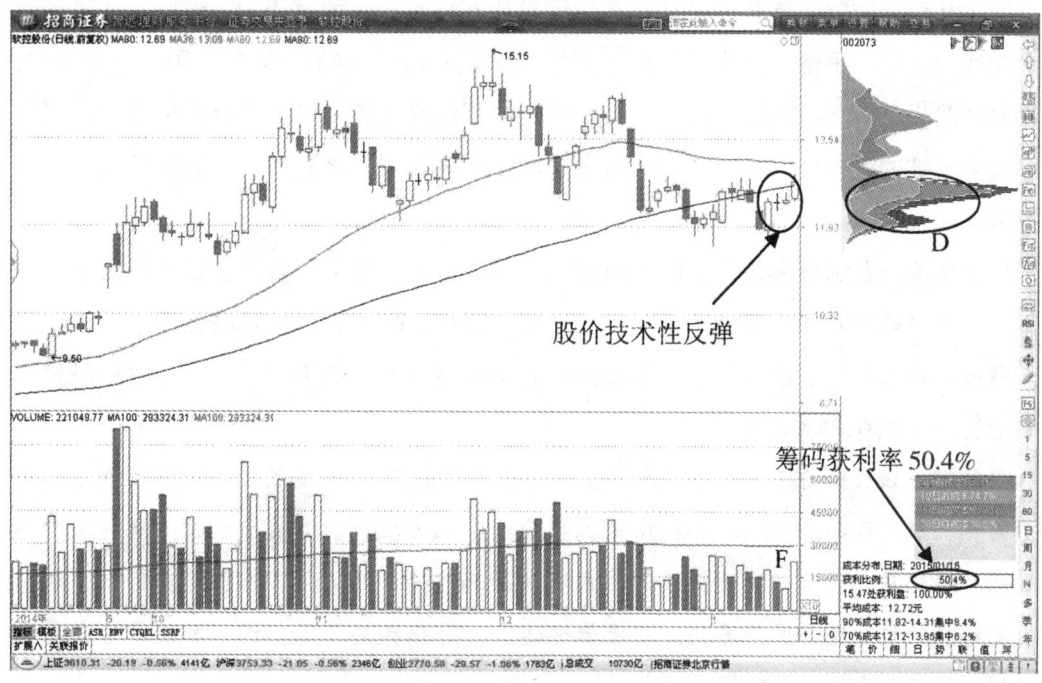

图8-11 软控股份日K线图（1）

（2）以下以软控股份日K线图（2）（图8-12）为例进行阐述。

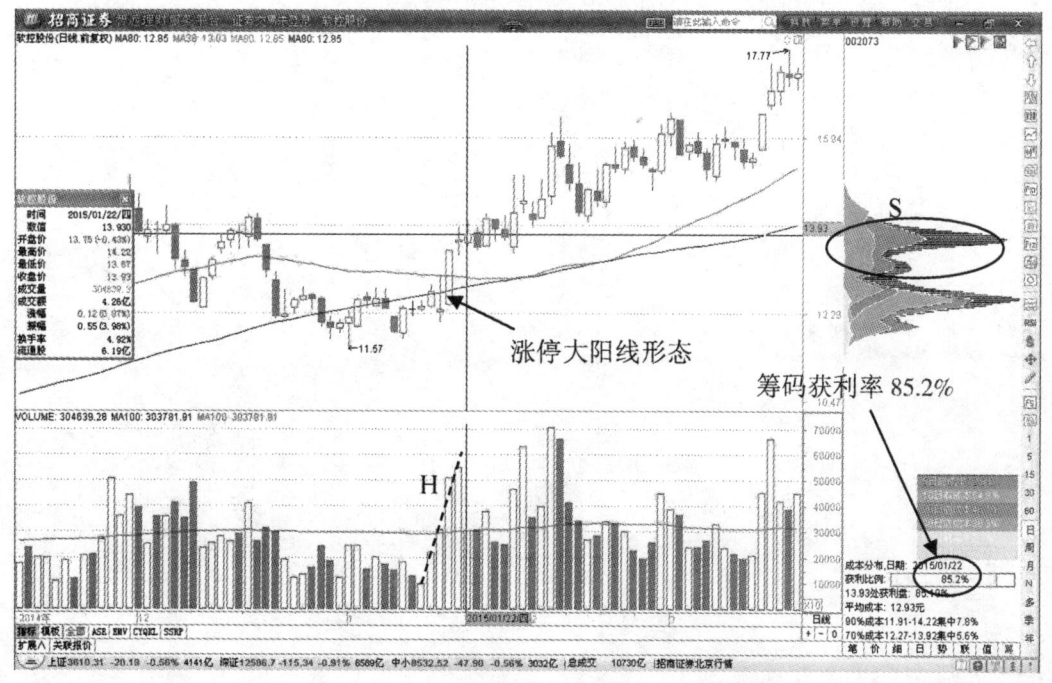

图8-12 软控股份日K线图（2）

①从股价突破效果来看,图中 H 位置量能在持续放大的过程中,该股出现了涨停大阳线的形态。价格一次性突破了上方的筹码峰,股价达到筹码峰的上限。这个时候,多数持股投资者已经获得收益。图中 S 位置的筹码峰是近一半筹码存在的地方,同样是需要突破的重要压力区。两个筹码峰分别被突破以后,该股回升趋势中的阻力将明显减弱。

②从筹码获利率来看,价格达到两个筹码峰以上,便会使得多数投资者处于盈利状态。通过筹码获利率分析,图中显示的筹码获利率高达 85.2%。在这个时间上,大多数投资者已经处于盈利状态。该股当前处于明显的回升趋势中,以至于后期股价震荡上行,涨幅在 25% 以上。

总结:该股股价回升趋势并非一步到位,而是在图中 H 位置显示的持续放量过程中大幅上涨实现的。可见,筹码双峰位置的做空压力较大,以至于该股没能一次性突破两个筹码峰。股价以加速上涨的形式突破筹码双峰的压力区,在价格涨停前,我们有足够多的机会获得廉价筹码。即便价格达到双筹码峰的上限,这个时候建仓交易也不错。适度加仓,盈利空间会放大。

/第9章/

以假乱真：假突破筹码形态

当假突破出现的时候，股价短线会遇到明显的阻力而出现反转走势。从筹码形态来看，价格没能有效突破是因为在突破的方向上存在大量筹码，这是投资者的持仓成本区，是行情难以短线突破的阻力位。至于价格以真实的突破完成单边趋势，可以等到价格在运行方向上不存在明显的筹码峰为止。

当价格回升的时候，股价下方的筹码峰提供了有效支撑，是价格得以大幅上涨的基础。而股价在下跌期间，价格高位的筹码峰提供了较强压力，是价格继续回落的基础。通过筹码假突破的情况，可以认识到价格在回升趋势上，价格高位筹码峰提供了较强阻力。对于行情发展而言，只有这种趋势上的筹码规模减小或者消失，价格才会按照既定的方向运行。

9.1 无量突破筹码峰形态

在成交量无法出现放大的情况下,即便股价突破了筹码峰,这种突破后的价格走势也很难延续。当然,在股价突破的那一刻,量能还是会放大,这是价格短线走强的基础。量能经历了脉冲放大,股价确实已经在筹码峰上方。而如果这只是主力诱多操作的一部分,那么价格冲高回落的情况就会形成。

在实战当中,通常这种假突破的价格走势很容易被发现。股价的确在短时间内涨停突破压力位,可随之而来的便是股价缩量回调的价格走势。如果要在假突破期间获得收益,那就应该在股价突破前买入股票。否则,如果我们在股价突破筹码峰以后追涨买入股票,就会面临无法盈利的窘境。实际上,如果不是投资者具有娴熟的技术分析手法,这种假突破筹码峰的情况很难盈利。股价面临弱势回调的压力,不去追涨才能够减轻损失。对于持股投资者,在股价假突破期间减少持股数量,这样就可以在降低仓位的同时规避风险。

9.1.1 无量突破价格走势

在股价无量突破筹码峰的过程中,涨停走势很容易出现。股价在短时间内涨停,与其说是价格突破形态,倒不如说是主力为了吸引散户投资者追涨。价格涨停速度很快,使得量能不需要太大股价就可以涨停。涨停以后散户投资者追涨成为"接盘侠",股价在缩量过程中突破失败,逐步进入下跌趋势中。

形态特征

价格在无量突破筹码峰的过程中,股价通常表现为明显的大阳线形态和冲高回落的回调走势。既然股价无法突破阻力区,那么假突破以后,量能萎缩时股价会下跌,这是比较容易出现的价格走势。

(1) 量能萎缩迹象

当成交量短暂放大的时候,股价可以出现明显的大阳线形态。大阳线顺利突破了筹码峰位置的压力区。而接下来的时间里,量能开始迅速萎缩,使得股价加速回落。实际上,这只是一个交易日的简单放量,接下来量能萎缩以后,股价便出现了见顶的信号。

(2) 价格短期强势

价格短线表现非常强势,当然,可以认为这是主力为了诱多拉升股价。也可以说,如果接下来主力并不打算持续打压股价,同样可以是短线拉升股价建仓的过程。价格大幅上涨达到涨停价的时候,散户投资者抛售股票的数量增加,这对主力买入股票的帮助很大。一旦主力认为建仓到位,就会大幅拉升股价上涨。不过当前我们说的价格突破筹码峰的走势出现,股价会在缩量的情况下出现突破失败的情况。

操作要领

以下以大东南日K线图(图9-1)为例进行阐述。

①从价格形态来看,图中股价在跳空涨停期间,该股以下影线较长的大阳线突破了筹码峰位置压力区。这种突破看起来是非常有效的,不过该股仅仅有一次涨停,还不能确认股价突破成功。价格已经在筹码峰上限,接下来S位置的量能明显萎缩,导致股价出现了缩量下跌的情况。这显然是一次失败的突破走势。

②从筹码突破的效果来看,当股价顺利突破价格高位的筹码峰时,可以确认股价突破有效,图中价格低位筹码峰的规模较大。股价脱离高位筹码峰以后,使得低位筹码的盈利空间大幅提升。而低位筹码峰位置持股的投资者多数为主力投资者。如果主力投资者短线放弃拉升股价,而选择高抛兑现一部分收益,那么该股一定会出现缩量回调的走势。接下来的S位置量能萎缩,股价冲高回落便说明了问题。

总结:可见,这是一次非常明显的突破失败的案例,主力虽然有心拉升股价突破筹码峰位置的压力区,但是股价却出现了冲高回落的走势。在缩量下跌的过程中,投资者选择观望是比较明智的选择。

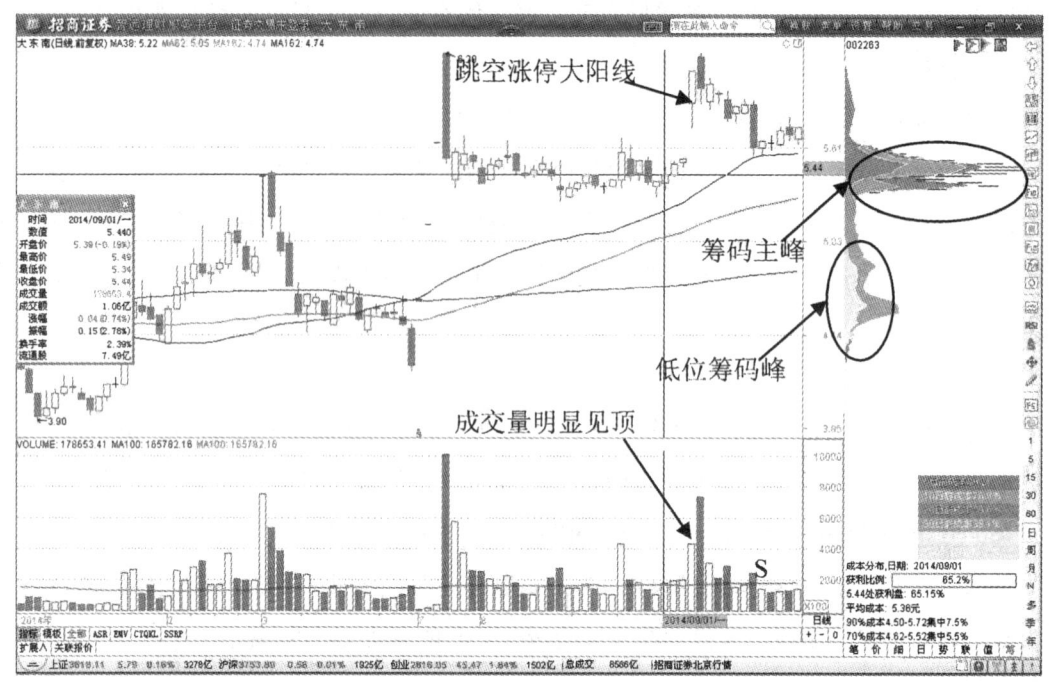

图 9-1 大东南日 K 线图

9.1.2 突破失败后的价格表现

在重要的压力区，股价一次突破失败后还会出现第二次突破的情况。频繁调整筹码峰位置的压力区以后，股价会出现冲高回落的走势，这些都体现了筹码峰位置的压力较大。同时，也表明主力投资者还未做好拉升股价的准备。价格短线突破筹码峰可以被看作是试盘动作，试盘以后，股价自然会出现缩量下跌的走势。

形态特征

股价在突破失败的过程中会出现缩量回落的走势。一旦股价缩量回落，价格下跌和量能萎缩一定会出现，这是我们确认价格突破失败的重要形态。

（1）量能萎缩趋势

成交量萎缩速度越快，做空的机会出现的时间也会更短。接下来的操作可以很容易地确认量能萎缩的卖点。

（2）阴线下跌走势

阴线下跌的走势出现以后，股价跌幅扩大，成交量便会出现萎缩的情况。实际上，阴线下跌中，价格跌幅较大，跌破筹码峰以后，股价二次回落至筹码峰的下限，其体现了突破失败的价格走势。

操作要领

（1）以下以大东南日K线图（1）（图9-2）为例进行阐述。

①从价格形态来看，图中明显有Z和C两个位置的筹码峰形态，而股价就是在首次跌破了C位置的筹码峰以后加速下挫的。图中大阴线形态的实体较长，相比前期股价拉升时候的阳线实体要长。显然，股价下跌走势是非常重要的价格趋势。虽然前期短线股价突破筹码峰，却只是一次持续时间非常短的假突破走势。

②从筹码突破效果来看，图中C位置的筹码峰处于价格高位，是股价上涨期间必须要突破的压力区。C位置的筹码规模虽然不大，但是做空的压力却非常大。以至于量能在无法持续放大的情况下，该股会出现冲高回落的价格走势。

总结：当成交量长时间维持低位的时候，即便短线出现放量的情况，量能也不会太大。图中股价短暂放量拉升后冲高失败，股价轻松出现了见顶回落的走势。可见，

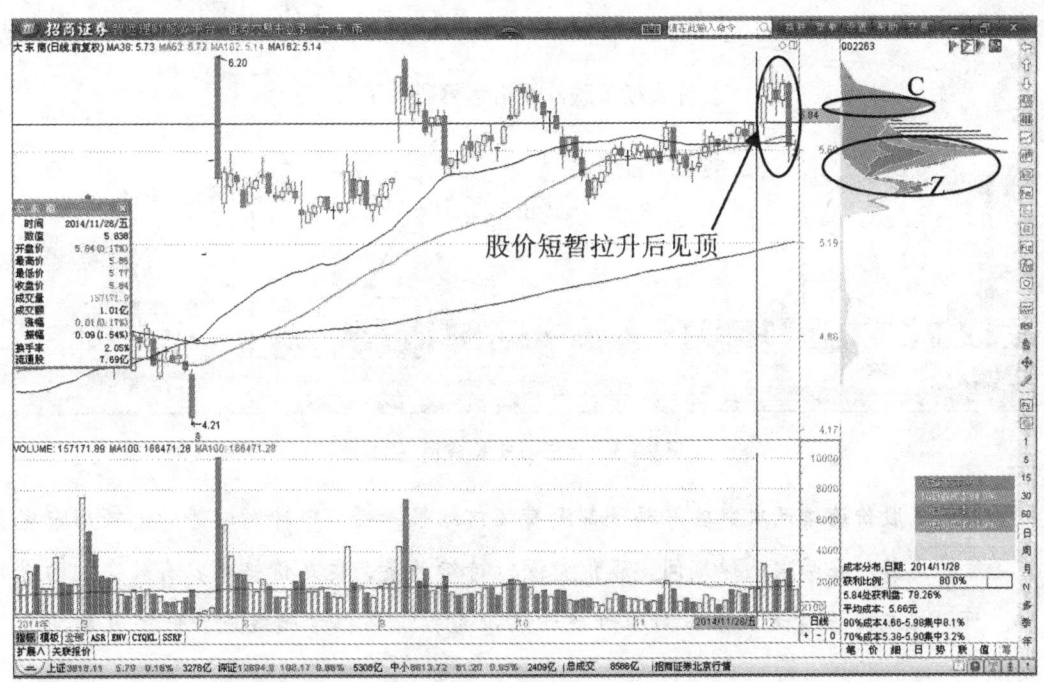

图9-2 大东南日K线图（1）

该股成交量显然是不足的,以至于价格虽然达到筹码峰的上方,却不是有效的突破走势。而接下来的大阴线形态实体较长,表明下跌趋势已经快速形成。

(2)以下以大东南日K线图(2)(图9-3)为例进行阐述。

①从价格形态来看,在缩量期间,该股股价出现了A、B、C三个波段的连续下跌走势。价格回落趋势非常明显,该股短时间内下跌至筹码峰的下限。从筹码获利率来看,只有16%的筹码处于盈利状态,该股显然已经明显超跌。

②从筹码突破效果来看,股价在连续三个波段下跌的过程中,股价已经轻松跌破了筹码峰。图中成交量明显处于100日等量线下方,表明在缩量状态下,主力并没有托盘。而散户投资者很难改变价格的回调趋势,量能在萎缩的过程中,利用反弹盈利的交易机会减少。

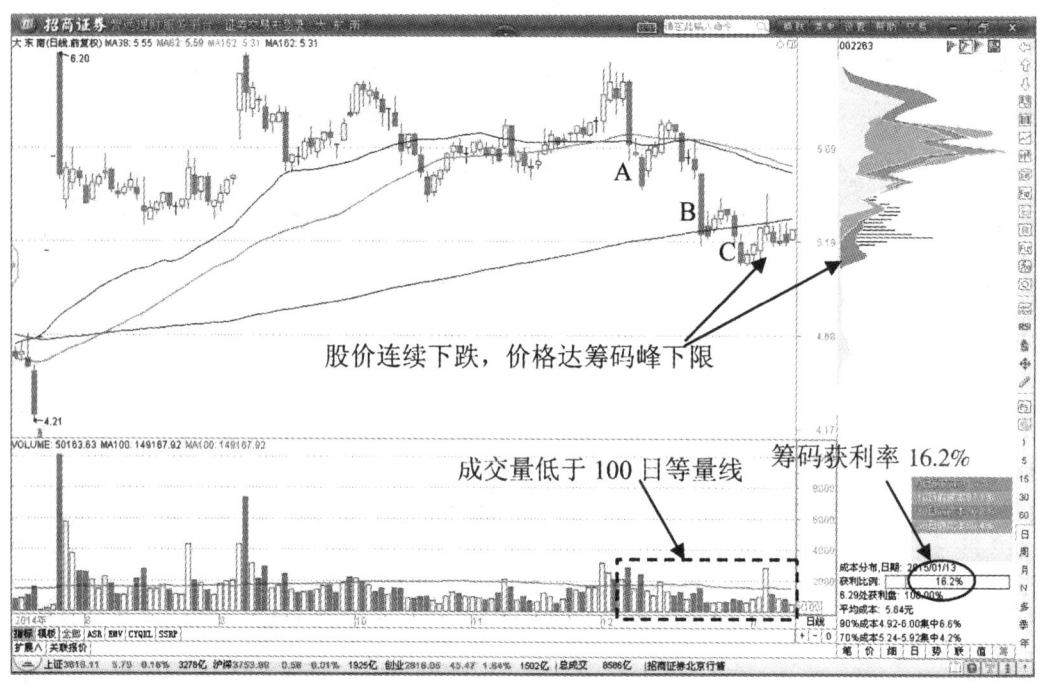

图9-3 大东南日K线图(2)

总结:股价连续两次突破筹码峰都没有任何结果,股价以冲高回落的见顶形态完成了反转走势。在两次反弹期间,股价都没能持续放量,这是价格难以有效突破的根源。可以说主力投资者还未做好拉升股价的准备,价格拉升阳线成为假突破期间的卖点。

9.2 双筹码峰之间的反弹形态

在股价大幅回落的时候，价格单边回落的持续时间较长，短时间内很难出现明显的建仓机会。而一旦出现探底回升的信号，价格历次反弹的空间就会非常有限。实际上，股价下跌期间套牢筹码数量较大，技术性反弹走势很难改变价格下跌的趋势。

在下跌趋势中，筹码双峰形态出现以后，筹码集中分布在低位。这个时候，反弹走势很难突破筹码双峰的所在价位。更容易出现的情况是，股价在筹码双峰之间反弹以后冲高回落。回落下来以后，股价延续前期的下跌趋势，最后股价持续下跌并且达到更低的价位。

9.2.1 反弹无效价格走势

在股价下跌的过程中，技术性的反弹走势很难改变股价的下跌趋势。即便股价短线放量回升，改变投资者卖出股票的想法还是很困难的。毕竟，股价大幅杀跌以后，亏损面大幅增加。如果价格反弹空间远达不到价格回落的起始点，那么选择卖出股票还是有必要的。从筹码的形态上看，价格突破短线筹码峰的阻力还是很高的。

形态特征

从下跌趋势中的短期反弹来看，如果筹码双峰已经在价格低位形成，可以确认价格在反弹期间很难达到高位筹码峰上限。股价很容易在两个筹码峰之间双向波动，却不会轻易突破高位筹码峰。这个时候的股价反弹有持续时间短和涨幅有限的显著特征。

（1）量能有限放大

在筹码双峰出现在价格低位的时候，技术性反弹期间的量能有限放大，使得股价轻松反弹。短线买入股票的投资者掌握了超跌反弹的主动权，价格按照超跌反弹的运行特征短线走强。

（2）股价不会突破上限筹码峰

股价从低位反弹的时候，价格轻松突破低位筹码峰。不过考虑到做空压力较大，价格很难继续突破第二个筹码峰。股价很容易在筹码双峰之间的某个价位见顶。一旦确认反弹结束，价格会延续下跌趋势，并且很容易再创下跌走势的新低。

操作要领

（1）以下以云投生态日K线图（1）（图9-4）为例进行阐述。

①从价格形态来看，股价见顶以后大幅杀跌，该股频繁出现跳空跌停的价格走势。可见，下跌趋势非常明显，技术性反弹走势很难形成有效的反弹。而图中量能维持在等量线上方，表明股价以放量的形式下跌。这表明，大量筹码换手到低位的时候，该股依然没有明确的触底迹象出现。

②从后期筹码形态看，价格单边回落以后，筹码形态上明显表现为A、B两个位置的筹码峰，这两部分筹码峰的规模相似。如果股价在这个时候反弹，将面临两个筹码峰带来的盈利。

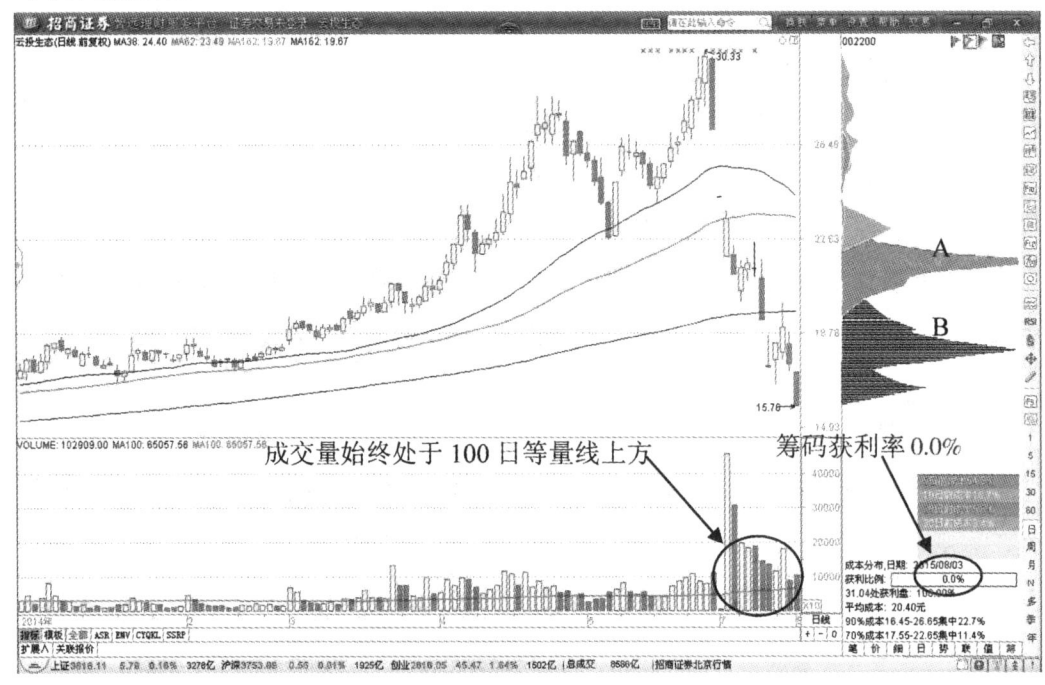

图9-4 云投生态日K线图（1）

总结：在双筹码峰出现在价格低位的情况下，很难确认价格能够有效突破筹码双峰。换言之，筹码双峰位置的阻力很强，价格不会一次性突破该阻力区。我们可以根据双筹码峰提供的压力来确认做空位置。通常，股价只要达到 A 筹码峰下方，抛售压力就会出现。而我们考虑在价格反弹高度达到 A 位置前减仓，是必要的避险做法。

（2）以下以云投生态日 K 线图（2）（图 9-5）为例进行阐述。

①从价格形态来看，图中一根实体非常长的大阴线出现以后，该股明显结束了反弹走势。该阴线以高开形式出现，在高开以后回落，收盘在最低价位的时候，股价跌停收盘。可见，股价在反弹的时候遇到了非常强的阻力，使得反弹轻松结束。

②从筹码突破效果来看，当股价结束反弹走势的时候，我们确认股价轻松跌破了 Z 位置的筹码峰。该部分筹码的规模较大，价格跌破筹码峰以后的筹码获利率降低至 36.6%。可见，持股盈利的投资者已经非常少，而该股刚刚开始加速下挫，随着股价跌幅扩大，筹码获利率还会进一步降低。

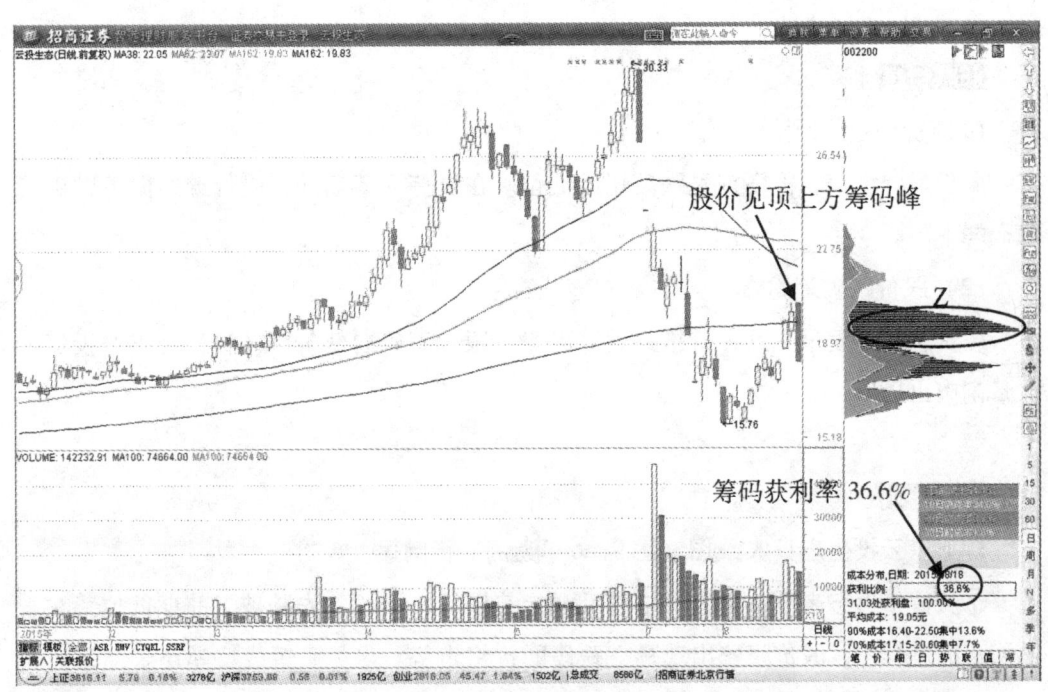

图 9-5 云投生态日 K 线图（2）

总结：从价格反弹前后的筹码分布来看，在股价反弹期间，Z 位置的筹码峰是前期图 9-4 中 A 和 B 两个筹码峰的谷底位置。在价格反弹期间，筹码填满了筹码谷。价格恰好在 A 位置的筹码峰位置见顶，这符合我们对该股下跌趋势的判断。

9.2.2 反弹失败后的价格表现

在股价下跌期间,结束反弹以后的价格通常会再创新低。投资者对反弹并不认可,反弹期间价格有一定的上涨空间,但是不足以改变投资者的盈亏状况。事实上,多数投资者会因为股价大跌出现亏损。而且在股价下跌期间,筹码向下的转移趋势很难在短时间内结束。在股价反弹期间,套牢的投资者开始解套,筹码转移到价格低位。随着反弹次数增加,筹码向低位转移的数量也在增长。等待筹码多数已经转移到低位的时候,股价才可能真正触底回升。

这样,我们通过确认筹码在价格低位出现的规模,就可以判断股价是否已经见底。当大部分筹码转移到低位以后,并且出现了明显的筹码单峰形态,才能够确认股价已经大概率触底了。这个时候的抄底买入股票操作才更有意义。

形态特征

(1) 价格破位回落

股价反弹结束,价格首先跌破短线低位。在震荡回落期间,股价继续向下跌破了筹码峰下限。

(2) 股价跌破筹码峰

股价进一步缩量下跌,价格跌破筹码峰下限。筹码向低价区转移,套牢的投资者大量割肉出局。

操作要领

以下以云投生态日 K 线图(图 9-6)为例进行阐述。

①从价格形态来看,当股价结束反弹走势以后,该股首先跌破了前期低位。在震荡回落的过程中,股价频繁出现跳空跌停的价格走势。可见,短线反弹还未结束股价的下跌趋势。特别是前期已经确认筹码双峰的存在,大量筹码还未转移到价格低位的时候,套牢盘大量存在使得反弹面临巨大的解套压力。因此,该股只经历短暂而有限的回升,追涨还是以频繁跌停结束反弹走势。

②从股价下跌后的筹码形态来看,短线高位的筹码峰已经很少存在,图中 G 位置的筹码规模显然要比 H 位置的筹码规模小。多数筹码转移到价格低位 H 位置,表明持

股投资者的成本降低空间较大。可以确认筹码大幅度向下转移，该股套牢盘已经大幅度减少，而该股显然在大跌后更加接近真正的底部。

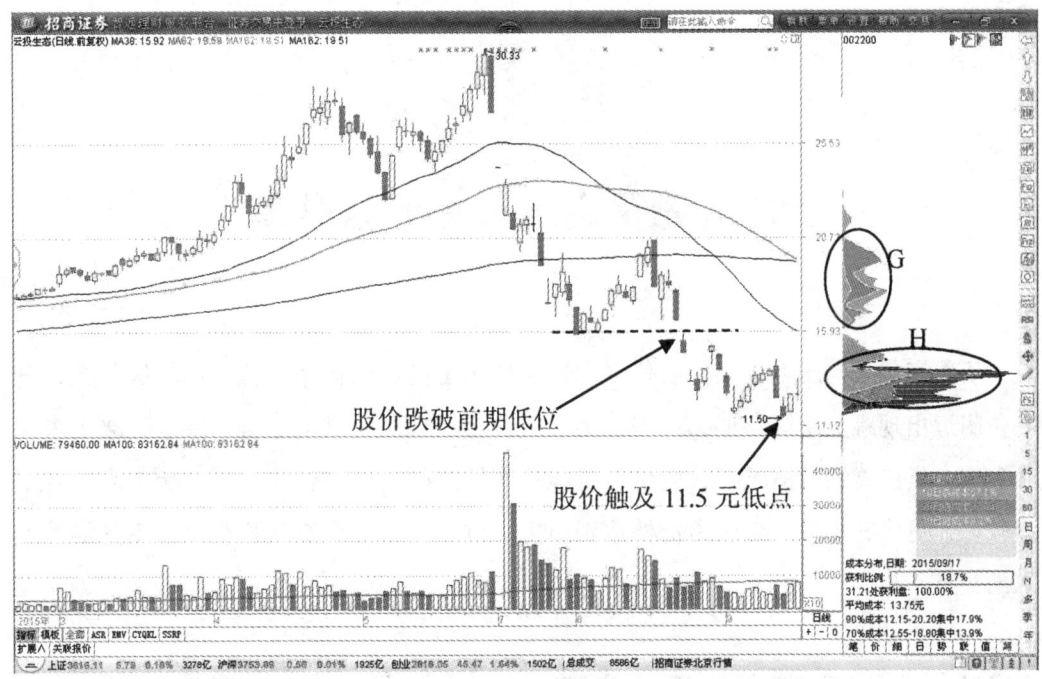

图9-6 云投生态日K线图

总结：在股价下跌期间，确认真正的底部难度很大。在更多的情况下，容易判断股价出现了反弹走势，但是反弹却不会成为反转。因为筹码还没有大部分转移到价格低点。同时，投资者对价格下跌幅度的认可程度还不高，这是股价继续下跌的原因之一。

9.3 无量突破历史筹码形态

历史高位做空压力较大,股价一次性突破历史高位的概率很低。如果股价在拉升高位附近出现跳空阳线,那么一般认为,股价会出现假突破的走势。特别是接下来交易日中,量能萎缩的情况下,股价不可能一次性突破历史高位压力区。历史高位套牢盘较多,更多的投资者会认为价格达到历史高位是一次减仓交易机会,而不是继续追涨的买点。

9.3.1 K线形态上的无效突破

从K线形态上看,如果股价跳空力度较大,又能出现阳线形态,价格突破的概率会很高。不过考虑到历史高位的阻力较大,一次性突破的概率很小。即便股价短线放量突破了筹码峰,股价达到历史高位也可能出现回落走势。如果股价突破历史高位的量能不足,或者说价格突破历史高位以后明显缩量回调,就可以确认这是一次假突破走势。股价会在历史高位见顶,并且马上出现回调走势。

形态特征

涨停阳线突破筹码峰以后,价格活跃度会很高,即便是散户投资者追涨拉升股价,价格也会出现上涨的走势。量能维持高位运行,但是如果缩量趋势出现,股价就很难有效突破历史高位。

(1)短暂放量迹象

量能放大出现在价格突破筹码峰阶段。如果突破筹码峰以后量能萎缩,并且在股价突破历史高位的时候放量不足,股价见顶的概率就很高了。

(2) 价格出现见顶信号

股价放量上涨的强势表现出来以后，价格的活跃度增强。如果股价活跃度非常高，连续出现了三次跳空 K 线，那么我们认为这是多方拉升力量竭尽的信号。首次跳空是价格突破筹码峰位置的阻力区，第二次跳空是股价加速回升的信号。而第三次出现跳空走势的时候，如果量能不足，表明多方拉升股价力量已经竭尽，继续拉升股价的动力不足，价格即会出现缩量调整走势。

操作要领

以下以轴研科技日 K 线图（图 9-7）为例进行阐述。

①从价格形态来看，图中大跌阴线出现以后，该股以跳空的形式涨停。可见股价触底回升速度很快，涨停阳线对应的阳线量能较大，股价短线突破非常有效。不过随着股价突破筹码峰，高位继续出现的跳空棒槌线则是该股第三次明显的跳空 K 线。棒槌线对应的棒槌线量能显然没有股价涨停期间量能大，这说明该股突破历史高位的力度不大。

②从筹码突破的效果来看，价格达到筹码峰上限的时候，该股已经脱离了重要的

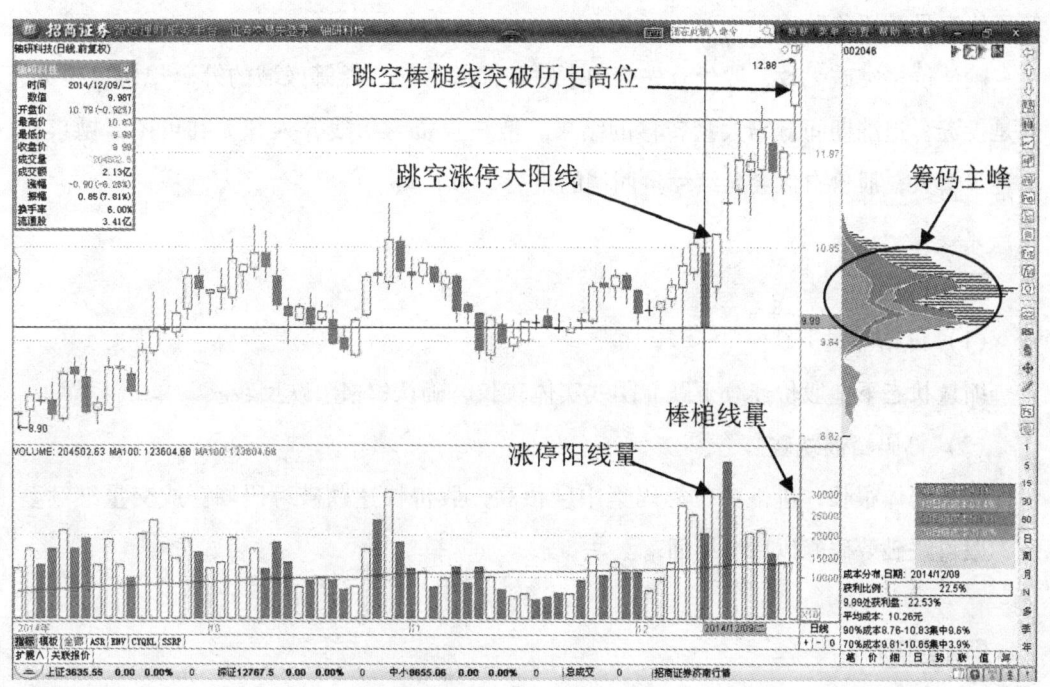

图 9-7 轴研科技日 K 线图

压力位。这个时候股价高位运行,表明持股投资者中获利状况较好,投资者短线做多的积极性较高。不过量能维持高位的时候,筹码转移速度会很快,需要成交量进一步放大脱离高位筹码区域。而跳空棒槌线出现的时候量能不足,价格继续上涨的潜力值得怀疑。

总结: 确认价格突破筹码峰非常重要,不过更重要的是股价能够有效脱离筹码密集分布的区域。价格虽然已经在筹码峰上方,但是股价还未远离筹码密集的分布区域,此时投资者对价格无法继续放量回升的状况应该非常认真地对待。如果股价不能继续放量并脱离筹码密集区域,那么相应的缩量回调就会出现。

9.3.2 冲高回落的价格表现

当股价无法继续放量上涨的时候,价格会出现缩量下跌的情况。短线参与追涨的投资者持仓成本较高,在价格回落期间很容易处于亏损状态。特别是在激进买入股票的投资者当中,追涨价位越高,短线套牢的概率越大。在股价冲高回落的时候,首先处于亏损状态的是追涨投资者。追涨投资者的持仓成本在浮筹区域,浮筹区域对应的筹码峰容易被股价跌破。

确认价格突破无效,股价首先会向下跌破浮筹区域。浮筹区域的筹码规模也很大,这是投资者追涨期间筹码大量转移的结果。散户投资者短线介入却无利可图,抛售压力逐步增大,股价自然会延续缩量回调的走势。

形态特征

(1) 价格缩量下跌

缩量状态下,股价连续下跌。阴线实体较长,确认价格下跌反转。

(2) 筹码峰被跌破

阴线实体很长,价格高位筹码集中度很高,股价快速跌破筹码峰。成交量继续萎缩,股价跌破筹码峰以后继续回落。

操作要领

(1) 以下以轴研科技日K线图(1)(图9-8)为例进行阐述。

①从价格形态来看,该股日K线图中连续出现两根下跌阴线,股价轻松跌破了F

位置的浮筹筹码峰。价格跌破筹码峰期间量能萎缩，图中 D 位置的量能已经跌破 100 日等量线，说明下跌节奏依然持续。

②从筹码突破效果来看，价格跌破浮筹筹码峰以后，筹码获利率降低至 58.1%，持股投资者的亏损面积明显增大。大量投资者亏损以后，该股短期不具备连续走强的基础。在价格反弹期间减少持股，可以应对接下来的调整走势。

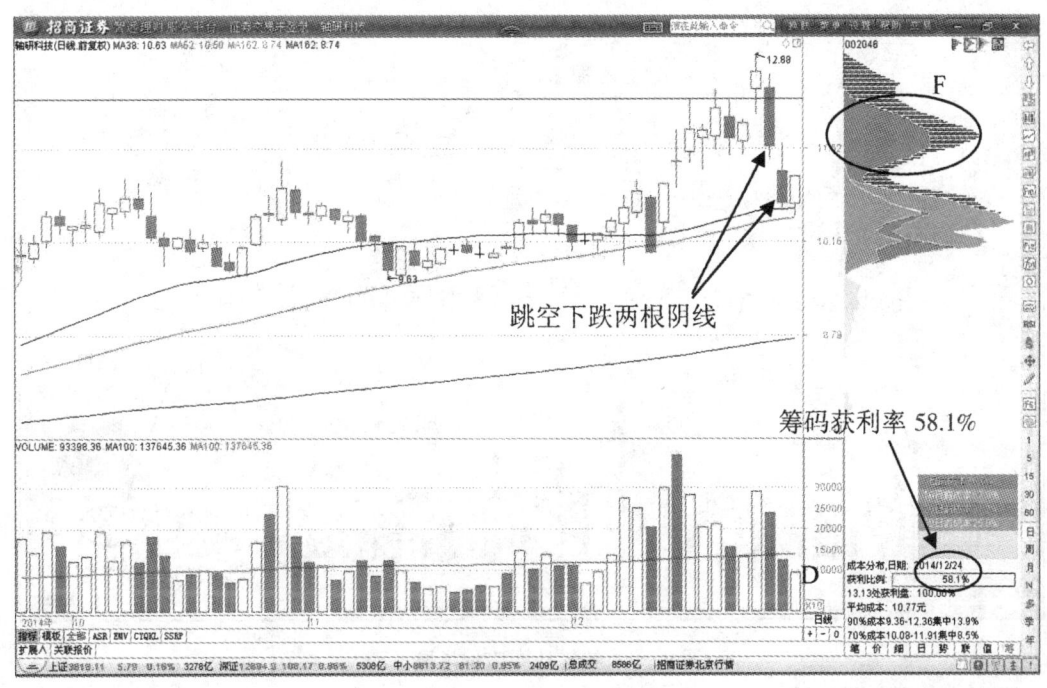

图 9-8　轴研科技日 K 线图（1）

总结：股价突破历史高位的力度并不大，只是以跳空阳线突破了阻力区。这个时候，可以确认价格难以形成单边回升趋势，在股价还未大幅上涨的时候，减仓非常必要。量能无法达到预期，表明主力拉升股价意图不明。从整体来看，虽然筹码峰调整到高位，但是股价脱离筹码峰后，上涨趋势出现停滞。该股真正突破历史高位前还需要调整，调整到位以后我们可以动手建仓交易。

（2）以下以轴研科技日 K 线图（2）（图 9-9）为例进行阐述。

①从价格形态来看，前期股价起涨点位在 10 元附近，该股见顶历史高位以后明显回落至起涨点，股价回调空间较大。从历史高位 12 元以上回落至 10 元，跌幅达 20%。伴随着股价冲高回落的走势，可以确认股价出现了非常显著的缩量下跌趋势。成交量萎缩时间长达两个月，股价跌至筹码峰下限。

②从筹码突破效果来看，股价在缩量过程中单边下跌，价格跌破筹码峰的下限，表明该股下跌幅度较大。筹码被大部分跌破以后，从筹码获利率来看，仅有8.1%的筹码处于盈利状态。不过该股筹码集中度很高，价格跌至筹码峰下限以后，股价接近跌破全部筹码。这个时候，可以确认该股处于非常明显的超跌状态。

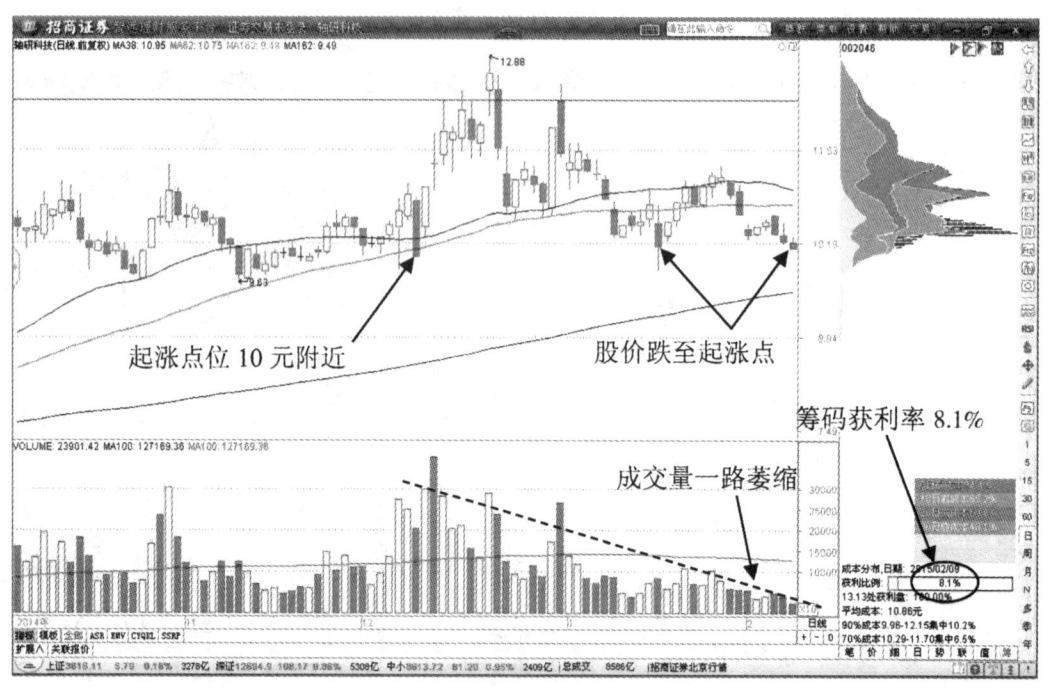

图9-9 轴研科技日K线图（2）

总结：确认价格有效突破历史高位，价格表现会非常强势。否则，股价在历史高位见顶回落的概率很大。没有主力资金强势拉升股价，价格很难一次性突破历史高位的压力区。结合实战经验判断，不要急于在股价突破历史高位的时候买入股票。只有经过验证的有效突破，才能视为大量建仓的交易机会。

9.4 缩量跌破筹码密集区形态

当股价回升趋势非常明显的时候，价格持续3个月以上出现上涨，可以确认这个时候的股价表现得很强势。即便短期出现回调走势，如果价格跌幅不大，依然可以认为是短期的下跌，股价回调不改变上行趋势。在量能短线萎缩下来以后，技术性反弹走势出现，使得股价快速脱离低位调整区域，这同样是买入股票的机会。

一旦确认股价出现超跌的走势，就可以考虑抄底买入股票了。量能萎缩至100日等量线以下的时候，是确认超跌信号的时刻。这期间成交量继续萎缩的概率已经不高，如果反弹走势在此时形成，股价将摆脱缩量调整态势。

9.4.1 缩量期间的探底回升形态

在价格回升的时候，短线缩量调整走势通常以十字星等探底形态结束。确认短线低位出现十字星形态，是判断股价见底的信号。十字星出现的位置通常是短线低位，是与前期价格低位相似的价位。从形态特征上看，价格触底位置非常容易确认。如果价格回升趋势没有结束，可以认为这种反弹走势会出现得非常及时，而不会出现价格二次下跌的走势。

形态特征

从形态上分析，如果股价触底回升，连续下跌后，价格低位会出现十字星形态。当十字星出现之时，成交量已经在等量线下方。可以用100日等量线确认量能是否放大，量能跌破该等量线表明价格缩量触底。典型的探底回升形态是十字星形态之后出现反弹阳线。阳线对应的量能放大，表明多方资金开始流入，价格表现强势。

(1) 量能显著萎缩

短期回调的价格表现为明显的量能萎缩，量能萎缩体现了投资者参与股票交易的活跃度降低，价格自然出现弱势状态。确认股价触底的信号并非量能萎缩，但量能萎缩通常是股价缩量触底的信号。在回升趋势中，量能萎缩出现的概率比较小。特别是成交量显著萎缩并且跌破等量线时，是股价触底短期低点的信号。

(2) 探底十字星出现

从价格形态上看，如果股价连续回落以后出现探底十字星形态，可以确认这是股价触底的信号。从价格走势分析，股价虽然双向波动却没有大涨大跌，这表明多空实力短期达到某种平衡的状态。这个时候，一旦场外资金流入，股价很容易确认低位的反弹起始点。

操作要领

以下以横店东磁日K线图（图9-10）为例进行阐述。

①从价格形态来看，RSI指标与股价背离。因为股价表现较强势，当价格再创新高的时候，RSI指标虽然也出现反弹，但是指标反弹力度不足，还未达到前期的高位上

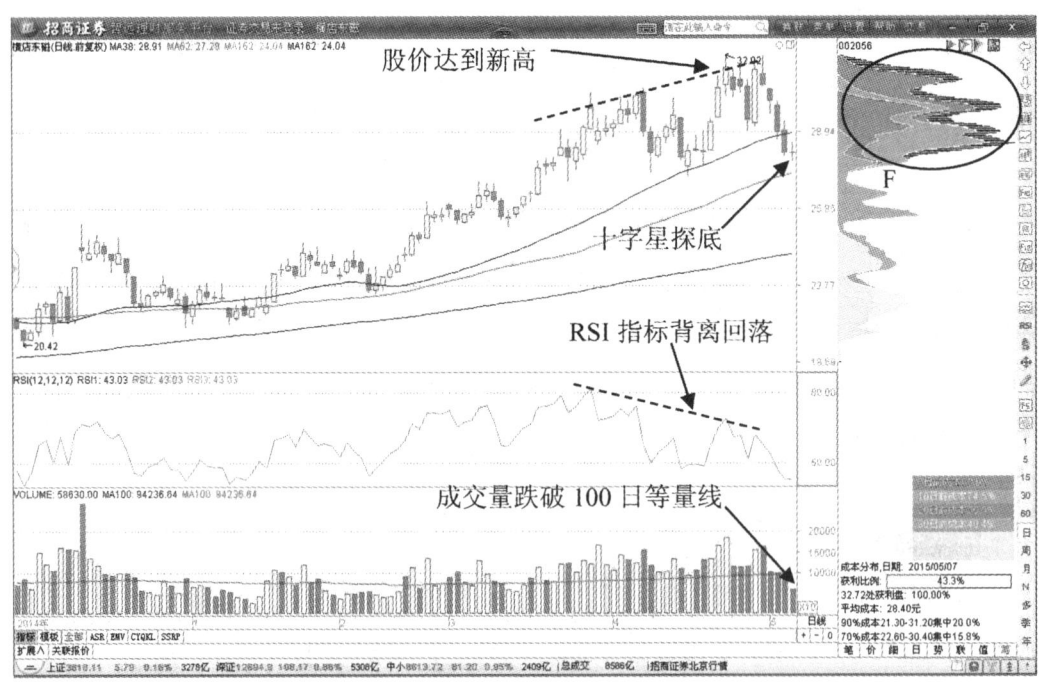

图9-10 横店东磁日K线图

方。可以确认这是一次 RSI 指标首先回落的背离形态。RSI 指标与股价高位背离，提示该股短线出现在顶部。

②从筹码突破效果看，股价从高位回落期间，股价跌破了浮筹区域，图中 F 位置的筹码峰是浮筹筹码峰，是持股时间最短的筹码位置。股价跌破浮筹区域的情况，显示短线股价表现很弱。同时，当成交量达到 100 日等量线下方的时候，我们确认该股很可能已经下跌到位。

总结：通常在价格回升期间，量能跌破等量线是股价超跌的信号。这个时候，股价活跃度达到短期的最低点，多空双方争夺并不激烈，价格从空方主导的连续回落向多空双方共同主导的横向运行过渡。这个时候，只需等待股价出现放量反弹的阳线，便可确认股价反转。

9.4.2 强势反弹的价格表现

强势反弹的基础是成交量有效放大，股价以十字星确认了短线低位以后，超跌反弹的阳线形态进一步验证了回升趋势。投资者可以通过触底回升的阳线形态检验反弹的真伪，提高买入股票后的盈利空间。

从价格形态看，如果股价反弹潜力较大，其在形态上会表现出非常好的反转特征。并且在价格回升趋势中出现的股价回调力度不会很大，持续时间也不会太长。结束回调走势相对容易，多方很容易主导股价的运行趋势，即便是面临 RSI 指标与股价背离这种难料的见顶信息。

形态特征

（1）红三兵形态出现

十字星短线触底，股价以红三兵形式上涨。价格涨幅加大，确认放量回升节奏。

（2）价格突破筹码峰

红三兵形态出现以后，股价放量脱离筹码峰。反弹趋势确立，接下来量能继续回升，股价继续脱离筹码峰。

操作要领

（1）以下以横店东磁日 K 线图（1）（图 9-11）为例进行阐述。

①从价格形态看,十字星形态完成以后紧接着出现了红三兵形态。红三兵形态对应图中S位置的量能放大,表明这一次反弹是比较有效的形态。从总体来看,股价触底回升的效率很高,价格经历短暂的缩量下跌后重拾升势,这种强势表现非常难得。特别是结合RSI指标看,图中T位置显示的RSI指标已经再次达到50线上方,这表明多方已经盖过空方,主导了价格的运行趋势。

②从筹码突破效果来看,价格短线反弹期间达到高位筹码峰内部,筹码获利率提升至71.6%,多数投资者处于盈利状态。按照该股的放量反弹节奏,可以预计股价当前强势运行的状态不会改变。价格上涨空间可以轻松达到短线高位以上。

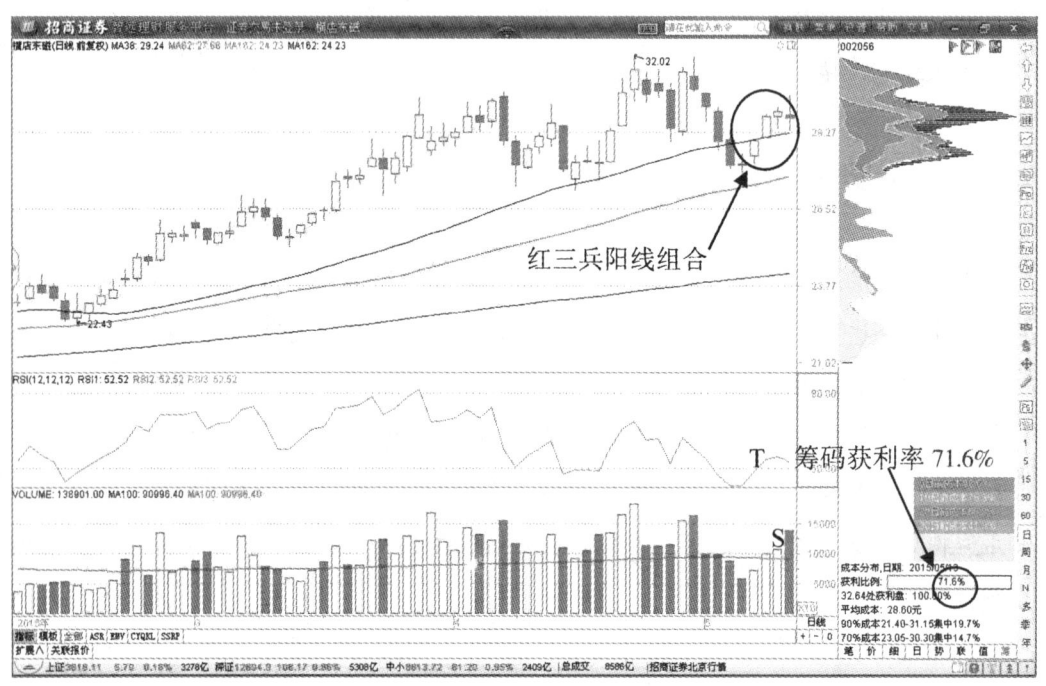

图9-11 横店东磁日K线图(1)

总结:股价刚刚跌破均线就很快确认了反转形态,而量能萎缩速度也很快,不过确认量能跌破100日等量线以后,该股马上出现触底回升的走势。多种迹象表明,该股缩量跌破价格高位浮筹区域是一次假突破走势。确认这次假突破并不困难,只要耐心等待反弹的信号出现即可。毕竟在该股明显的回升趋势中,即便出现这次下跌走势,减少损失的机会还是很多。

(2)以下以横店东磁日K线图(2)(图9-12)为例进行阐述。

①从价格形态来看,当股价明显处于放量涨停以后,该股冲高回落走势形成。价

格达到更高的价位以后，图中探底回升的阳线形态成为该股继续走强的看点。就是因为有了高位打压下的形态，该股才能轻松脱离 A 位置的浮筹区域。A 位置的浮筹区域是新近出现的筹码峰，是必须突破的压力区。

②从筹码突破效果看，前期筹码峰已经不是该股的阻力位，新的阻力区出现在筹码 A 位置。该筹码是新出现的浮筹区域。股价以大阴线回落，显示该股面临着较大的调整压力，但是量能在图中萎缩却没有跌破 100 日等量线，表明股价的下跌不可持续。量能维持相对高位，该股以大阳线突破了 A 位置的筹码峰，推动股价继续达到新的高位。

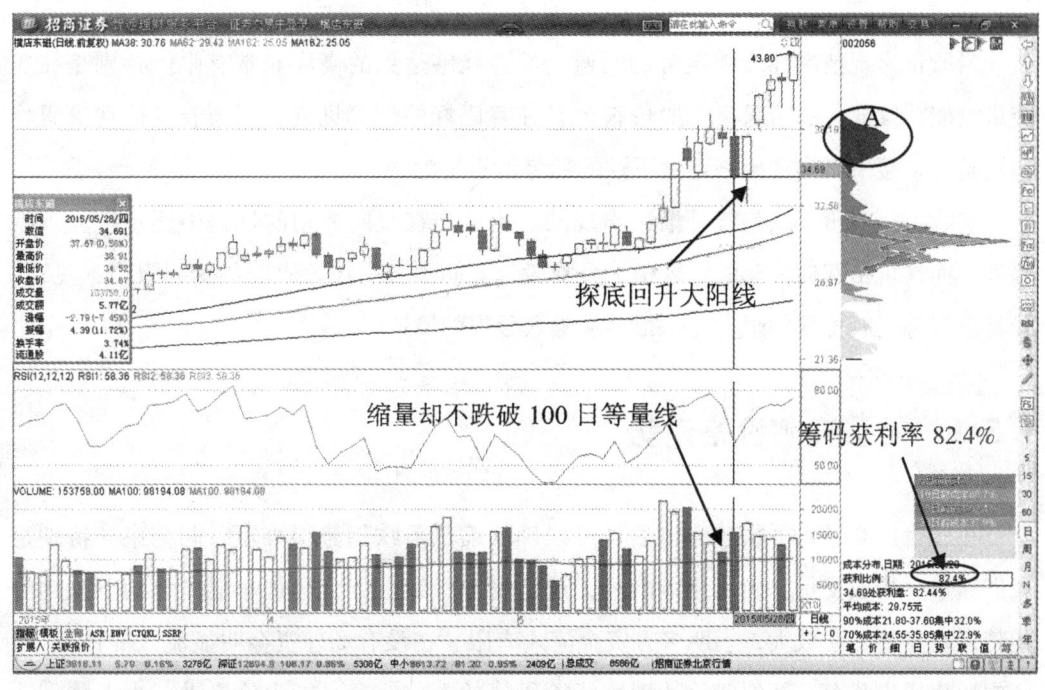

图 9-12　横店东磁日 K 线图（2）

总结：价格脱离短线低点以后，股价进一步上涨还需要量能放大的配合。成交量达到高位运行，股价回升潜力才会更大。与此同时，股价突破新出现的浮筹区域，是股价再创新高的基础。价格突破筹码的力度较大时，可以确认股价能够达到新的筹码峰上方，价格上涨潜力会更快释放。

9.5 反弹收复低位筹码峰

当股价出现技术性反弹走势的时候,反弹能够达到的高度非常有限。特别是在成交量没能持续放大的情况下,股价很容易在筹码峰的位置见顶。而随着股价在筹码峰遇到阻力,接下来出现价格延续下跌的趋势就不足为奇了。

实际上,股价下跌趋势是渐进出现的。价格会在双向波动的过程中逐步扩大下跌幅度。而在价格双向波动的过程中,反弹股价期间很容易在筹码峰位置的阻力区见顶。轻易忽视筹码峰位置的阻力区,很容易陷入亏损的境地。

9.5.1 无量突破价格走势

在股价已经进入下跌趋势以后,可以确认缩量下跌趋势很难短时间结束。特别是我们通过分析成交量,确认量能已经无法达到等量线上方,这是非常显著的下跌趋势的特征。量能无法放大,表明多方资金流入有限,在没有场外资金明显流入的情况下,场内抛售压力犹存。即便股价达到短线筹码峰的上方,也只能为价格进一步下跌创造条件。相比下跌趋势中的跌幅,反弹走势中的股价涨幅总是非常有限,这也成为我们继续做空的依据。

形态特征

在技术性反弹走势中,股价虽然已经触底回升,但是股价整体的表现并不乐观。从价格涨幅来看,价格震荡回升期间的涨幅有限,每一根K线的有效涨幅都不大,这体现了下跌趋势中弱势反弹的特征。而且成交量无法放大,是限制价格涨幅的重要因素。因此,股价不会在反弹趋势中出现过大的涨幅。从总体来看,价格按照缩量调整的态势运行，如果我们短线买入股票的价格不低，那么即便持股，也不会有太多的盈利空间。

（1）无效放量迹象

成交量无法达到 100 日等量线上方，这是非常重要的缩量信号。在等量线下方，不管成交量如何放大，股价上涨潜力都不可能太大。股价可以持续较长时间的弱势反弹，但是反弹强度绝不会过高。即便达到或者突破低位筹码峰对应的价位也是非常困难的。量能萎缩决定了股价不可能出现明显上涨，这也减少了短线交易的机会。

（2）价格有限回升

价格弱势反弹以后，从涨幅上看，股价可以达到筹码峰上限，不过进一步上涨的压力就很大了。如果确认价格低位的筹码峰规模较大，股价达到筹码峰上限的可能性并不高。一旦价格接近筹码峰上限，考虑短时间内减少持股是必要的。

操作要领

（1）以下以歌尔声学日 K 线图（1）（图 9-13）为例进行阐述。

①从价格形态来看，图中 C 位置出现了反弹阳线形态，股价反弹强度较大，成为

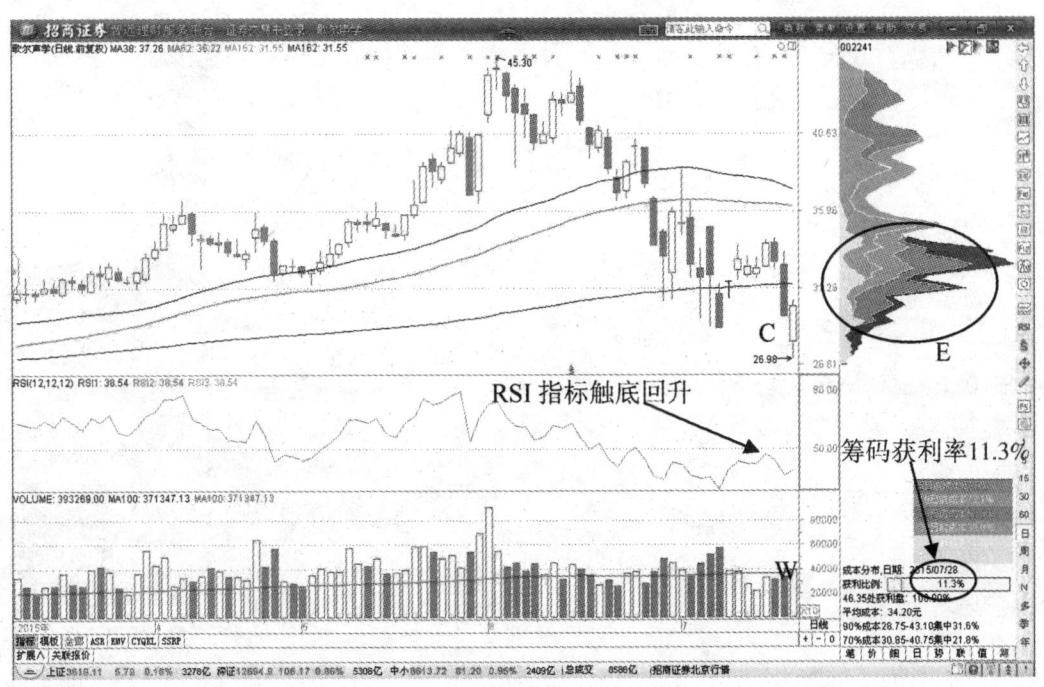

图 9-13 歌尔声学日 K 线图（1）

短期该股触底回升的形态。参照 RSI 指标，可以确认这是在指标跌破 50 线的情况下出现的股价反弹。而 E 位置的筹码规模相当大，该反弹显然会面临较大的做空压力。

②从筹码获利情况看，价格触底回升以后，可以确认只有 11% 的筹码处于获利状态。很显然，该股在明显的大幅杀跌以后，即便股价开始反弹，多数投资者依然处于亏损状态。从最近的阻力位判断，如果股价没能达到 E 位置的筹码峰上限，那么相应的筹码获利率很难超过 50%。而价格在多数投资者亏损没有明显改观的时候，只会经历更大的下跌走势。

总结：确认股价触底回升的基础是成交量，量能放大股价才能大幅度上涨。图中 W 位置的量能不大，接近 100 日等量线。可以确认这种量能可以支撑股价反弹。不过如果接下来的量能放大趋势不够明确，该股短期反弹强度就会非常有限。特别是多数筹码聚集在图中的 E 位置，这时价格非常接近 E 位置的筹码峰阻力区，因此股价上涨空间可能会非常有限。

（2）以下以歌尔声学日 K 线图（2）（图 9-14）为例进行阐述。

①从价格形态看，该股的确出现了连续回升的走势，虽然价格涨幅不大，却已经达到了筹码峰上方。而且从 RSI 指标的表现看，该指标首次在 P 位置达到 50 线上方，

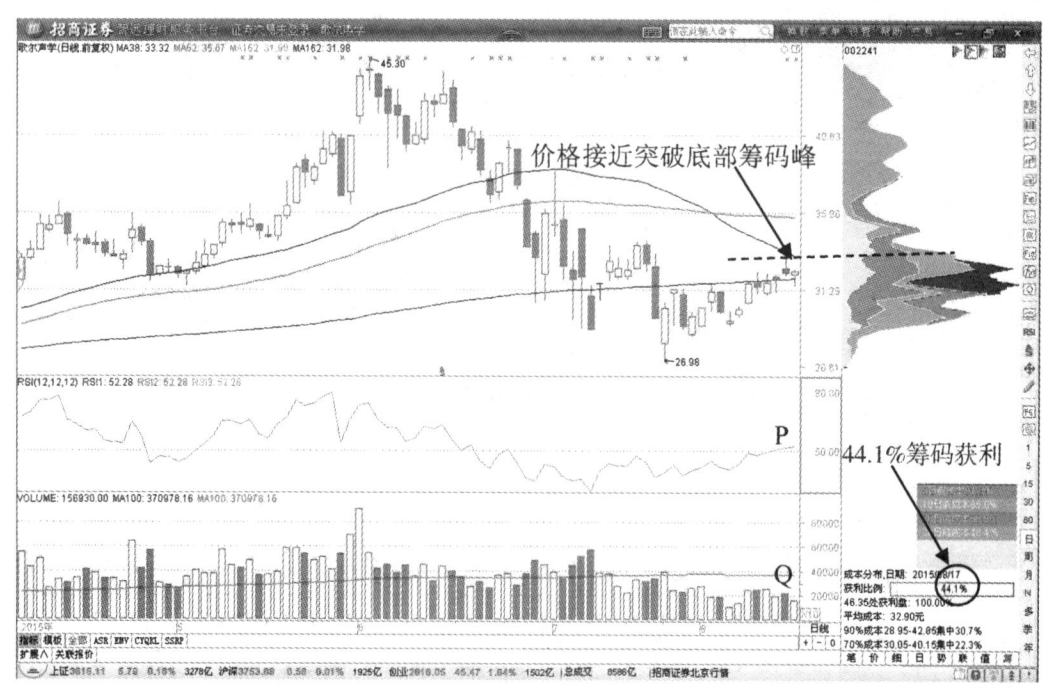

图 9-14 歌尔声学日 K 线图（2）

这是下跌趋势中指标表现比较好的时刻。但是该股涨幅并不大,达到筹码峰上限后的抛售压力会很高。特别是 Q 位置的量能已经处于缩量状态,该股反弹走势将很难延续下来。

②从筹码突破效果看,股价达到筹码峰上方的时候,可以确认筹码获利率提升至 44.1%。即便如此,多数投资者依然处于亏损状态。反弹强度不大是该股回升趋势无法延续的重要原因。而股价达到筹码峰上方的时候,价格高位的筹码规模依然很大,这就会加速套牢投资者的割肉做空交易。

总结:不管是从涨幅看,还是从该股突破筹码后的筹码获利率看,这都是一次比较典型的假突破走势。股价反弹强度很弱,价格上涨空间受到明显抑制,因此应该做好高位减仓的准备。如果减仓不够及时,必然会遭受损失。在下跌趋势中,股价结束反弹走势的速度很快,这值得我们密切关注。

9.5.2 突破失败后的价格表现

既然股价经历了缩量反弹走势,那么反弹达到筹码峰位置的阻力区域以后,接下来就会出现下跌的情况。价格从筹码峰上限冲高回落,股价下跌空间紧跟着会快速提升,这时做空机会就很容易出现。

其实,面对下跌趋势中股价出现的反弹走势,最好还是事先准备好应对措施。确认股价下跌空间非常困难,而判断价格真正触底的价位也同样很难。因而,率先确认股价结束反弹的时点非常重要,这是我们规避风险的重要看点。

在下跌趋势中,随着反弹走势持续时间的延长,价格越来越接近筹码密集分布的阻力区。我们可以不等到股价达到筹码峰上限就开始减少持仓。只要确认股价达到了短线的阻力位,并且成交量无法持续放大,那么确认卖点就可以减少亏损。在下跌趋势中,早一些确认卖点,虽然不会获得更高的收益,却能避免更大跌幅造成的亏损。这样,以减少亏损的方式战胜市场,同样值得去做。

形态特征

(1)股价缩量下跌

成交量较小,技术性反弹结束以后股价缩量下跌。量能萎缩,下跌趋势延续下来。

(2)价格缩量跌破筹码峰下限

股价缩量回落期间,价格很快向下跌破了筹码峰下限。随着跌幅扩大,股价加速回落期间远离筹码峰。

操作要领

以下以歌尔声学日K线图(图9-15)为例进行阐述。

①从价格形态看,股价反弹结束以后,大阴线瞬间跌破了价格反弹的平台形态。可以说,缩量期间出现的反弹空间较小,一根阴线几乎跌破了所有的有效涨幅。随着下跌走势的来临,股价以连续跳空的方式杀跌。在短短7个交易日中,该股暴跌空间达40%以上。

②从筹码突破的效果看,股价不仅跌破了筹码峰,而且在暴跌以后形成了图中X位置显示的新的筹码峰。X位置的筹码峰是投资者抄底所致,是筹码加速向价格低位转移的信号。而经历了暴跌以后,X位置的筹码峰上方明显存在筹码的空缺位置,这是股价跳空下跌的结果。

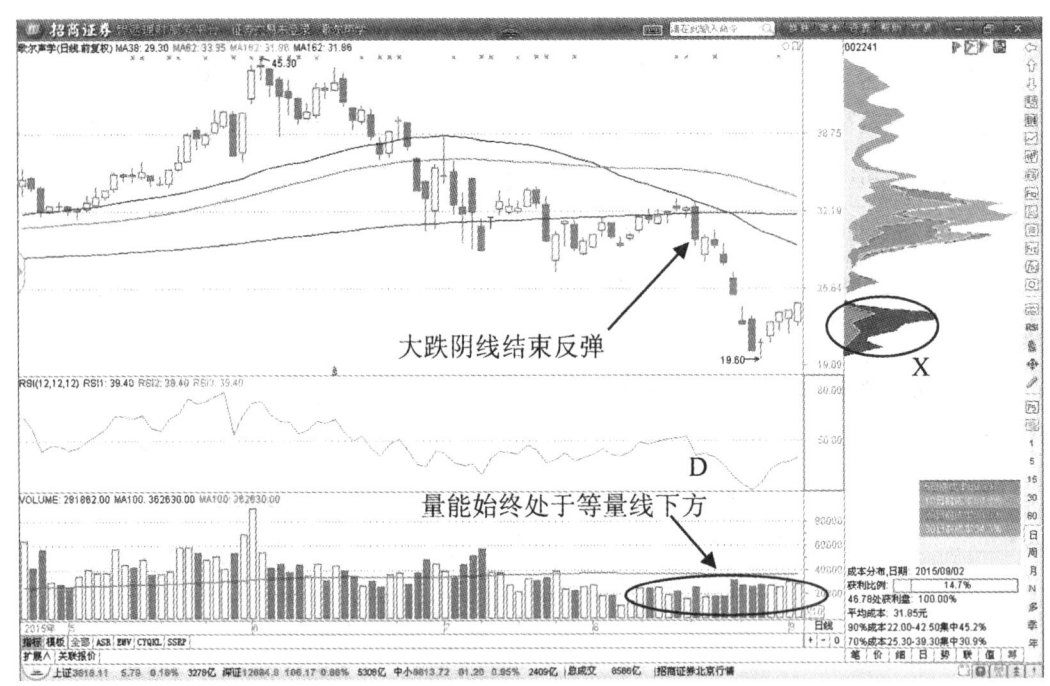

图9-15 歌尔声学日K线图

总结:股价在缩量状态下出现暴跌走势,RSI指标在D位置跌破50线,这是明显的空头趋势特征。由于股价下跌速度很快,跳空回落期间筹码没能换手到价格低位,因此在筹码形态上表现出明显的空缺位置。图中 X 位置的筹码峰上方就存在空缺筹码。这表明，如果我们不及时卖出股票，等股价下跌以后将没能力高抛卖出股票，而只能以更低的价位卖出。X 位置筹码峰明显增加，便是投资者低位抛售股票的结果。

9.6　价格脱离超级筹码单峰形态

当单一的筹码峰出现以后，如果成交量没有明显放大，价格脱离筹码峰的概率就很小。如果确认股价表现强势，却没有脱离筹码峰，股价短线冲高回落的可能性就会很高。筹码单峰位置是多数投资者的持仓成本区，一旦确认了该区域的压力，就应该非常谨慎地应对已经出现的突破。

在实战当中，超级筹码单峰提供强支撑，这是不可否认的。不过，价格获得支撑以后还需具有突破历史高位的量能才行。成交量没能达到突破历史高位的量能，股价会因为拉升力量不足出现冲高回落的走势。

在超级筹码单峰和历史高位之间的股价回升走势只会持续很短的时间，股价以冲高回落为主。其间，价格表现为明显的带上影线的阳线形态，表明历史高位附近的压力较大，做空机会将随之出现。通常，价格会在筹码单峰和历史高位之间出现双向波动，这是需要关注的问题。

9.6.1　脉冲成交量突破价格走势

脉冲成交量是比较典型的放量形式，价格可以在这个时候出现比较强势的表现。不过这种成交量持续放大的时间并不长，量能只在短时间内集中放大，可以发现明显的放量和量能萎缩信号。在确认这种成交量存在的情况下，投资者应该非常关注价格能够达到的高度。如果股价没能大幅度飙升，考虑在股价冲高回落的时候减少持股还是非常重要的。

当脉冲量能出现的时候,股价很容易形成拉升走势。这种价格强势回升的情况持续时间较短,不足以使得股价突破历史高位这样的压力区。由此可见,我们应该关注脉冲量能出现以后的高抛机会。在量能无法出现放大的情况下,减少持股是非常必要的。

形态特征

在脉冲成交量出现以后,筹码转移数量增加,当股价快速拉升至价格高位的时候,卖点形成。历史高位是非常重要的压力区,同时也是高抛减仓的价格区间。如果按照回升后减仓的交易策略卖出股票,投资者就会有利可图。

(1) 无效放量迹象

当量能以脉冲形式放大的时候,价格能够达到的空间通常非常有限。脉冲量能与持续放大的量能有很大区别,其显然不会成为股价上涨的推动因素。持续时间短和量能放大空间有限是限制股价涨幅的因素。

(2) 价格有限回升

在脉冲成交量出现以后,可以确认股价短线的上涨空间不大,这是非常重要的减仓信号。此时的价格涨幅有限,并且表现为典型的冲高回落特征。特别是带有很长上影线的K线形态出现,这提示我们价格高位的卖点形成。从交易上看,最有可能遇到的情况是股价弱势反弹以后逐步见顶,做空交易机会出现在价格高位。

操作要领

以下以特尔佳日K线图(图9-16)为例进行阐述。

①从价格形态看,在F位置脉冲量能出现的时候,该股以3根阳线拉升的形式快速上涨。不过3根阳线的累计涨幅并不高,价格以比较小的量能和有限的涨幅脱离压力区。一般看来,我们认为这是明显的突破信号,但是价格上涨强度不大,该股短线回升潜力显然不高。

②从筹码突破效果看,可以确认该股从超级筹码单峰位置走强,价格脱离筹码单峰的价格形态非常明显。不过限于F位置的脉冲量能持续的时间较短,股价的短线涨幅有限。筹码单峰虽然提供了强支撑,但股价短线拉升的力度不大。

总结:该股已经形成了超级筹码单峰形态,但是上方M位置依然存在筹码,而低

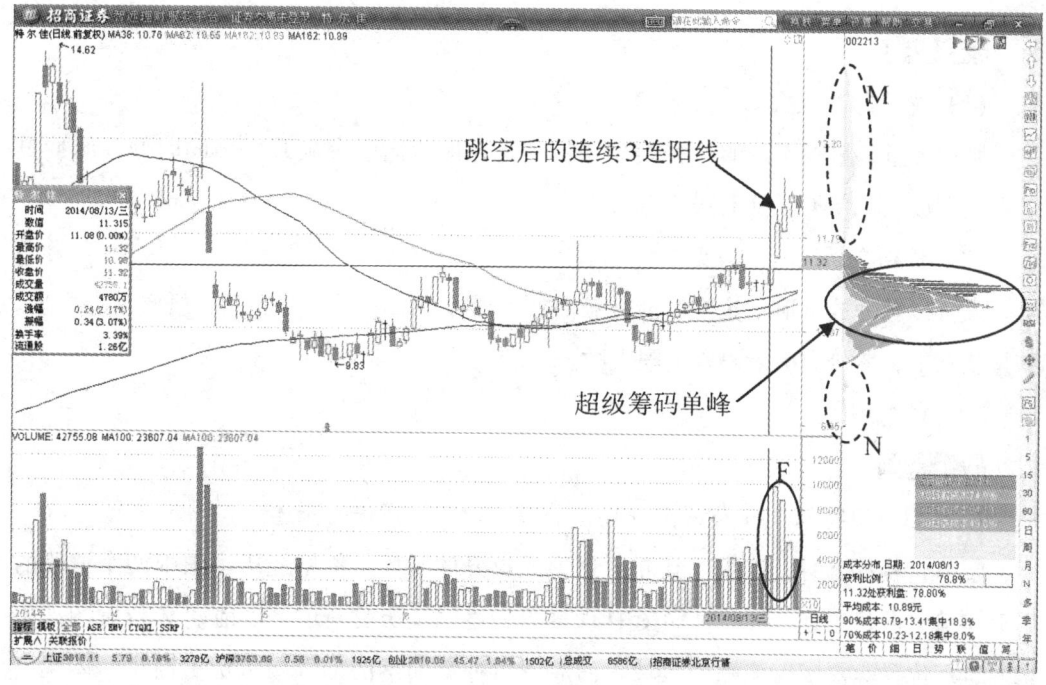

图9-16 特尔佳日K线图

位N位置也存在明显的筹码。筹码单峰并未调整到历史高位,股价可以在筹码单峰位置脉冲回升,但还要面临历史高位的抛售压力。

9.6.2 冲高回落形态与缩量下跌表现

脉冲量能短线拉升的股价高度有限,股价多数以冲高回落的形式结束反弹走势。在不同时段的脉冲量能之间,也会有不同的成交量表现。可以按照脉冲量能的大小确认价格能够达到的高度。如果股价脱离筹码峰后的回升结果只是短线强势,那么确认高位卖点非常重要。

在价格以脉冲放量形式拉升的时候,明显的筹码转移过程形成。大量筹码转移至价格高位,在量能无法放大的情况下,股价很难继续脱落浮筹区域。当我们确认股价只是短线回升以后,典型的见顶回落K线形态出现,高抛的交易机会也就会形成。通常只需要1次或2次见顶形态,就可以确认股价假突破的走势了。

形态特征

(1) 量能脉冲放大

脉冲放量是量能不足的一种表现,特别是在股价向上突破筹码峰的时候,脉冲量能在短期放大,使得股价上涨乏力。

(2) 价格在筹码峰上方见顶

股价以脉冲放量形式拉升,价格涨幅扩大到筹码峰上限,高价区的顶部形态出现。缩量状态下,股价突破筹码峰上限失败。

操作要领

(1) 以下以特尔佳日K线图(1)(图9-17)为例进行阐述。

①从价格形态看,该股以脉冲放量形式拉升的时候,价格经历了图中两个波段的回升走势。股价表现较强势,而图中D位置最终触及历史高位。以前期C位置的高位来看,D位置非常接近该高位区域。而股价以冲高回落的形式接近历史高位,体现出该股无法突破的价格特征。

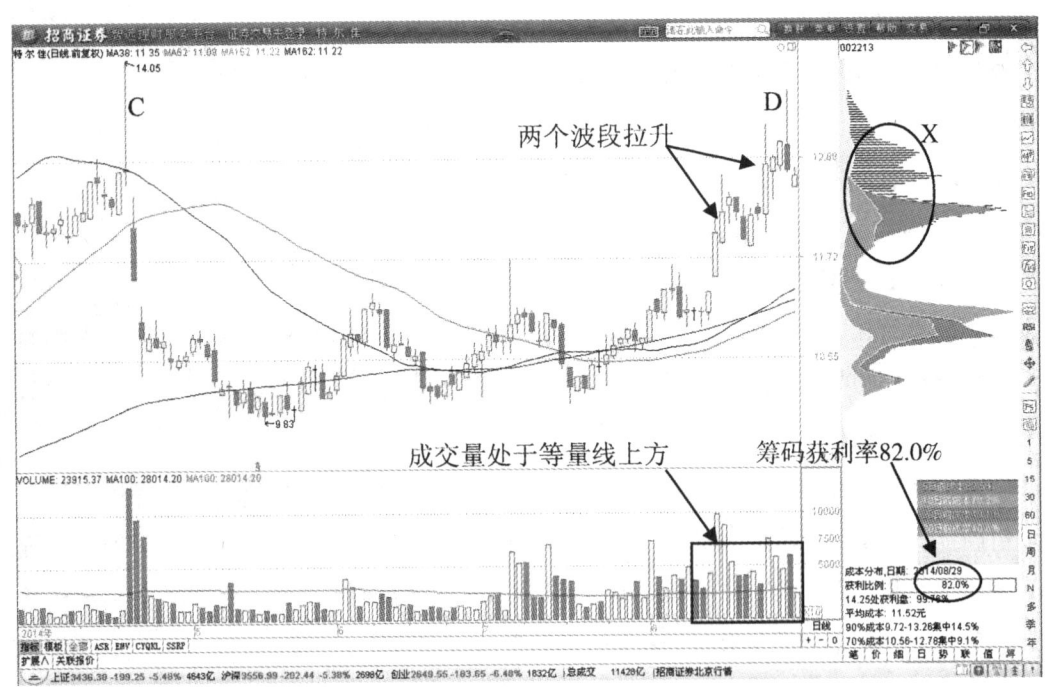

图9-17 特尔佳日K线图(1)

②从筹码突破效果看，该股脉冲放量期间，股价轻松突破了筹码单峰区域。股价回升至前期高位的时候，X位置新的浮筹区域出现。X位置的筹码规模较大，明显成为股价短期的压力位。而从筹码获利率来看，图中显示82.0%的筹码获利率，说明股价冲高回落期间套牢了相当多的筹码。

总结：股价在高位见顶回落，绝非股价能够有效突破的信号。成交量无法达到更高的位置，表明股价上涨潜力不会很高。这样一来，确认短线高位卖点以后，就可以规避风险了。从K线实体上看，股价表现并不强势。真实的突破显然还未真正出现，该股经过调整后很容易从价格高位回落下来。

（2）以下以特尔佳日K线图（2）（图9-18）为例进行阐述。

①从价格形态看，经历了短线的脉冲放量以后，该股连续两次出现冲高回落的走势。在价格高位见顶的时候，图中W位置显示的成交量萎缩至100日等量线下方，表明这种缩量调整的态势还将延续。

②从筹码获利情况看，股价连续冲高回落的时候，B位置的筹码峰已经被跌破。B位置是新出现的筹码区域，是多数投资者的持仓成本区。股价跌破B位置的筹码峰，表明多数投资者已经亏损。筹码获利率降低至23.0%，表明该股短线无法继续表现出强势。随着量能的萎缩，价格回落走势将得到延续。

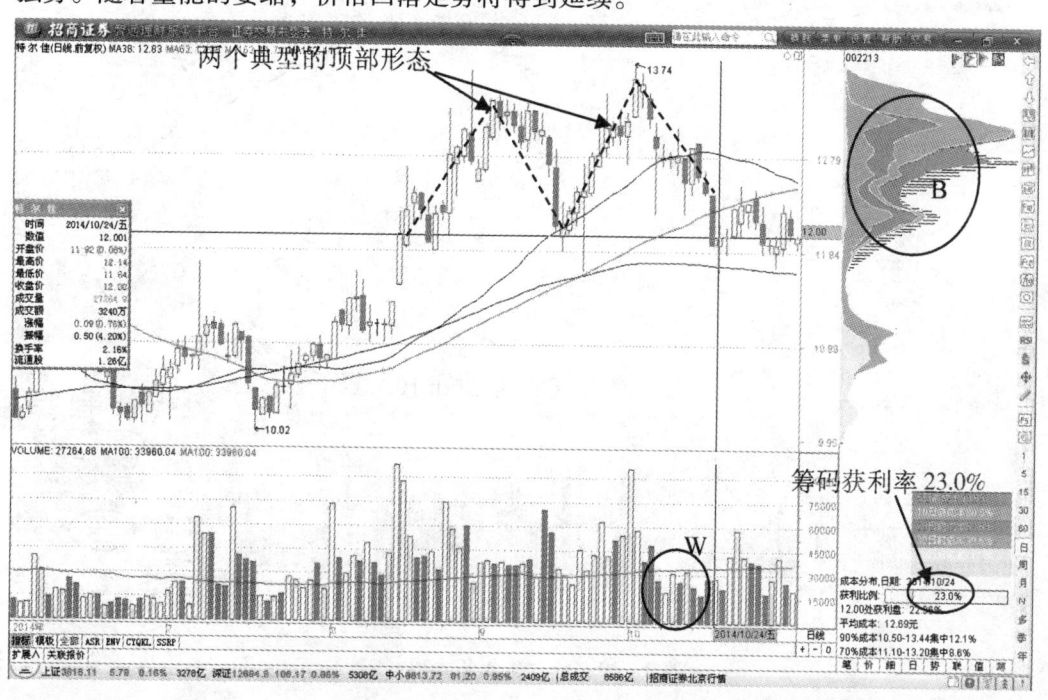

图9-18　特尔佳日K线图（2）

总结：价格回升趋势出现逆转需要时间，特别是在股价表现不强的时候，虽然股价还未大幅杀跌，但是典型的见顶形态已经形成。从冲高回落的单根K线到双峰见顶形态，该股以非常明确的顶部形态结束了回升趋势。这个时候就可以把握交易机会，在股价还未大跌的时候抓住高位卖点。

（3）以下以特尔佳日K线图（3）（图9-19）为例进行阐述。

①从价格形态看，双峰见顶以后股价大幅杀跌，股价最低已经跌破了10元低点，跌幅超过30%。值得关注的是，该股的下跌趋势持续时间较长，已经长达3个月。在3个月前，该股完成了双峰的见顶形态，我们有更好的机会抛售股票。如果我们确认股价无法突破高位压力区的时候减仓，获利出逃将不是难事。很明显，该股脱离筹码单峰的价格走势中，股价突破回升趋势是假突破走势。

②从筹码形态看，该股经历了冲高回落的走势以后，筹码已经大量向高位转移。零散分布在不同价位上的筹码出现，表明筹码从筹码单峰向上转移后又开始分布到价格低位。筹码的集中度明显降低，同时筹码分布的范围已经明显增加，不存在单一的筹码峰形态，这也为股价调整后价格继续走强创造了条件。与此同时，确认股价跌至前期低点的时候，筹码获利率降低至1.0%，这种情况显然只有少数投资者盈利。

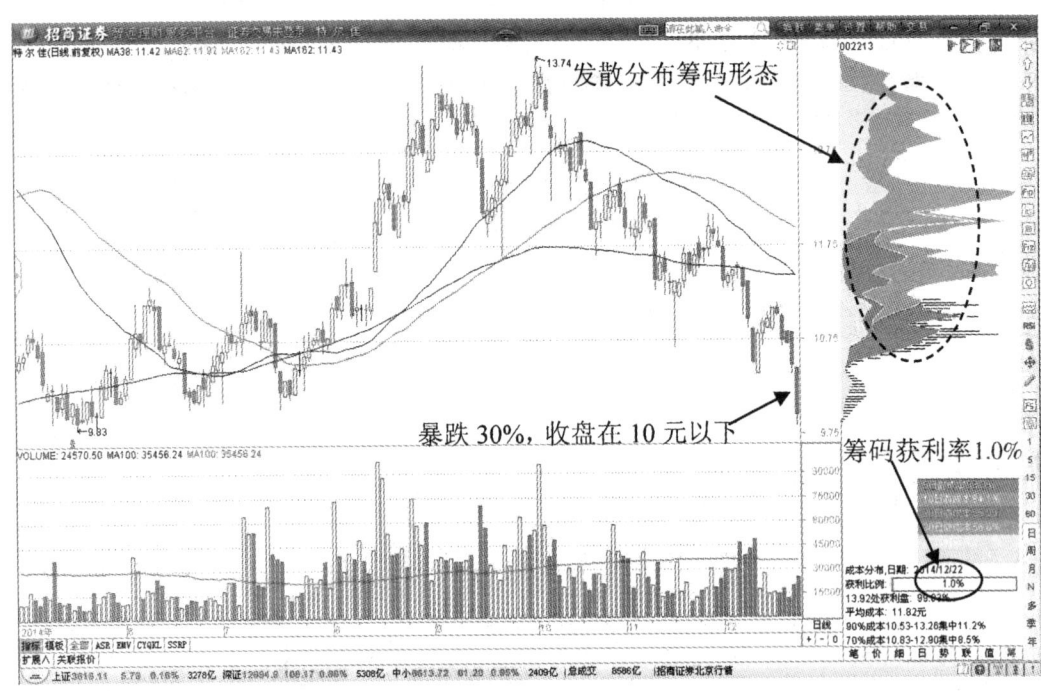

图9-19 特尔佳日K线图（3）

总结：股价经历了明显的脉冲放量回升走势，价格短线表现出强势，这显然是需要关注的卖点。如果股价没能顺利突破历史高位，我们可以确认筹码峰提供的支撑无效。面对筹码峰提供的支撑无效和价格高位的压力，股价在高位见顶时就证明了股价假突破的走势。确认高位卖点非常容易，而把握好筹码双峰提供的做空机会便可以减少亏损。

/第10章/

纵观全局：筹码形态综合应用

利用筹码形态可以完成多种交易，比较典型的有利用筹码来踩点买点，发现有效突破信号的同时追涨买入股票盈利。在筹码调整到单峰形态的时候，假如价格放量突破有效，那么这种投资机会就会形成。

想要捕捉单边趋势中的交易机会，可以按照筹码转移趋势确认价格的运行方向，从而明确交易的机会。事实上，只要筹码转移趋势不变，价格单边运行趋势就不会结束，顺势加仓的策略就能够成功。而价格在不同筹码峰之间双向波动的时候，最适合的交易方式是高抛低吸。当价格不断围绕筹码峰运行时，双向波动就会频繁出现，高抛低吸的交易过程可以轻松增加盈利次数，提升盈利空间。

利用筹码分布完成短线的交易过程，通常是很多投资者喜欢的做法。假如价格按照双向波动的特征运行，确认筹码峰之间的交易机会并不困难。而利用筹码的移动规律，在价格运行的趋势中交易股票，完全可以做到顺势盈利。

10.1 筹码踩点追涨实战解读

利用筹码形态来确认买入股票的时机，可以在价格即将脱离筹码峰的时候开始。在实战当中，可以发现筹码峰被价格突破期间的交易机会。特别是在股价有效回升的时候，价格逐步摆脱筹码密集区的压力区，这是非常典型的看涨信号。

价格脱离筹码密集区域的时候，持股投资者的盈利状况明显好转。随着盈利空间的增加，投资者的风险偏好增大，在积极追涨买入股票的过程中，价格自然会表现得更好。在股价脱离筹码密集区的过程中，追涨机会就已经出现。可以被视为短线买入股票的时机，是比较理想的踩点建仓机会。

形态特征

当筹码出现了密集分布形态的时候，价格脱离密集筹码区越是明显，价格回升趋势越好。可以在股价有效脱离筹码密集区的时候买入股票，以便提升盈利空间。

（1）股价放量上涨

在成交量明显放大的过程中，价格表现出连续出现的阳线形态，这是典型的看涨信号。持续放量上涨的阳线是价格缓慢突破筹码峰的信号，是踩点买入股票的重要时机。

（2）ASR 指标单边回落

ASR 指标单边回落，表明筹码正在加速脱离浮筹区域。既然股价脱离筹码区域的趋势比较明确，结合股价处于短线高位的现实，可以确认股价距离突破已经不远。在股价还未大幅上涨的时候介入是比较好的选择。一旦股价加速上涨，交易机会将很快消失。

操作要领

（1）以下以中粮地产日 K 线图（1）（图 10 - 1）为例进行阐述。

①从筹码分布形态看，图中 Z 位置显示的筹码向价格高位密集分布。这个时候，投资者的持仓集中度较高，并且呈现出价格高位存在大量筹码的情况。考虑到股价短线缓慢放量上涨，可以认为股价能够脱离该筹码密集分区。而价格突破筹码峰前，短线买点已经出现。

②从 ASR 指标表现看，该指标在连续 3 个交易日回落，体现了明显的价格脱离筹码峰的信号。筹码峰的位置压力较大，股价脱离该位置成为价格回升的起始信号，此时也是确认踩点建仓机会的时刻。

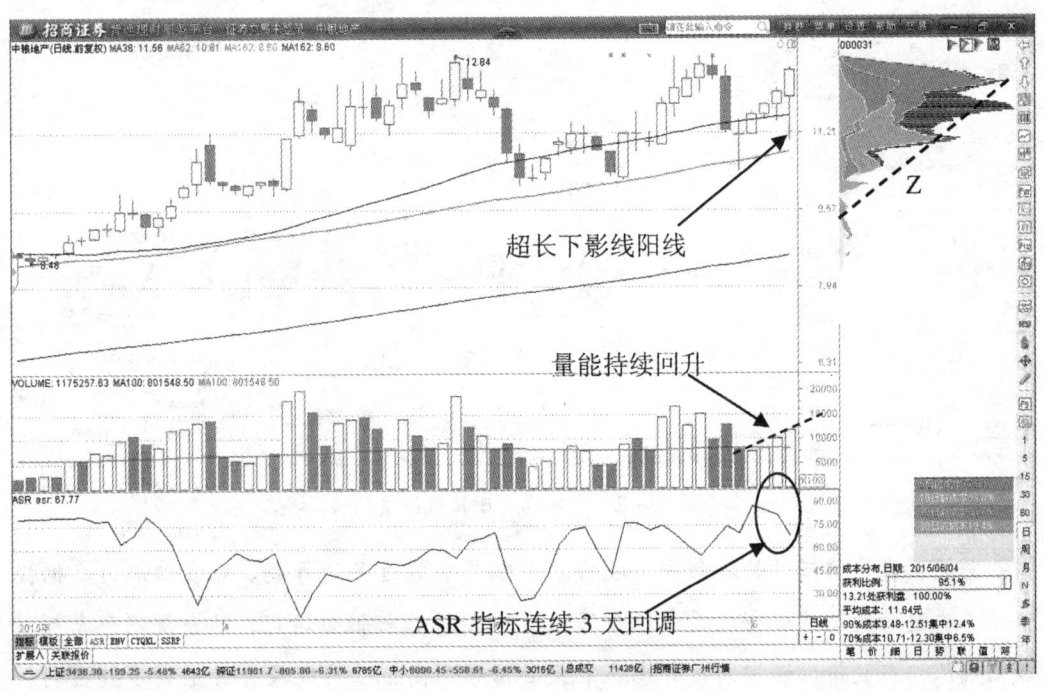

图 10 - 1　中粮地产日 K 线图（1）

总结：该短线量价表现良好，股价稳步脱离筹码密集区是价格走强的起点。图中超长下影线的阳线形态非常值得关注，这再一次确认了价格走强的趋势，显示出主力拉升股价的决心。我们确认该股强势上行，买入股票可以快速盈利。

（2）以下以中粮地产日 K 线图（2）（图 10 - 2）为例进行阐述。

①从价格形态看，在确认股价加速上涨的过程中，该股出现微小的回调走势，这

是不会改变价格上行趋势的调整形态，因为图中 F 位置的量能处于 100 日等量线上方，且显然不会跌破等量线。这表明，放量状态在短期都不可能结束。既然成交量高位运行，那么股价延续回升趋势自然毋庸置疑。

②从筹码获利率看，虽然股价短线回调，但是高达 78.3% 的筹码处于获利状态。可见，股价回调造成的影响非常小，多数投资者的盈利状态比较好，该股依然处于回升趋势。作为二次建仓的机会，我们可以在该股短线回调期间买入股票。

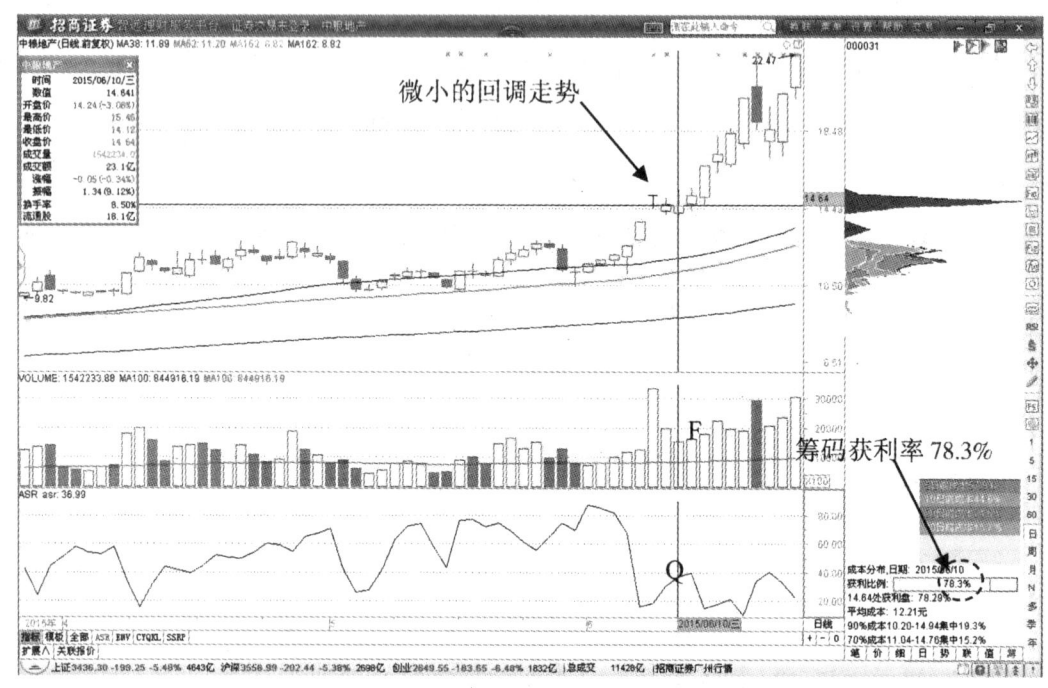

图 10-2　中粮地产日 K 线图（2）

总结：在价格回升的过程中，股价不会轻易跌破过多的筹码。短线回调为我们提供了二次建仓的交易机会。图中 Q 位置显示的 ASR 指标低位运行，结合筹码形态可以我们确认，在股价回调期间，筹码还未大量转移到高位。持股投资者中大多数盈利状况比较好，是一次非常好的回升趋势中的买点。

10.2　筹码捕捉趋势实战解读

通过筹码形态确认价格上行趋势也是非常有效的手段。毕竟在股价放量上涨的过程中，能够发现筹码明显向价格高位转移，这是推动价格上涨的重要因素。筹码转移规模越大，价格上涨趋势就越不可动摇。

在筹码向价格高位转移的最初阶段，买入股票是一个非常好的交易方式。众所周知，当筹码转移趋势刚刚开始的时候，多数筹码处于低位分布，这是支撑筹码长期向上转移的基础。确认筹码向上转移以后，我们买入股票的价位较低，此时是可以获得高收益的建仓点位。

形态特征

在筹码向上转移的过程中，成交量明显放大。在股价明显放量回升的过程中，筹码转移规模逐步增大，这是非常典型的回升趋势。

（1）单边放量趋势

量能不仅回升至等量线上方，而且按照稳步回升的趋势运行，推动价格不断上涨。当量能温和放大的时候，筹码转移规模增加，交易机会逐步出现。

（2）筹码开始向上转移

筹码转移的趋势加快，是价格上行趋势得到确认的信号。虽然大部分筹码还处于低位运行，但是如果筹码转移趋势比较好，依然可以考虑大笔买入股票。在筹码转移结束前，会有较大的盈利空间。

操作要领

（1）以下以华联控股日K线图（1）（图10-3）为例进行阐述。

①从价格形态看，该股单边回升趋势非常显著。虽然也有调整，但是从总体上看，股价上行的趋势非常好。

②T位置显示该股成交量单边回升，虽然量能还不是很高，但是足以维持股价放量回升趋势。同时，筹码转移的趋势持续得非常好，这成为价格上涨的重要动力。

图10-3 华联控股日K线图（1）

总结：从筹码形态上可以确认，P位置显示的筹码处于向上转移趋势。价格低位筹码较多，而高位筹码数量不多，这是非常明显的筹码回升趋势。而高达93.2%的筹码获利率，也成为价格上涨的重要动力。

（2）以下以华联控股日K线图（2）（图10-4）为例进行阐述。

①从价格形态看，该股短线面临较大的调整压力，股价在图中急速回调。价格跌破了高位筹码峰，筹码获利率降低至37.7%。不过这只是短期的价格调整，筹码向上转移的趋势还未真正结束。

②从筹码形态看，低位筹码规模依然较大，证明主力投资者还未完全出货，持股数量依然较大的主力投资者有足够的动机来拉升股价。并且考虑到图中S位置显示的量能已经萎缩至等量线下方，价格继续回调的空间有限。这一次的股价下跌显然已经成为建仓交易的机会。

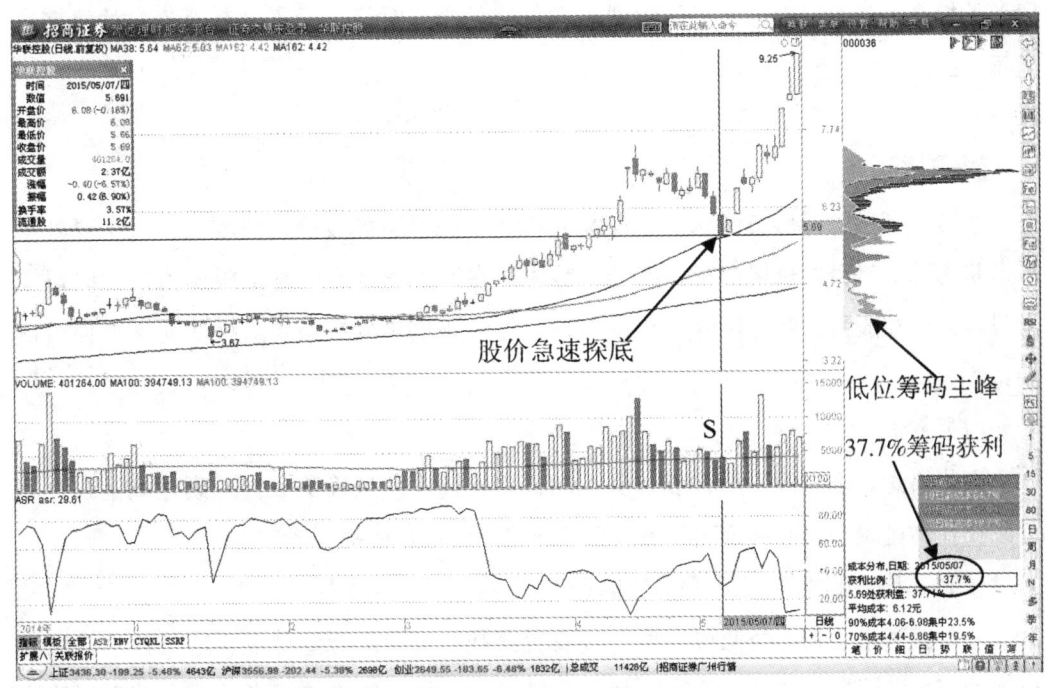

图 10-4 华联控股日 K 线图（2）

总结：在价格短线涨幅较大的情况下，可以确认股价出现了回调。不过最重要的是，低位主力筹码依然大量存在，且筹码获利率并不低，这是筹码继续向上发散的基础。可以确认的是，筹码发散趋势未变，考虑买入股票还是有利可图的。

10.3　筹码高抛低吸实战解读

从筹码形态来看，如果股价已经达到筹码峰上限的压力区，价格短线回调的概率很大，那么这会成为短线抛售股票的交易机会。而如果价格回调短线低位，筹码峰被短线跌破以后，技术性反弹会促使股价震荡回升，筹码被跌破的时候将成为短线买入股票的机会。从筹码形态上确认短线高抛低吸的交易时机，投资者获得收益的概率还是很大的。

形态特征

通常，利用筹码形态确认短线交易机会，首先要明确股价走势较强，至少要处于横盘状态，当然最好价格处于回升的趋势中。在股价达到筹码峰上限压力区的时候卖出股票，而在股价回调筹码峰下限的时候，短线抄底买入股票。这样双向交易便可以获得收益。

（1）价格达阻力区

当价格达到阻力区以后，股价折返的概率很高。如果确认股价达到短线高位，就可以选择高抛减仓。而股价达到短线低点，可以考虑抄底买入股票。

（2）筹码获利率达近期低位或者高点

筹码获利率达到近期低位以后，持股者获利率就会降低到低点，这是技术性反弹出现的信号。同样，如果股价回升至筹码峰上限，就会使得持股者的获利率大幅度回升，这是股价短线回调的重要看点。当筹码峰之间的双向波动频繁出现时，我们的交易机会也就形成了。

操作要领

（1）以下以深南电 A 日 K 线图（图 10-5）为例进行阐述。

①从价格形态看，该股前期见顶的价格高位已经确认，而股价再次反弹至高位显然是卖出股票的机会。

②从筹码获利率看，价格继续回升至高位的时候，筹码获利率提升至 97.3%。持股投资者盈利状况非常好，这也成为短线高位投资者止盈抛售股票的机会，同时也是我们短线卖出股票的时机。

总结：结合浮筹指标 ASR，我们可以确认，股价达到筹码峰上限的卖点非常典型。假如浮筹处于高位（图中 F 位置显示），且筹码获利率提升，我们就可以按照筹码形态确认抛售股票的机会，减少持股风险。在该股还未明显进入调整形态前，我们按照短线交易策略卖出股票，自然可以减少价格下跌带来的损失。

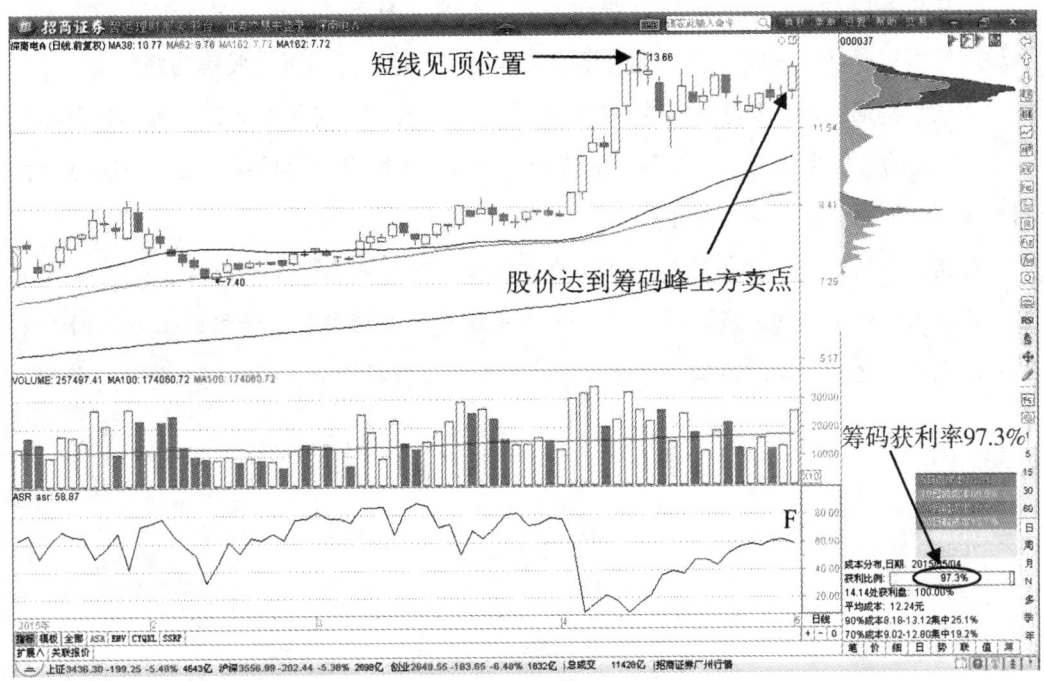

图 10-5 深南电 A 日 K 线图

(2) 以下以深南电 A 日 K 线图及分时图（图 10-6）为例进行阐述。

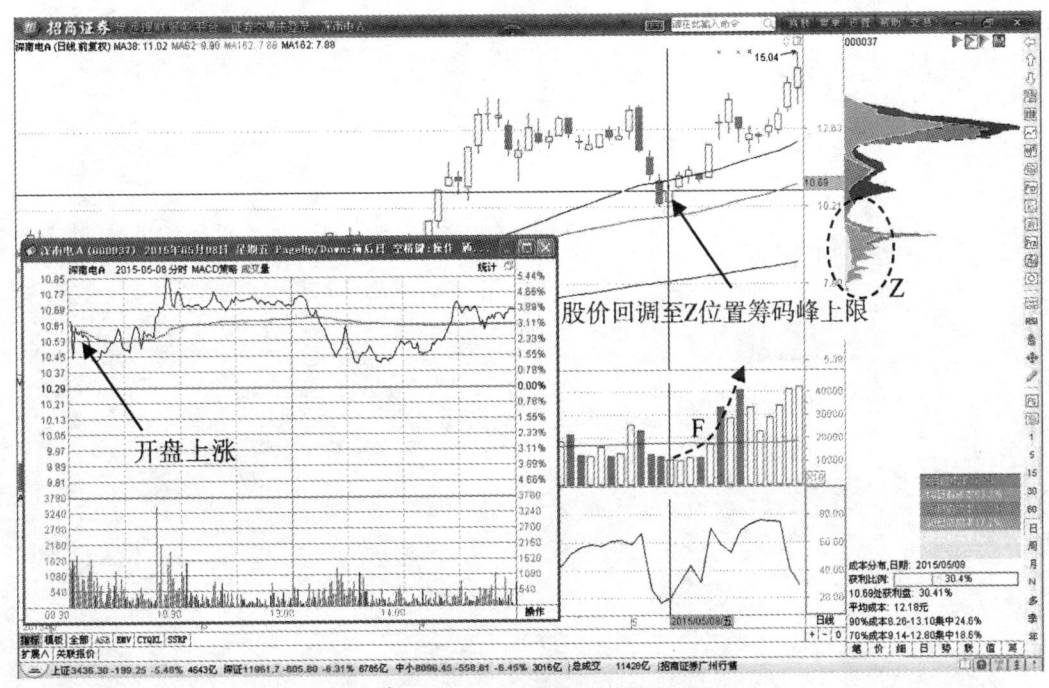

图 10-6 深南电 A 日 K 线图及分时图

①从价格形态看,该股股价短线在连续 3 个交易日下跌,成交量明显萎缩。股价下跌以后可以确认,该股已经经历明显的洗盘动作,这是短线买入股票的好机会。

②从筹码形态看,Z 位置的筹码规模较大,而股价恰好就回调至 Z 位置的筹码峰上限。Z 位置的筹码多数为主力投资者的持仓成本区,该股自然容易获得支撑,这也为我们短线买入股票实现盈利提供了保障。

总结:价格短线回调却没有跌破主力筹码峰,这是买入股票的机会。随着该股跳空开盘并且阳线形态的完成,图中 F 位置的量能放大有效推动了价格的上涨。因而完全可以在价格达到还未脱离低点的时候短线抄底,这样投资者在短时间内就可以获利。